税务稽查与涉税诉讼102例

黄传伸◎著

中国商业出版社

图书在版编目（CIP）数据

税务稽查与涉税诉讼102例 / 黄传伸著. -- 北京：中国商业出版社，2025.3. -- ISBN 978-7-5208-3321-9

Ⅰ．F812.423；D925.305

中国国家版本馆CIP数据核字第2025YA4776号

责任编辑：郑　静
策划编辑：刘万庆

中国商业出版社出版发行
（www.zgsycb.com 100053 北京广安门内报国寺1号）
总编室：010-63180647　　编辑室：010-83118925
发行部：010-83120835/8286
新华书店经销
香河县宏润印刷有限公司印刷

*

710毫米×1000毫米　16开　23.25印张　320千字
2025年3月第1版　2025年3月第1次印刷
定价：88.00元

****

（如有印装质量问题可更换）

序

供、需、法、税四要素构建了各类商业关系的核心，但许多企业主要关注供需关系，对法税关注不足。现今，我们进入了一个全面依法治国的新时代，面对越来越严的智慧监管、精准监管、全面监管，企业需要转变思维，优化业务，需要全链条考虑税收风险，将税务合规提升至战略高度，锲而不舍地雕琢并优化业财税管理体系，去迎接大数据浪潮下渐趋严谨、缜密、规范的税务监管，助力企业健康持续地发展，营造优良的业财税生态。

法税规范与企业安全，已成为越来越重要的课题。以法为尺，可以定方圆；以例为鉴，可以避歧途；以智为灯，可以启前程。基于这个考虑，笔者精心筛选了近些年真实发生的71个税务稽查案例、31个涉税诉讼案例，并逐一对每个案例做了专业提炼或分析，多视角探寻企业处理税务业务合规的路径。书中对各项指标疑点抽丝剥茧、对法规依据追根溯源、对表现形式条分缕析，更对合规处理的妙法良策娓娓道来，致力于呈上切实可行的启示，强调在企业财税处理中注重细节、遵循法规的必要性。

千尺之堤，以蝼蚁之穴溃。本书所选案例，不仅能够成为企业规范业财税处理流程、常态化开展财税自查、敏锐捕捉并妥善解决潜在问题的锐利武器，将合规理念浸润于日常工作的每一个细微角落。还能为税务机关见微知著，明晰税务处理的准则，强化洞察税务风险的能力，给予难能可贵的范例。

笔者针对经济行为的丰富多变、业财融合的无限可能，挖掘一组组极具价值的素材，意在抛砖引玉、激荡思维。倘若存在疏漏之处，恳切盼望各位同人斧正匡谬。本书的完成，得益于赵静、黄军伟、占爱民、陈丽玲、黄传清的支持，在此深表感谢。

2024 年 12 月

目 录

稽查案例篇

【风险名称】1. 闲置土地莫忘城镇土地使用税 ·················· 2

【风险名称】2. 欠税出境需谨慎 ·················· 4

【风险名称】3. 土地收储不免企业所得税 ·················· 7

【风险名称】4. 不可忽视的以物易物 ·················· 9

【风险名称】5. 物耗要有相关性 ·················· 12

【风险名称】6. 抵运费的油费视同销售 ·················· 15

【风险名称】7. 农产品收购发票信息错误不能抵扣 ·················· 18

【风险名称】8. 四亿股权转让收入不申报 ·················· 21

【风险名称】9. 支付工资和劳务应扣未扣个人所得税 ·················· 24

【风险名称】10. 追缴非正常损失进项税额 ·················· 26

【风险名称】11. 个人股权转自己，100% 控股公司补税 3.78 亿元 ········ 30

【风险名称】12. 私募高管转换收入 ·················· 33

【风险名称】13. 预收账款未结转收入 ·················· 36

【风险名称】14. 研发费用不够黄金凑 ·················· 39

【风险名称】15. 数字藏品可适用 6% 税率 ·················· 43

【风险名称】16. 暂估成本构成偷税 ·················· 46

【风险名称】17. 股票交易未申报纳税 ················ 49

【风险名称】18. 不按期确认股权转让所得是偷税 ········ 52

【风险名称】19. 快递成本大于收入偷税 ················ 55

【风险名称】20. 个人挂靠企业缴税 ···················· 60

【风险名称】21. 兼营业务未分开核算 ·················· 63

【风险名称】22. 附偿债的股权转让 ···················· 66

【风险名称】23. 十年前的退还预收账款 ················ 70

【风险名称】24. 未明确的本息支付 ···················· 73

【风险名称】25. 非农产品产地的虚开 ·················· 77

【风险名称】26. 错用税率被还原 ······················ 81

【风险名称】27. 股转企税核定改查账 ·················· 84

【风险名称】28. 滥用农产品核定扣除 ·················· 87

【风险名称】29. 存货成本结转方式可以核定 ············ 90

【风险名称】30. 合同与注册时间违反法理基础 ·········· 93

【风险名称】31. 隔月红冲应当心 ······················ 95

【风险名称】32. 大额冲减未开票收入 ·················· 98

【风险名称】33. 这样认定的虚开处罚不冤 ·············· 100

【风险名称】34. 虚假赡养关系要不得 ·················· 103

【风险名称】35. 原材料占比异常 ······················ 106

【风险名称】36. 总公司纳税调整分公司受罚 ············ 108

【风险名称】37. 非法倾倒废液，补缴环保税 ············ 111

【风险名称】38. 贪腐牵出偷税 ························ 114

【风险名称】39. 非农产品的加计抵扣进项 补税 …………………… 117

【风险名称】40. 土地款未计入房产税计税依据 ………………………… 120

【风险名称】41. 投资收益不属主营业务收入，不能享受西部优惠 …… 123

【风险名称】42. 无偿配置也计契税 ……………………………………… 127

【风险名称】43. 高新收入占比不足60%，取消当年优惠 ……………… 130

【风险名称】44. 维维股份 ZHJ 酒业消费税何时了 …………………… 133

【风险名称】45. 耕地占用税滞纳金超过税款 …………………………… 136

【风险名称】46. 免抵勿忘城建税和教育费附加 ………………………… 139

【风险名称】47. 捐赠不是都要缴企业所得税 …………………………… 142

【风险名称】48. 判断企业所得税地方分享优惠 ………………………… 145

【风险名称】49. 业绩补偿款全额征收企业所得税 ……………………… 148

【风险名称】50. 付汇未及时备案，补税 ………………………………… 150

【风险名称】51. 国际情报交换，虚报境外投资损失显身 ……………… 153

【风险名称】52. ETC 通行费不可乱抵扣 ………………………………… 157

【风险名称】53. 自己的监控佐证自己偷税 ……………………………… 160

【风险名称】54. 跨境电商出口应税货物 ………………………………… 163

【风险名称】55. 股东职工取得半价房利益以及购车补贴款 …………… 166

【风险名称】56. 车购税申报价格小于车损投保价补税 ………………… 170

【风险名称】57. 企税年报折旧与租金判断生产能力 …………………… 173

【风险名称】58. 弄巧成拙的承兑汇票 …………………………………… 176

【风险名称】59. 检查跨境电子商务，免征增值税 ……………………… 179

【风险名称】60. 假公济私 送货安装地点不符被查 ……………………… 182

【风险名称】61. 代持股权转回，并非左手换右手 ……………………… 184

【风险名称】62. 折扣未体现在同张发票金额栏，不优惠·················· 187

【风险名称】63. 非同一县（市）内部移送，视同销售·················· 190

【风险名称】64. 灵活用工，涉税涉票不可"灵活"·················· 193

【风险名称】65. 融资性售后回租的进项不能抵扣·················· 197

【风险名称】66. 所谓"退税秘籍"不可信·················· 199

【风险名称】67. 学校并非都按 3% 征税·················· 202

【风险名称】68. 改头换面核定为哪般·················· 206

【风险名称】69. 34 个海关 101 个报关单位，出口 4 亿元·················· 213

【风险名称】70. 注销的合伙企业，错用基金核算政策·················· 216

【风险名称】71. 当洼地碰到审计署·················· 219

诉讼案例篇

【案例名称】1. 无效的政府允诺·················· 224

【案例名称】2. 复议不应以政策理解不当为前提·················· 227

【案例名称】3. 承租权买断金，也是租赁收入·················· 230

【案例名称】4. 实事求是自我纠正不违反禁止不利变更原则·················· 234

【案例名称】5. 税务处罚可强制执行·················· 239

【案例名称】6. 追溯资产评估报告效力不足·················· 241

【案例名称】7. 契税不以办证时间确定适用优惠税率·················· 245

【案例名称】8. 视频证据未调取，不影响合法权益·················· 248

【案例名称】9. 诉国家税务总局包庇，败诉·················· 250

【案例名称】10. 因刑事案件中止行政复议·················· 254

【案例名称】11. 虽为夫妻，未缴税款也不能诉讼 ·········· 256

【案例名称】12. 股权转让 需谨慎 ·········· 260

【案例名称】13. 拒绝纳税担保程序要适当 ·········· 263

【案例名称】14. 公安机关收取的税款不是税款 ·········· 270

【案例名称】15. 过程性税务文书不属于行政诉讼受案范围 ·········· 272

【案例名称】16. 诉司法协助行为，败 ·········· 278

【案例名称】17. 行政复议不支持赔偿精神损失费 ·········· 280

【案例名称】18. 分公司注销，总公司涉税诉讼也要复议前置 ·········· 284

【案例名称】19. 撤诉的土增清算争议 ·········· 289

【案例名称】20. 起诉时机尚不成熟 ·········· 294

【案例名称】21. 税局程序轻微违法，保留法律效力 ·········· 295

【案例名称】22. 自填门卫室签收，实名举报信未送达 ·········· 302

【案例名称】23. 自己虚开却起诉税局 ·········· 305

【案例名称】24. 举报律所偷税属实，诉讼对象却错了 ·········· 309

【案例名称】25. 此保险公司非彼保险公司 ·········· 312

【案例名称】26. 记账凭证的篡改危害与关联度 ·········· 316

【案例名称】27. 对赌失败不予退税 ·········· 323

【案例名称】28. 税收征收行为是债权得以实现的前提 ·········· 333

【案例名称】29. 不因信访会议纪要突破法律法规 ·········· 340

【案例名称】30. 分公司，咋是企税独立纳税人 ·········· 344

【案例名称】31. 破产 税款滞纳金不超过税款的思考 ·········· 358

稽查案例篇

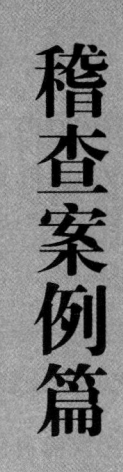

【风险名称】

1. 闲置土地莫忘城镇土地使用税

【风险判断】

1. 土地税源登记面积小于应税登记面积
2. 土地税源申报面积小于应税申报面积
3. 土地税源面积小于契税申报面积

【政策依据】

1.《中华人民共和国城镇土地使用税暂行条例》第二条

在城市、县城、建制镇、工矿区范围内使用土地的单位和个人,为城镇土地使用税(以下简称土地使用税)的纳税人,应当依照本条例的规定缴纳土地使用税。

前款所称单位,包括国有企业、集体企业、私营企业、股份制企业、外商投资企业、外国企业以及其他企业和事业单位、社会团体、国家机关以及其他单位;所称个人,包括个体工商户以及其他个人。

2.《中华人民共和国城镇土地使用税暂行条例》第三条

土地使用税以纳税人实

际占用的土地面积为计税依据，依照规定税额计算征收。

前款土地占用面积的组织测量工作，由省、自治区、直辖市人民政府根据实际情况确定。

3.各省、自治区、直辖市人民政府制定的城镇土地使用税实施办法

【风险案例】

税务局提供的资料显示，哈尔滨某油脂发展有限公司（以下简称"油脂公司"）2013年5月24日与某兰县国土资源局签订一份国有土地使用权出让合同，合同编号2013-19，出让土地面积10,000平方米，出让金1,290,000.00元，合同约定2013年5月30日前交付。油脂公司取得上述土地后一直闲置，2018年2月2日，某兰县人民政府木政发〔2018〕2号，对上述土地予以收回。根据国家税务总局某兰县税务局回函，该块土地2013年6月至2017年12月31日单位税额3元/平方米、2018年1—2月1元/平方米，油脂公司取得土地至土地被依法收回期间，未办理任何土地使用税困难减免税审批、核准或备案手续。

哈尔滨某油脂发展有限公司存在少缴2013年6月1日至2018年2月28日所属期土地使用税139,166.66元的违法事实。

【风险警示】

纳税人应按年比对不动产证书和国有土地使用权出（转）让合同与土地税源登记信息；对以不动产出资的，但未办理产权证书的，也应纳入比对范围，确保信息的准确性和一致性。实际占用面积与申报面积存在差异的，进行纳税申报或更正申报，避免漏缴或多缴的情况发生。符合减免税条件的，留存资料，及时备案申报，享受到应有的税收优惠政策。

如存在未申报的土地税源信息，应延伸查找是否足额申报缴纳契税、印花税、房产税，并调整同期的企业所得税年度申报表。

【风险名称】

2.欠税出境需谨慎

【风险判断】

1. 税务机关下达限期缴纳税款通知书
2. 税务机关欠税公告
3. 纳税担保未获税务机关认可

【政策依据】

1.《中华人民共和国税收征收管理法（2015版）》第四十四条

欠缴税款的纳税人或者他的法定代表人需要出境的，应当在出境前向税务机关结清应纳税款、滞纳金或者提供担保。未结清税款、滞纳金，又不提供担保的，税务机关可以通知出入境管理机关阻止其出境。

2.《中华人民共和国税收征收管理法实

施细则（2016版）》第七十四条

　　欠缴税款的纳税人或者其法定代表人在出境前未按照规定结清应纳税款、滞纳金或者提供纳税担保的，税务机关可以通知出入境管理机关阻止其出境。阻止出境的具体办法，由国家税务总局会同公安部制定。

　　3.《国家税务总局关于认真贯彻执行阻止欠税人出境实施办法的通知》（国税发〔1996〕216号）第一条

　　各地税务机关对欠税人实施出境限制应严格掌握，原则上个人欠税3万元以上，企业欠税20万元以上，方可函请公安边防部门实施边控。但对拒不办理纳税申报的，可不受上述金额限制。

　　4.《国家税务总局、公安部关于印发〈阻止欠税人出境实施办法〉的通知》（国税发〔1996〕215号）第三条

　　经税务机关调查核实，欠税人未按规定结清应纳税款又未提供纳税担保且准备出境的，税务机关可依法向欠税人申明不准出境。对已取得出境证件执意出境的，税务机关可按本办法第四条规定的程序函请公安机关办理边控手续，阻止其出境。

　　欠税人为自然人的，阻止出境的对象为当事者本人。

　　欠税人为法人的，阻止出境对象为其法定代表人。

　　欠税人为其他经济组织的，阻止出境对象为其负责人。

　　上述法定代表人或负责人变更时，以变更后的法定代表人或负责人为阻止出境对象；法定代表人不在中国境内的，以其在华的主要负责人为阻止出境对象。

【风险案例】

　　鉴于合肥某教育科技有限责任公司未按规定结清应纳税款、滞纳金，又不提供纳税担保，根据《中华人民共和国税收征收管理法》第四十四条规定，决定并通知出入境管理机关于2023年12月6日起阻止你单位唐某出境。

图2-1　合肥某教育科技有限责任公司架构图

【风险警示】

企业应全面评估自身清偿能力。暂时无法一次性清偿欠税的，制定出分期清缴欠税计划或提供纳税担保并报税务机关同意。这既是企业在流动资金不足情况下，清缴欠税的一种灵活解决方案，同时也体现了企业积极解决问题的态度，以求清偿全部欠税或将欠税额降至阻止出境限制标准以下，消除阻止出境的风险。确保国家利益与公司利益"双赢"。

【风险名称】

3. 土地收储不免企业所得税

【风险判断】

1. 印花税税目产权转移书据金额的增加
2. 资产负债表中无形资产的减少
3. 产权交易所产权交易凭证及国有土地使用权收购合同

【政策依据】

1.《中华人民共和国企业所得税法（2018版）》第六条

企业以货币形式和非货币形式从各种来源取得的收入，为收入总额。包括：

（一）销售货物收入；

（二）提供劳务收入；

（三）转让财产收入；

（四）股息、红利等权益性投资收益；

（五）利息收入；

（六）租金收入；

（七）特许权使用费收入；

（八）接受捐赠收入；

（九）其他收入。

2.《中华人民共和国企业所得税法（2018版）》第二十六条

企业的下列收入为免税收入：

（一）国债利息收入；

（二）符合条件的居民企业之间的股息、红利等权益性投资收益；

（三）在中国境内设立机构、场所的非居民企业从居民企业取得与该机构、场所有实际联系的股息、红利等权益性投资收益；

（四）符合条件的非营利组织的收入。

【风险案例】

原重庆市江津区某有限公司于2007年取得在江津区鼎山街道琅山平桥的土地和房屋权属。2013年5月，原重庆市江津区某有限公司名称变更为重庆甲某货运代理有限公司（2023年2月你单位将重庆甲某货运代理有限公司名称变更为重庆甲某互动科技有限公司），直至2014年重庆市江津区土地房屋征收储备中心收购该土地和房屋前，该土地和房屋权属一直在原重庆市江津区某有限公司名下。

2014年4月，重庆市江津区土地房屋征收储备中心与你单位前法定代表人胡某某签订了"重庆市江津区国有土地使用权收购合同"（江收合〔2014〕字第05号），合同中收购的标的物是原重庆市江津区某有限公司位于江津区几江琅山平桥资产（房地产权），收购价格是53,257,000.00元，2014年6月庆市江津区财政局将收购款分两次转到胡某某个人账户。未将该项转让财产收入申报缴纳企业所得税。

企业在前法定代表人胡某某经营期间未建账，成本无法核实，根据《中华人民共和国税收征收管理法》第三十五条第一款第二项和《中华人民共和国税收征收管理法实施细则》第四十七条第四款之规定，核定2014年应纳税所得额为49,392,657.09元，少缴2014年企业所得税12,348,164.27元。

【风险警示】

企业应当按季予以重点关注资产负债表期初金额与期末金额变动较大项目，深度剖析此变动与公司资金流的适配性；如存在股权转让的情况，更需高度警觉合同变更前后资产负债表项目的变动态势和变动情况，避免前股东个人收款，后股东埋单，这类不合理情形的出现，以及由此诱发的不必要民事诉讼。

【风险名称】

4. 不可忽视的以物易物

【风险判断】

1. 存货明细变动情况

2. 小规模纳税人"应交税费——应交增值税"科目余额变动

3. 一般纳税人"应交税费——应交增值税（销项税额）"或"应交税费——简易计税"及"应交税费——应交增值税（进项税额）"科目余额变动情况

【政策依据】

1.《中华人民共和国增值税暂行条例（2017版）》第七条

纳税人发生应税销售行为的价格明显偏低并无正当理由的，由主管税务机关核定其销售额。

2.《中华人民共和国营业税暂行条例实施细则（2011版）》第三条

条例第一条所称销售货物，是指有偿转让货物的所有权。

本细则所称有偿，是指从购买方取得货币、货物或者其他经济利益。

3.《中华人民共和国营业税暂行条例实施细则（2011版）》第十六条

纳税人有条例第七条所称价格明显偏低并无正当理由或者有本细则第四条所列视同销售货物行为而无销售额者，按下列顺序确定销售额：

（一）按纳税人最近时期同类货物的平均销售价格确定；

（二）按其他纳税人最近时期同类货物的平均销售价格确定；

（三）按组成计税价格确定。组成计税价格的公式为：

组成计税价格 = 成本 × （1+ 成本利润率）

属于应征消费税的货物，其组成计税价格中应加计消费税额。

4.《中华人民共和国增值税法》（中华人民共和国主席令第四十一号）第二十条

销售额明显偏低或者偏高且无正当理由的，税务机关可以依照《中华人民共和国税收征收管理法》和有关行政法规的规定核定销售额。

【风险案例】

2020年5月20日，重庆某医疗器械有限公司与重庆某生物科技有限公司签订《合作协议》，其中的置换条款未约定具体价格和金额。

2020年6月，重庆某医疗器械有限公司一次性使用口罩的销售发票数据计算出的平均单价1.58元（不含税）。

2020年7月，重庆某医疗器械有限公司用1,122,600个一次性使用口罩与重庆某生物科技有限公司等价置换医用外科口罩。换出口罩属于销售货物行为，但未核算货物销售额，也未计算申报销项税额。换出口罩未开具发票，换入口罩也未取得发票。

2022年12月27日，重庆某医疗器械有限公司提供的《情况说明》中主张换出的一次性使用口罩的单价为0.115元。

按重庆某医疗器械有限公司最近时期即2020年6月一次性使用口罩的销售发票数据计算出平均单价1.58元（不含税）确定，据此计算出销售额1,773,708.00元、销项税额230,582.04元，2020年7月应补缴增值税230,582.04元、城市建设维护税16,140.74元、教育费附加6,917.46元、地方教育附加4,611.64元。

综上所述，重庆某医疗器械有限公司与重庆某生物科技有限公司等价置换口罩，未就换出的货物核算销售额，未计算申报销项税额，根据《中华人民共和国税收征收管理法》第六十三条第一款之规定，是偷税，应追缴少缴的2020年7月增值税230,582.04元、城市建设维护税16,140.74元及相应的滞纳金，并处少缴的税款0.5倍的罚款123,361.39元；对应当开具而未开具发票，违反了《中华人民共和国发票管理办法》（根据中华人民共和国国务院令第764号第三次修订）第十八条、第十九条之规定，根据《中华人民共和国发票管理办法》（根据中华人民共和国国务院令第764号第三次修订）第三十三条第（一）项之规定，责令改正，处罚款5,000.00元。

【风险警示】

企业应抓好存货的出入库管理，制定清晰的出入库流程，包括准确记录存货的种类、数量、规格等信息，确保每一笔出入库业务都有清晰准确的记录。建立定期存货盘点制度，做到账账相符，账实相符。仓库保管部门与财务部门保持良性互动，实现信息的及时共享和交流，及时比对存货明细变动与主营业务收入或管理费用科目变动情况。有助于发现是否存在存货销售未及时入账等异常，从而保障企业财务信息的准确性与合规性。

【风险名称】

5. 物耗要有相关性

【风险判断】

1. 开具的销售产品名称是否存在明显变化
2. 未开票收入是否存在变动
3. 购进的原材料名称是否发生明显变化

【政策依据】

1.《中华人民共和国增值税暂行条例（2017版）》第十条

下列项目的进项税额不得从销项税额中抵扣：

（一）用于简易计税方法计税项目、免征增值税项目、集体福利或者个人消费的购进货物、劳务、服务、无形资产和不动产；

（二）非正常损失的购进货物，以及相关的劳务和交通运输服务；

（三）非正常损失的在产品、产成品所耗

用的购进货物（不包括固定资产）、劳务和交通运输服务；

（四）国务院规定的其他项目。

2.《中华人民共和国发票管理办法》第二十条

不符合规定的发票，不得作为财务报销凭证，任何单位和个人有权拒收。

3.《中华人民共和国发票管理办法》第二十一条

开具发票应当按照规定的时限、顺序、栏目，全部联次一次性如实开具，开具纸质发票应当加盖发票专用章。

任何单位和个人不得有下列虚开发票行为：

（一）为他人、为自己开具与实际经营业务情况不符的发票；

（二）让他人为自己开具与实际经营业务情况不符的发票；

（三）介绍他人开具与实际经营业务情况不符的发票。

4.《中华人民共和国增值税法》（中华人民共和国主席令第四十一号）

第二十二条　纳税人的下列进项税额不得从其销项税额中抵扣：

（一）适用简易计税方法计税项目对应的进项税额；

（二）免征增值税项目对应的进项税额；

（三）非正常损失项目对应的进项税额；

（四）购进并用于集体福利或者个人消费的货物、服务、无形资产、不动产对应的进项税额；

（五）购进并直接用于消费的餐饮服务、居民日常服务和娱乐服务对应的进项税额；

（六）国务院规定的其他进项税额。

【风险案例】

2020年10月1日至2021年9月30日，云南某商贸有限公司（主要销售阀门龙头、搬运设备、泵、电工仪器仪表等）取得并认证抵扣某炼化产品销售有限公司开具的35份增值税专用发票，数量2,597.18吨，金额

10,628,543.38元，税额1,381,710.62元，价税金额合计12,010,254元，分别在2021年1月认证抵扣800,660.70元，2021年2月认证抵扣72,620.48元，2021年3月认证抵扣174,475.96元，2021年4月认证抵扣175,102.96，2021年6月认证抵扣158,850.52元，合计抵扣进项税额1,381,710.62元。

云南某商贸有限公司作为商贸企业，账簿上既无对应销售记录又没有支付过仓储费用，既无自有仓库也未租用仓库，购入货物"*有机化学原料*甲基叔丁基醚"有进无销，无实际库存，账实不符；检查期间未能说明购进"有机化学原料*甲基叔丁基醚"货物交割方式、参与人员，所购进"有机化学原料*甲基叔丁基醚"用于设备防腐清洁与该产品实际用途不相符。上述情况及相关证据表明，云南某商贸有限公司通过取得与实际生产经营无关的增值税专用发票虚增进项税额，达到少缴增值税的目的。补缴2021年少缴增值税1,381,710.62元、城市维护建设税96,719.75元、教育费附加41,451.32元、地方教育附加27,634.21元，合计1,547,515.90元；从滞纳税款之日起，按日加收滞纳税款万分之五的滞纳金。

【风险警示】

企业如从事生产销售经营，除了关注类似商贸企业仓储条件与能力、货运方式等因素外，还应关注生产设备等固定资产以及生产工艺是否与生产耗用原材料与产品存在关联性，如不存在关联性，应转化成单纯的购销商贸经营进行申报纳税。如所取得的成本发票确与生产和销售无关的，及时向公司负责人反映，防范接受虚开发票的风险。

另需注意：购入固定资产、无形资产（不包括其他权益性无形资产）、不动产以及租入固定资产、不动产相应取得的进项税额，既用于一般计税方法计税项目，又用于简易计税方法计税项目、免征增值税项目、集体福利或个人消费的，其进项税额允许全额抵扣，但不包括购入或租入相关资产后支付的装修费、取暖费、物业费、维护费等各类费用的进项税额。

【风险名称】

6. 抵运费的油费视同销售

【风险判断】

1. 固定资产——车辆数量与个人所得税扣缴申报人数不匹配
2. 购入的油费已结转营业成本

【政策依据】

1.《中华人民共和国增值税暂行条例实施细则（2011版）》第三条

条例第一条所称销售货物，是指有偿转让货物的所有权。

本细则所称有偿，是指从购买方取得货币、货物或者其他经济利益。

2.《中华人民共和国增值税暂行条例实施细则（2011版）》第四条

单位或者个体工商户的下列行为，视同销售货物：

（一）将货物交付其他单位或者个人代销；

（二）销售代销货物；

（三）设有两个以上机构并实行统一核算的纳税人，将货物从一个机构移送其他机构用于销售，但相关机构设在同一县（市）的除外；

（四）将自产或者委托加工的货物用于非增值税应税项目；

（五）将自产、委托加工的货物用于集体福利或者个人消费；

（六）将自产、委托加工或者购进的货物作为投资，提供给其他单位或者个体工商户；

（七）将自产、委托加工或者购进的货物分配给股东或者投资者；

（八）将自产、委托加工或者购进的货物无偿赠送其他单位或者个人。

3.《国家税务总局关于跨境应税行为免税备案等增值税问题的公告》（国家税务总局公告2017年第30号）第二条

纳税人以承运人身份与托运人签订运输服务合同，收取运费并承担承运人责任，然后委托实际承运人完成全部或部分运输服务时，自行采购并交给实际承运人使用的成品油和支付的道路、桥、闸通行费，同时符合下列条件的，其进项税额准予从销项税额中抵扣：

（一）成品油和道路、桥、闸通行费，应用于纳税人委托实际承运人完成的运输服务；

（二）取得的增值税扣税凭证符合现行规定。

4.《中华人民共和国增值税法》（中华人民共和国主席令第四十一号）

第五条 有下列情形之一的，视同应税交易，应当依照本法规定缴纳增值税：

（一）单位和个体工商户将自产或者委托加工的货物用于集体福利或者个人消费；

（二）单位和个体工商户无偿转让货物；

（三）单位和个人无偿转让无形资产、不动产或者金融商品。

【风险案例】

2014年至2019年，格尔木某运输工程有限公司发生的未用于委托运输服务的燃油支出未确认燃油销售收入，即2014年未确认燃油销售收入3,137,321.74元，2015年未确认燃油销售收入2,454,020.86元，2016年未确认燃油销售收入4,228,905.74元，2017年未确认燃油销售收入4,743,938.14元，2019年未确认燃油销售收入4,168,227.22元。

2016年至2019年，格尔木某运输工程有限公司为青海某化工建材股份有限公司提供水泥熟料运输服务，其中2016年未结算运费73,442.42元、2017年未结算运费1,020,971.59元、2018年未结算运费2,466,718.68元，于2019年结算并在当期确认2016年运输服务收入220,571.28元，2017年运输服务收入2,214,811.89元，2018年运输服务收入11,709,272.45元，但用于未结算运费对应的运输服务的燃油支出已计入（调整）发生当期。发生的燃油支出与结算运费不相配比，即2016年多列燃油支出73,442.42元、2017年多列燃油支出1,020,971.59元、2018年多列燃油支出2,466,718.68元，2019年少列燃油支出3,561,132.68元。

综上，格尔木某运输工程有限公司以加油卡抵付为公司提供运输服务的实际承运人的运费，或以加油卡抵付为公司实际控制人提供运输服务的实际承运人的运费，或以现金方式将加油卡出售给其他货车司机。公司在未对是否用于委托运输服务的燃油支出进行合理区分的情况下，凭中石油、中石化开具的全部加油卡中已消费燃油支出的增值税专用发票申报抵扣进项税额、列支燃油支出，未按规定在账簿上核算未用于公司委托运输服务部分的燃油转销收入和销项税额。直接造成少缴增值税2,460,213.11元、少缴城市维护建设税172,214.92元、少缴企业所得税3,690,696.69元的，是偷税行为。

【风险警示】

油卡抵运费常见于物流行业。运输企业可以按折扣价大量购买油卡，将本应支付给个体司机的运费以油卡代替，可以减少现金流的支出，降低运营成本。同时，运输企业还能够取得成品油增值税专用发票，进行增值税进项抵扣与企业所得税税前扣除。

企业以承运人身份与托运人签订运输服务合同，收取运费并承担承运人责任，然后委托实际承运人完成全部或部分运输服务时，自行采购并交给实际承运人使用的，用于实际承运人完成被委托的运输服务的成品油，其进项税额准予从销项税额中抵扣。但是，如果企业未按照运输业务的实际耗用量向实际承运人提供油卡，而是多提供油卡以冲抵部分运费，可能引发偷税风险。

【风险名称】

7.农产品收购发票信息错误不能抵扣

【风险判断】

1.增值税申报表附表二——其他扣税凭证——农产品收购发票或销售发票栏不为0

2.已做农产品收购发票登记归类

3.发票销售方信息填写不全或错误

【政策依据】

1.《中华人民共和国增值税暂行条例实施细则（2017版）》第九条

纳税人购进货物、劳务、服务、无形资产、不动产，取得的增值税扣税凭证不符合法律、行政法规或者国务院税务主管部门有关规定的，其进项税额不得从销项税额中抵扣。

2.《中华人民共和国增值税暂行条例实施细则（2011版）》第十九条

条例第九条所称增值税扣税凭证,是指增值税专用发票、海关进口增值税专用缴款书、农产品收购发票和农产品销售发票以及运输费用结算单据。

3.《中华人民共和国发票管理办法》第二十一条第一款

开具发票应当按照规定的时限、顺序、栏目,全部联次一次性如实开具,开具纸质发票应当加盖发票专用章。

【风险案例】

2018年12月1日至2022年12月31日期间,某食品有限公司开具的农产品收购发票存在农业生产者身份证号未填开、身份证号填开错误、姓名填开错误等开具不合规的问题,涉及发票79份,发票金额9,496,293.00元,已抵扣进项税额883,381.65元,已计入成本8,612,911.35元(其中:2018年12月涉及发票33份,发票金额2,871,528.00元,进项税金287,152.80元,已计入成本2,584,375.20元;2021年8月涉及发票42份,发票金额4,077,815.00元,进项税金367,003.35元,已计入成本3,710,811.65元;2022年8月涉及发票3份,发票金额2,168,326.00元,进项税金195,149.34元,2022年11月涉及发票1份,发票金额378,624.00元,进项税金34,076.16元,已计入成本2,317,724.50元),并且不能在规定期限内换开发票。追回的公司多退的增值税留抵退税款418,218.30元按规定加收滞纳金。调增公司2018年应纳税所得额2,584,375.20元,调增2021年应纳税所得额3,710,811.65元,调增2022年应纳税所得额2,317,724.50元,调整后,2018年当年可结转以后年度弥补的亏损额为450,961.37元,2021年当年可结转以后年度弥补的亏损额为4,690,229.14元,2022年当年可结转以后年度弥补的亏损额为15,190,687.38元。

【风险警示】

企业应建立收购发票登记备查簿,详细登记各农户基本信息,并附有农户身份证明复印件、联系方式、银行卡号、微信支付记录，有助于企业对收购业务进行准确的记录和追溯。对年龄在60岁以上，需防范人不在了，仍反向开票的虚开行为。企业对一定规模以上的非农业合作社或农产品生产大户反向开具收购发票时，还需农户提供土地承租合同和租赁费支付记录等佐证资料，确保所收购的农产品来源合法合规。对来源合作社或农产品生产大户销售的农产品，应积极引导、帮助其办理营业执照，领取发票，自行开具农产品销售发票。

【风险名称】

8.四亿股权转让收入不申报

【风险判断】

1. 企查查（天眼查）对外投资减少

2. 资产负债表长期对外投资减少或没有变动

3. 利润表投资收益增加较少或为0

4. 企业所得税年度申报表投资收益增加较少或为0

【政策依据】

1.《中华人民共和国企业所得税法（2018版）》第六条第三项

企业以货币形式和非货币形式从各种来源取得的收入，为收入总额。包括：

（三）转让财产收入；

2.《中华人民共和国企业所得税法实施条例（2019版）》第七条第（三）项

企业所得税法第三条所称来源于中国境内、境外的所得，按照以下原则确定：

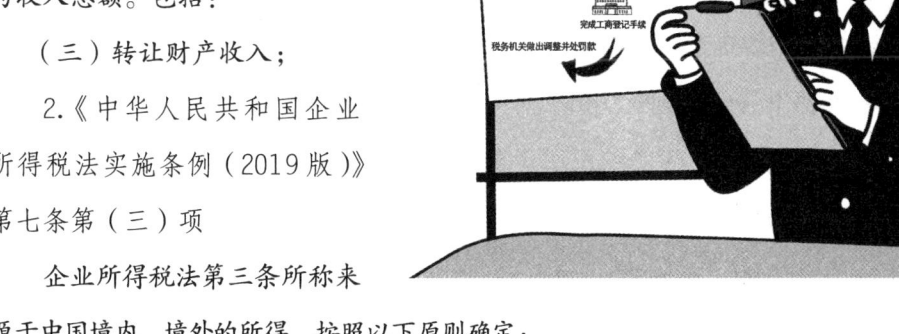

（三）转让财产所得，不动产转让所得按照不动产所在地确定，动产转

让所得按照转让动产的企业或者机构、场所所在地确定，权益性投资资产转让所得按照被投资企业所在地确定；

3.《中华人民共和国企业所得税法实施条例（2019版）》第十六条

企业所得税法第六条第（三）项所称转让财产收入，是指企业转让固定资产、生物资产、无形资产、股权、债权等财产取得的收入。

4.《财政部 国家税务总局关于非货币性资产投资企业所得税政策问题的通知》（财税〔2014〕116号）第二条第二项

企业以非货币性资产对外投资，应对非货币性资产进行评估并按评估后的公允价值扣除计税基础后的余额，计算确认非货币性资产转让所得。

企业以非货币性资产对外投资，应于投资协议生效并办理股权登记手续时，确认非货币性资产转让收入的实现。

【风险案例】

2008年2月，深圳市某供应链商业服务股份有限公司以股权转让金额为60,227,400.00元取得深圳某电力有限公司25%股权。2014年6月，与深圳市某投资有限公司签订《股权转让协议书》金额为250,000,000.00元。2017年11月，又与深圳市某投资有限公司签订《股权转让协议书补充协议》，股权转让金额增加150,000,000.00元。2018年1月22日，向深圳市市场监督管理局申报股权转让款为54,522,518.75元，完成深圳某电力有限公司25%股权转让给深圳市某投资有限公司工商登记手续。

2023年11月1日，税务机关作出调整深圳市某供应链商业服务股份有限公司2018年度应纳税所得额为339,772,600.00元，补缴企业所得税8,494,315,000元，并处少缴税款84,943,150.00元百分之五十的罚款42,471,575.00元决定。

【风险警示】

企业进行股权转让对如果股权转让款明显小于原始投资金额，应准备充足的备查资料，说明具有正当合理的情形。如发生股权转让行为应及时在A105030投资收益纳税调整明细表——长期股权投资栏中反映出处置收益。涉及法人间的股权转让，双方应通过对公银行账户进行交易；出让方要及时更新对外投资情况，及时申报缴纳产权转移书据印花税，印花税的计税依据与其新增长期股权投资金额一致。相关部门较易通过工具软件进行比对出异常，形成税收风险。同时，不论是否完成股权转让登记手续，也应按股权协议签订的纳税义务发生时间申报缴纳产权转移书据印花税。

【风险名称】

9. 支付工资和劳务应扣未扣个人所得税

【风险判断】

1. 每个月个人所得税扣缴申报表中的应纳税所得额为 0

2. 月末应付职工薪酬借方本期发生额不为 0

3. 存有非货物类商品交易税务机关代开发票

4. 月末本年支付月末应付职工薪酬借方余额不等于当期个人所得税扣缴申报累计收入总额

【政策依据】

1.《中华人民共和国个人所得税法（2018 版）》第二条

下列各项个人所得，应当缴纳个人所得税：

（一）工资、薪金所得；

（二）劳务报酬所得；

（三）稿酬所得；

（四）特许权使用费所得

居民个人取得前款第一项至第四项所得（以下称综合所得），按纳税年度合并计算个人所得税；非居民个人取得前款第一项至第四项所得，按月或者按次分项计算个人所得税。

纳税人取得前款第五项至第九项所得，依照本法规定分别计算个人所得税。

2.《中华人民共和国个人所得税法（2018版）》第九条

个人所得税以所得人为纳税人，以支付所得的单位或者个人为扣缴义务人。

3.《中华人民共和国个人所得税法（2018版）》第十一条

居民个人取得综合所得，按年计算个人所得税；有扣缴义务人的，由扣缴义务人按月或者按次预扣预缴税款；需要办理汇算清缴的，应当在取得所得的次年三月一日至六月三十日内办理汇算清缴。预扣预缴办法由国务院税务主管部门制定。

居民个人向扣缴义务人提供专项附加扣除信息的，扣缴义务人按月预扣预缴税款时应当按照规定予以扣除，不得拒绝。

【风险案例】

经查实深圳某互娱网络科技有限公司，2019—2022年度向员工转账支付工资薪金及劳务收入合计6,920,142.51元，造成2019—2022年少代扣代缴个人所得税合计2,239,898.25元，处以应扣未扣税款1.5倍罚款合计3,359,847.38元。

【风险警示】

企业应经常比对工资薪金实际发放与个税扣缴申报情况，做到人员相符、金额相符，避免对实际发放的工资薪金未履行代扣代缴个人所得税义务而被认定为不合理的工资薪金支出，不允许企业所得税税前扣除的税收风险发生。对支付劳务报酬所得、稿酬所得、特许权使用费所得时或取得劳务报酬所得、稿酬所得、特许权使用费所得代开发票时，应积极履行好扣缴义务人的"第一责任"；同时告知劳务提供者应承担的纳税义务，或人性化指导其使用个税App自行申报缴纳税款。对拒绝扣缴税款的，应暂停支付相当于应纳税款的款项，并在一日之内报告税务机关。

【风险名称】

10. 追缴非正常损失进项税额

【风险判断】

1. 待处理财产损益——待处理流动资产损益借方发生额大于0
2. 待处理财产损益——待处理固定资产损益借方发生额大于0
3. 应交税费——应交增值税（进项税额转出）没有与待处理财产损益相对应的贷方发生额

【政策依据】

1.《中华人民共和国增值税暂行条例（2017版）》第十条

下列项目的进项税额不得从销项税额中抵扣：

（一）用于简易计税方法计税项目、免征增值税项目、集体福利或者个人消费的购进货物、劳务、服务、无形资产和不动产；

（二）非正常损失的购进货物，以及相关的劳务和交通运输服务；

（三）非正常损失的在产品、产成品所耗用的购进货物（不包括固定资

产）、劳务和交通运输服务；

（四）国务院规定的其他项目。

2.《中华人民共和国增值税暂行条例实施细则（2011版）》第二十四条

条例第十条第（二）项所称非正常损失，是指因管理不善造成被盗、丢失、霉烂变质的损失。

3.财政部 国家税务总局《关于全面推开营业税改征增值税试点的通知》财税〔2016〕36号附件一《营业税改征增值税试点实施办法》第二十七条[条款修改]下列项目的进项税额不得从销项税额中抵扣：

（一）用于简易计税方法计税项目、免征增值税项目、集体福利或者个人消费的购进货物、加工修理修配劳务、服务、无形资产和不动产。其中涉及的固定资产、无形资产、不动产，仅指专用于上述项目的固定资产、无形资产（不包括其他权益性无形资产）、不动产。

纳税人的交际应酬消费属于个人消费。

（二）非正常损失的购进货物，以及相关的加工修理修配劳务和交通运输服务。

（三）非正常损失的在产品、产成品所耗用的购进货物（不包括固定资产）、加工修理修配劳务和交通运输服务。

（四）非正常损失的不动产，以及该不动产所耗用的购进货物、设计服务和建筑服务。

（五）非正常损失的不动产在建工程所耗用的购进货物、设计服务和建筑服务。

纳税人新建、改建、扩建、修缮、装饰不动产，均属于不动产在建工程。

（六）购进的贷款服务、餐饮服务、居民日常服务和娱乐服务。

（七）财政部和国家税务总局规定的其他情形。

本条第（四）项、第（五）项所称货物，是指构成不动产实体的材料和设备，包括建筑装饰材料和给排水、采暖、卫生、通风、照明、通讯、煤气、消防、中央空调、电梯、电气、智能化楼宇设备及配套设施。

4.财政部 国家税务总局《关于全面推开营业税改征增值税试点的通知》财税〔2016〕36号附件一《营业税改征增值税试点实施办法》第二十八条

不动产、无形资产的具体范围，按照本办法所附的《销售服务、无形资产或者不动产注释》执行。

固定资产，是指使用期限超过12个月的机器、机械、运输工具以及其他与生产经营有关的设备、工具、器具等有形动产。

非正常损失，是指因管理不善造成货物被盗、丢失、霉烂变质，以及因违反法律法规造成货物或者不动产被依法没收、销毁、拆除的情形。

5.《中华人民共和国增值税法》（中华人民共和国主席令第四十一号）

第二十二条 纳税人的下列进项税额不得从其销项税额中抵扣：

（一）适用简易计税方法计税项目对应的进项税额；

（二）免征增值税项目对应的进项税额；

（三）非正常损失项目对应的进项税额；

（四）购进并用于集体福利或者个人消费的货物、服务、无形资产、不动产对应的进项税额；

（五）购进并直接用于消费的餐饮服务、居民日常服务和娱乐服务对应的进项税额；

（六）国务院规定的其他进项税额。

【风险案例】

2021年12月，深圳市某物资有限公司确认进口货物发生非正常损失，相应的进项税额101,983.54元已申报抵扣，未将进项税额101,983.54元作转出处理。

2021年申报企业所得税营业收入3,177,228.08元，账上记载的销售收入为7,019,255.84元，申报的增值税销售收入为7,019,255.84元，经核实应申报的企业所得税收入为7,019,255.84元，少申报2021年企业所得税应税营业收入3,842,027.76元，2021年度申报应纳税所得额76,382.06元，经核实你公司应纳税所得额应为3,902,890.11元，应申报缴纳企业所得税975,722.53元，已申报缴纳企业所得税1,909.56元，少申报缴纳企业所得税973,812.97元。

综上，深圳市某物资有限公司应补缴税款1,082,935.36元、教育费附加3,059.51元、地方教育附加2,039.67元，合计1,088,034.54元，并依法加收滞纳金。

【风险警示】

企业进行待处理财产损益会计核算时，就应查找是否将相应的损失项目已认证且已抵扣或已认证待抵扣的进项税额作了转出处理；没有勾选确认抵扣的，在税务数字账户作"不抵扣勾选"处理。并在企业所得税年度汇算清缴时，关联分析A102010一般企业成本支出明细表第20栏非常损失、第23栏罚没支出和第26栏其他项目金额和A105090资产损失税前扣除及纳税调整明细表损失类项目金额。确定非正常损失时，应做好会计凭证、资产盘点表、企业内部技术鉴定部门的鉴定文件或资料及核批说明等外部证据和内部证据资料的收集整理，留存备查。

【风险名称】

11. 个人股权转自己，100%控股公司补税 3.78亿元

【风险判断】

1. 产权转移书据印花税申报缴纳

2. 上市公司对外有关股权结构变更公告

3. 市场监督管理部门的历史股东变动信息

【政策依据】

《中华人民共和国个人所得税法（2018版）》第二条第八项、第二款

下列各项个人所得，应当缴纳个人所得税：

1. 财产转让所得；

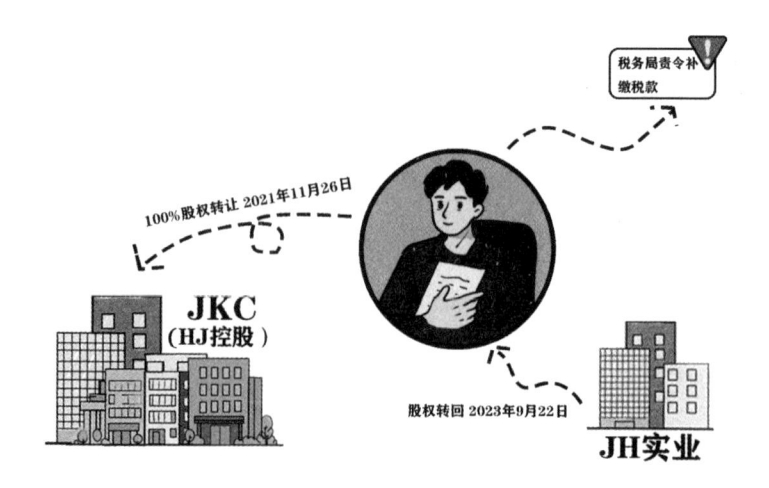

居民个人取得前款第一项至第四项所得（以下称综合所得），按纳税年度合并计算个人所得税；非居民个人取得前款第一项至第四项所得，按月或者按次分项计算个人所得税。纳税人取得前款第五项至第九项所得，依照本法规定分别计算个人所得税。

2.《中华人民共和国个人所得税法实施条例（2018版）》第六条第八项

个人所得税法规定的各项个人所得的范围：

财产转让所得，是指个人转让有价证券、股权、合伙企业中的财产份额、不动产、机器设备、车船以及其他财产取得的所得。

3.《股权转让所得个人所得税管理办法（试行）》（国家税务总局公告2014第67号）第四条

个人转让股权，以股权转让收入减除股权原值和合理费用后的余额为应纳税所得额，按"财产转让所得"缴纳个人所得税。

合理费用是指股权转让时按照规定支付的有关税费。

【风险案例】

2021年11月30日，JKC集团股份有限公司（证券代码：000×××）发布编号为2021-×××的关于控股股东股权结构变更的公告：HJ控股持有公司539,453,259股股份，占总股本的29.90%，为公司的控股股东。HJ控股股东王某明先生将其持有的HJ控股100%股权转让给深圳市JH实业发展有限公司（以下简称"JH实业"）。JH实业为王忠明先生100%控股的子公司。上述股权转让事项已于2021年11月26日办理完成了工商变更登记手续。转让完成后，JH实业持有HJ控股100%股权。

2023年9月4日，国家税务总局深圳市某区税务局责令王某明于2023年9月19日前，缴纳相关股权转让所得个人所得税应补税额378,636,377.03元，并从税款滞纳之日起至缴纳或解缴之日止，按日加收滞纳税款万分之五的滞纳金，与税款一并缴纳。逾期未缴纳的，税务机关将依照《中华人民共和国税收征收管理法》有关规定进行处理。

2023年9月22日,深圳市JH实业发展有限公司将其持有的HJ控股100%股权,转给王某明先生。

【风险警示】

个人将持有的股份转让给自己100%控股的公司,不能因最终收益人没有变化,而将变更股份视同"左兜换右兜",但在税法上属于不同的纳税主体,适用不同的税收政策,属于法律形式改变,需按照两个独立纳税主体间的交易来对待。税务机关会结合资产负债表等财务报表是否有正当理由的,对不具有正当理由的,可以依次按净资产核定法、类比法和其他合理方法核定股权转让收入。同时被投资企业发生个人股东变动或者个人股东所持股权变动的,应当在次月15日内向主管税务机关报送含有股东变动信息的《个人所得税基础信息表(A表)》及股东变更情况说明。

【风险名称】

12. 私募高管转换收入

【风险判断】

1. 属于高收入、高净值人群,如董监高、职业经理人与直播、网红、游戏行业人员及其他专业人士等

2. 从事投资性不动产、股票、债券、基金、保险、银行理财产品、境外投资及其他境内投资(含信托、基金专户、券商资管、私募股权基金、私募证券基金、黄金等)

3. 存在关联关系的个体工商户、个人独资和合伙企业

【政策依据】

1.《国家税务总局关于进一步加强高收入者个人所得税征收管理的通知》(国税发〔2010〕54号)第二条

税务师、会计师、律师、资产评估和房地产估价等鉴证类中介机构不得实行核定征收个人所得税。

2.《财政部 税务总局关于权益性投资经营所得个人所得税征收管理的

公告》(财政部 税务总局公告 2021 年第 41 号)第一条

持有股权、股票、合伙企业财产份额等权益性投资的个人独资企业、合伙企业(以下简称独资合伙企业),一律适用查账征收方式计征个人所得税。

3.《中华人民共和国个人所得税法(2018 版)》第八条

有下列情形之一的,税务机关有权按照合理方法进行纳税调整:

(一)个人与其关联方之间的业务往来不符合独立交易原则而减少本人或者其关联方应纳税额,且无正当理由;

(二)居民个人控制的,或者居民个人和居民企业共同控制的设立在实际税负明显偏低的国家(地区)的企业,无合理经营需要,对应当归属于居民个人的利润不作分配或者减少分配;

(三)个人实施其他不具有合理商业目的的安排而获取不当税收利益。

税务机关依照前款规定作出纳税调整,需要补征税款的,应当补征税款,并依法加收利息。

【风险案例】

2017 年 6 月 7 日,张某持有深圳泰某私募股权投资基金有限公司(以下简称"深圳泰某")30% 股份,任职合规风控负责人;2020 年 3 月 2 日,设立上海某憬企业管理咨询中心,2022 年 3 月 4 日注销;2020 年 3 月 4 日,设立上海某诚企业管理咨询中心,2022 年 7 月 27 日注销。

深圳泰某与张某签订《财务顾问服务协议》;深圳泰某、张某某与上海某憬签订《财务顾问服务协议之补充协议》;深圳泰某、张某某与上海某诚签订《财务顾问服务协议之补充协议》。2020 年至 2021 年取得财务咨询服务等劳务报酬所得 98,031,683.17 元,其中 2020 年 52,891,089.11 元、2021 年 45,140,594.06 元。

2023 年 10 月 30 日,深圳市税务局稽查局判定张某通过设立个人独资企业转换收入性质,将从深圳泰某私募股权投资基金有限公司取得的劳务报酬所得转换成为上海某企业管理咨询中心、上海某企业管理咨询中心等个人独资企业的经营所得，进行虚假申报，造成少缴个人所得税违反了《中华人民共和国个人所得税法》第二条的规定，少申报缴纳综合所得个人所得税 31,818,407.23 元，其中 2020 年 16,866,233.27 元、2021 年 14,952,173.96 元，处百分之五十的罚款 15,909,203.62 元。

【风险警示】

企业申报的期间费用，如财务费用、管理费用同比增长异常，且发票流向情况表明来自具有关联关系的发票金额较大，在高附加值行业和涉及"双高"人群（高收入、高净值）的情况下，这类问题更容易引发税务风险，这些领域通常交易复杂、金额较大，税务监管也更为严格。企业从事财务咨询人员应具有与收入规模相应的人员资质（如教育背景、专业证书、项目成果）和规模（如人员数量、年龄结构、职称结构）、社保费缴纳记录。

【风险名称】

13. 预收账款未结转收入

【风险判断】

1. 预收账款期末余额与期末存货呈现正向变化
2. 预收账款与收入呈现反向变化

【政策依据】

1.《中华人民共和国增值税暂行条例实施细则（2011版）》第三十八条第四项

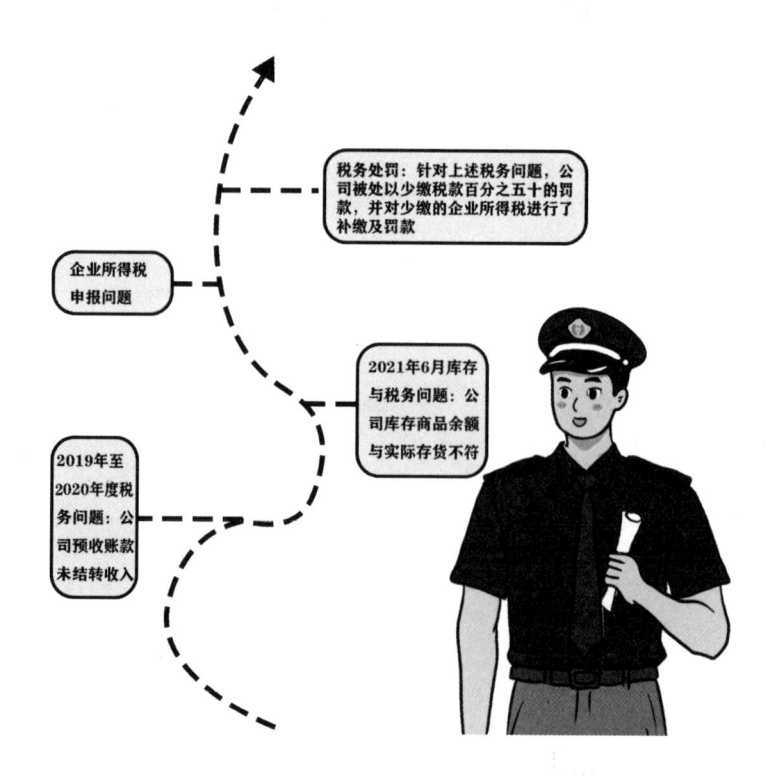

- 企业所得税申报问题
- 税务处罚：针对上述税务问题，公司被处以少缴税款百分之五十的罚款，并对少缴的企业所得税进行了补缴及罚款
- 2021年6月库存与税务问题：公司库存商品余额与实际存货不符
- 2019年至2020年度税务问题：公司预收账款未结转收入

条例第十九条第一款第（一）项规定的收讫销售款项或者取得索取销售款项凭据的当天，按销售结算方式的不同，具体为：

（四）采取预收货款方式销售货物，为货物发出的当天，但生产销售生产工期超过12个月的大型机械设备、船舶、飞机等货物，为收到预收款或者书面合同约定的收款日期的当天；

2.《财政部　税务总局关于建筑服务等营改增试点政策的通知》（财税〔2017〕58号）第二条、第三条

《营业税改征增值税试点实施办法》（财税〔2016〕36号印发）第四十五条第（二）项修改为"纳税人提供租赁服务采取预收款方式的，其纳税义务发生时间为收到预收款的当天"。

纳税人提供建筑服务取得预收款，应在收到预收款时，以取得的预收款扣除支付的分包款后的余额，按照本条第三款规定的预征率预缴增值税。

3.《中华人民共和国增值税法》（中华人民共和国主席令第四十一号）第二十八条　增值税纳税义务发生时间，按照下列规定确定：

（一）发生应税交易，纳税义务发生时间为收讫销售款项或者取得销售款项索取凭据的当日；先开具发票的，为开具发票的当日。

（二）发生视同应税交易，纳税义务发生时间为完成视同应税交易的当日。

（三）进口货物，纳税义务发生时间为货物报关进口的当日。

增值税扣缴义务发生时间为纳税人增值税纳税义务发生的当日。

【风险案例】

2019年至2020年度，深圳市某生物科技有限公司预收账款未结转收入，少计收入3,328,729.06（含税）元，造成少申报缴纳增值税382,951.13元、城市维护建设税26,806.58元。2021年6月，库存商品余额为3,837,146.96元扣除上述预收货款结转的成本2,344,728.97元，核实库存商品余额为

1,492,417.56元，但经过存货盘点已无相关库存。造成2021年6月少缴增值税213,415.71元、城市维护建设税14,939.10元。

2019年度营业收入34,728,086.17元，应纳税所得额为1,389,123.45元，应申报缴纳企业所得税88,912.35元，已申报缴纳企业所得税94,481.23元，少申报缴纳企业所得税0元。

2020年度营业收入4,678,526.37元，应纳税所得额为187,141.05元，应申报缴纳企业所得税9,357.05元，已申报缴纳企业所得税0元，少申报缴纳企业所得税9,357.05元。

2021年度营业成本1,678,859.40元，应纳税所得额为69,952.47元，应申报缴纳企业所得税1,748.81元，已申报缴纳企业所得税0元，少申报缴纳企业所得税1,748.81元。

深圳市某恩生物科技有限公司2021—2022年少缴增值税596,366.84元、城市维护建设税41,745.68元、合同印花税745.61元，处少缴税款638,858.13元百分之五十的罚款319,429.07元。2019年至2021年补缴企业所得税11,105.86元，处0.5倍罚款5,552.93元。

【风险警示】

看似与税费核算无关或关系不大的会计科目关注度愈发增加，企业不仅要关注预收账款期末余额，还应关注应收账款的期末贷方余额。根据业务类别判断预收账款发生的性质，如企业从事涉及货物销售的，预收账款期末余额与期末存货呈现正向变化；或企业从事租赁服务的，预收账款期末余额增长与主营业务（其他业务）收入不呈现正向变化，可能存在未确认销售收入，少缴增值税和企业所得税的情况。对于不符合销售收入纳税义务发生时间的预收账款，但开具的征税发票，则在开票当天就产生了增值税纳税义务；如果开具的是不征税"601 预付卡销售和充值"等，不会产生增值税纳税义务。

【风险名称】

14. 研发费用不够黄金凑

【风险判断】

1. 查阅"研发支出——费用化支出""研发支出——资本化支出"科目借方对应的贷方科目

2. 查阅"管理费用"对应的"研发支出——费用化支出"科目贷方

3. 查阅研发项目的领料单、出库单

【政策依据】

1.《中华人民共和国企业所得税法（2018版）》第八条

企业实际发生的与取得收入有关的、合理的支出，包括成本、费用、税金、损失和其他支出，准予在计算应纳税所得额时扣除。

2.《中华人民共和国企业所得税法（2018版）》第三十条

企业的下列支出，可以在计算应纳税所

得额时加计扣除：

（一）开发新技术、新产品、新工艺发生的研究开发费用；

（二）安置残疾人员及国家鼓励安置的其他就业人员所支付的工资。

3.《中华人民共和国企业所得税法实施条例（2019版）》第九十五条

企业所得税法第三十条第（一）项所称研究开发费用的加计扣除，是指企业为开发新技术、新产品、新工艺发生的研究开发费用，未形成无形资产计入当期损益的，在按照规定据实扣除的基础上，按照研究开发费用的50%加计扣除；形成无形资产的，按照无形资产成本的150%摊销。

4.《财政部 税务总局关于进一步完善研发费用税前加计扣除政策的公告》（财政部 税务总局公告2023年第7号）第一条

企业开展研发活动中实际发生的研发费用，未形成无形资产计入当期损益的，在按规定据实扣除的基础上，自2023年1月1日起，再按照实际发生额的100%在税前加计扣除；形成无形资产的，自2023年1月1日起，按照无形资产成本的200%在税前摊销。

5.《财政部 税务总局关于进一步完善研发费用税前加计扣除政策的公告》（财政部 税务总局公告2021年第13号）第一条

制造业企业开展研发活动中实际发生的研发费用，未形成无形资产计入当期损益的，在按规定据实扣除的基础上，自2021年1月1日起，再按照实际发生额的100%在税前加计扣除；形成无形资产的，自2021年1月1日起，按照无形资产成本的200%在税前摊销。

6.《财政部 税务总局 科技部关于提高研究开发费用税前加计扣除比例的通知》（财税〔2018〕99号）第一条及《财政部 税务总局关于延长部分税收优惠政策执行期限的公告》（财政部 税务总局公告2021年第6号）

企业开展研发活动中实际发生的研发费用，未形成无形资产计入当期损益的，在按规定据实扣除的基础上，在2018年1月1日至2020年12月31日期间，再按照实际发生额的75%在税前加计扣除；形成无形资产的，在上述期间按照无形资产成本的 175% 在税前摊销。

【风险案例】

深圳某应用材料有限公司 2018 年、2020 年在账上多列管理费用分别为 18,163,332.75 元、130,495.83 元，共计 18,293,828.58 元；税前多列研发费用分别为 27,762,551.18 元、20,421,068.45 元、16,790,440.79 元，合计 64,974,060.42 元（其中在不使用黄金的研发项目列支黄金涉及的金额分别为 13,968,449.90 元、13,884,916.19 元、7,219,889.55 元）。

2018 年至 2020 年多申报研发费用加计扣除金额分别为 24,105,531.21 元、17,295,534.44 元、13,982,747.90 元，合计 55,383,813.55 元（其中对不使用黄金的研发项目填报黄金研发费用加计扣除涉及的金额分别为 10,476,337.43 元 10,413,612.14 元、5,414,917.16 元）。

深圳某应用材料有限公司 2018 年至 2020 年度少申报缴纳的企业所得税合计 28,075,660.50 元，其中 2018 年度 17,523,167.91 元、2019 年度 5,935,989.29 元、2020 年度 4,616,503.30 元；以上合计应补税款 28,075,660.50 元，依法加收滞纳金。

【风险警示】

企业在研发费用方面，各项原始凭证必须合法，报销手续要严格执行企业的审批程序。领用的原材料应当填制研发费用专用领料单，从而与日常生产所耗用的原材料区分开来。

研发人员如未签订劳动合同的，应结合相关人员的专业背景、工作内容、未签订劳动合同等原因，审慎论证认定研发人员的合理性；从事提供后勤服务有文秘、前台、餐饮、安保等人员，不得认定为研发人员。

符合条件的无形资产加速摊销费与固定资产的加速拆折旧，均是就税前扣除的摊销（折旧）部分计算加计扣除。税收上对研发费用的资本化时点没有明确规定，企业研发活动中实际发生的研发费用为无形资产的，其资本化时点与会计处理保持一致。

委托研发、合作研发的合同需经科技主管部门登记，未申请认定登记和未予登记的技术合同，不提享受研发费用加计扣除。研发项目合同具备技术合同登记的实质性要素，仅在非正式上与技术合同示范文本存在差异，相关部门也应予以登记。委托境内进行研发活动应签订技术开发合同，并由受托方到科技行政主管部门进行登记；委托境外进行研发活动应签订技术开发合同，并由委托方到科技行政主管部门进行登记。

要正确处理研发费用加计扣除和高新技术认定存在的差异，不能混淆各比例所涵盖的不同时间范围。个别研发费用年度未满足加计扣除的条件，如未撤销高新技术认定资格，仍然可以享受15%的优惠税率。

【风险名称】

15.数字藏品可适用6%税率

【风险判断】

1.鲸探、幻集数藏、幻核、iBOX等各类数字藏品交易平台交易记录

2.银行流水、支付宝和微信等支付记录

【政策依据】

1.《财政部 国家税务总局关于部分货物适用增值税低税率和简易办法征收增值税政策的通知》(财税〔2009〕9号)第一条第三项

电子出版物,是指以数字代码方式,使用计算机应用程序,将图文声像等内容信息编辑加工后,存储在具有确定的物理形态的磁、光、电等介质上,通过内嵌在计算机、手机、电子阅读设备、电子显示设备、数字音/视频播放设备、电子游戏机、导航仪以及其他具有类似功能的设备上读取使用。是一种具有交互功能,用以表达思想、普及知识和积累文化的大众传

播媒体。载体形态和格式主要包括只读光盘（CD 只读光盘 CD-ROM、交互式光盘 CD-I、照片光盘 Photo-CD、高密度只读光盘 DVD-ROM、蓝光只读光盘 HD-DVD ROM 和 BD ROM）、一次写入式光盘（一次写入 CD 光盘 CD-R、一次写入高密度光盘 DVD-R、一次写入蓝光光盘 HD-DVD/R，BD-R）、可擦写光盘（可擦写 CD 光盘 CD-RW、可擦写高密度光盘 DVD-RW、可擦写蓝光光盘 HDDVD-RW 和 BD-RW、磁光盘 MO）、软磁盘（FD）、硬磁盘（HD）、集成电路卡（CF 卡、MD 卡、SM 卡、MMC 卡、RS-MMC 卡、MS 卡、SD 卡、XD 卡、T-F1ash 卡、记忆棒）和各种存储芯片。

2.《财政部　国家税务总局关于全面推开营业税改征增值税试点的通知》（财税〔2016〕36 号）附销售服务、无形资产、不动产注释第二条

销售无形资产，是指转让无形资产所有权或者使用权的业务活动。无形资产，是指不具实物形态，但能带来经济利益的资产，包括技术、商标、著作权、商誉、自然资源使用权和其他权益性无形资产。

技术，包括专利技术和非专利技术。

自然资源使用权，包括土地使用权、海域使用权、探矿权、采矿权、取水权和其他自然资源使用权。

其他权益性无形资产，包括基础设施资产经营权、公共事业特许权、配额、经营权（包括特许经营权、连锁经营权、其他经营权）、经销权、分销权、代理权、会员权、席位权、网络游戏虚拟道具、域名、名称权、肖像权、冠名权、转会费等。

3.《国家税务总局关于个人通过网络买卖虚拟货币取得收入征收个人所得税问题的批复》（国税函〔2008〕818 号）第一条

个人通过网络收购玩家的虚拟货币，加价后向他人出售取得的收入，属于个人所得税应税所得，应按照"财产转让所得"项目计算缴纳个人所得税。

【风险案例】

2022年,深圳市某数字文化科技有限公司(小规模纳税人)通过私人银行账户资金流水,少计数字收藏品销售收入941,626.29元,造成2022年第一季度少缴增值税6,485.26元及附征的城市维护建设税226.98元、教育费附加97.28元、地方教育附加64.85元、企业所得税11,529.84元,处少缴税款0.5倍的罚款,共计9,121.04元。

【风险警示】

目前,对于数字藏品等数字化产品,尚未明确增值税课税对象归属于商品货物类还是服务类。参照根据国民经济行业分类(GB/T4754—2017)可归属于软件和信息技术服务业－数字内容服务(657)(指数字内容的加工处理,即将图片、文字、视频、音频等信息内容运用数字化技术进行加工处理并整合应用的服务),可归属于增值税课税对象中服务类。不管归属于数字化服务或其他权益性无形资产,均可适用税率6%。

【风险名称】

16. 暂估成本构成偷税

【风险判断】

1. 应付账款——暂估应付账款贷方余额不为 0

2. 红冲应付账款——暂估应付账款当月对应的银行存款或应付账款及应交税费——应交增值税（进项税额）发生额

3. 主营业务成本、生产成本、工程施工等账户对应的"原材料"等账户发生额及后附领料单或出库清单

【政策依据】

1.《中华人民共和国企业所得税法（2018版）》第八条

企业实际发生的与取得收入有关的、合理的支出，包括成本、费用、税金、损失和其他支出，准予在计算应纳税所得额时扣除。

2.《国家税务总局关于企业所得税若干问题的公告》(国家税务总局公

告 2011 年第 34 号）第六条

关于企业提供有效凭证时间问题

企业当年度实际发生的相关成本、费用，由于各种原因未能及时取得该成本、费用的有效凭证，企业在预缴季度所得税时，可暂按账面发生金额进行核算；但在汇算清缴时，应补充提供该成本、费用的有效凭证。

3.《企业所得税税前扣除凭证管理办法》（国家税务总局公告 2018 年第 28 号）第十五条

汇算清缴期结束后，税务机关发现企业应当取得而未取得发票、其他外部凭证或者取得不合规发票、不合规其他外部凭证并且告知企业的，企业应当自被告知之日起 60 日内补开、换开符合规定的发票、其他外部凭证。其中，因对方特殊原因无法补开、换开发票、其他外部凭证的，企业应当按照本办法第十四条的规定，自被告知之日起 60 日内提供可以证实其支出真实性的相关资料。

4.《企业所得税税前扣除凭证管理办法》（国家税务总局公告 2018 年第 28 号）第十七条

除发生本办法第十五条规定的情形外，企业以前年度应当取得而未取得发票、其他外部凭证，且相应支出在该年度没有税前扣除的，在以后年度取得符合规定的发票、其他外部凭证或者按照本办法第十四条的规定提供可以证实其支出真实性的相关资料，相应支出可以追补至该支出发生年度税前扣除，但追补年限不得超过五年。

【风险案例】

深圳市某国际贸易有限公司在 2021 年期间支付货款合计 34,205,557.12 元，在规定期限内未能取得真实供货方补开具的增值税发票，也不能提供《企业所得税税前扣除凭证管理办法》（国家税务总局公告 2018 年第 28 号）第十四条规定的相关资料，该部分成本不予企业所得税税前扣除，造成 2021

年度少申报缴纳企业所得税 8,551,389.28 元。通过暂估入账在账上多列成本 13,893,229.32 元，造成 2021 年度少申报缴纳企业所得税 3,473,307.33 元，以上共计应补缴税款 12,024,696.61 元。

【风险警示】

企业如为一般纳税人，已验收入库但尚未取得增值税扣税凭证的货物等暂估入账时，暂估入账的金额不包含增值税进项税额，如为小规模纳税人，暂估入账的金额为含税金额。企业可设置备查账或辅助账核算。

对估入的金额、户名等逐笔登记，以便发票到达时逐笔查找并划销，对暂估入账的需逐户留存合同协议、采用非现金方式支付的付款凭证及货物运输的证明资料。

年度汇算清缴时，如果仍未取得合法有效的凭证，按照《企业所得税税前扣除凭证管理办法》（国家税务总局公告2018年第28号）第十五条处理；如果取得的合法有效的凭证大于暂估金额或暂估金额没有税前扣除的，按照《企业所得税税前扣除凭证管理办法》（国家税务总局公告2018年第28号）第十七条处理；对于合法有效的凭证小于暂估金额的，应及时补缴税款。

【风险名称】

17. 股票交易未申报纳税

【风险判断】

1. 资产负债表中交易性金融资产、可供出售金融资产、短期投资、长期股权投资、其他权益工具投资期末数较期初数发生变化

2. 交易性金融资产、可供出售金融资产、短期投资、长期股权投资、其他权益工具投资等明细科目成本贷方发生额

3.《增值税纳税申报表附列资料（三）》（服务、不动产和无形资产扣除项目明细）"6%税率的金融商品转让项目"销售额、本期应扣除金额分别与资产负债表中交易性金融资产、可供出售金融资产、短期投资、长期股权投资、其他权益工具投资每月贷方和借方发生额比对，如有差异，可能存在隐瞒收入或虚增扣除情形

【政策依据】

1.《财政部 国家税务总局关于全面推开营业税改征增值税试点的通知》（财税〔2016〕36号） 销售服务、无形资产、不动产注释第一条第五项第4点

金融商品转让，是指转让外汇、有价证券、非货物期货和其他金融商品所有权的业务活动。

其他金融商品转让包括基金、信托、理财产品等各类资产管理产品和各种金融衍生品的转让。

2.《财政部 国家税务总局关于全面推开营业税改征增值税试点的通知》（财税〔2016〕36号）附件2：营业税改征增值税试点有关事项的规定第一条第二项第3点

金融商品转让，按照卖出价扣除买入价后的余额为销售额。

转让金融商品出现的正负差，按盈亏相抵后的余额为销售额。若相抵后出现负差，可结转下一纳税期与下期转让金融商品销售额相抵，但年末时仍出现负差的，不得转入下一个会计年度。

金融商品的买入价，可以选择按照加权平均法或者移动加权平均法进行核算，选择后36个月内不得变更。

金融商品转让，不得开具增值税专用发票。

3.《财政部 国家税务总局关于明确金融房地产开发教育辅助服务等增值税政策的通知》（财税〔2016〕140号）第二条

纳税人购入基金、信托、理财产品等各类资产管理产品持有至到期，不属于《销售服务、无形资产、不动产注释》（财税〔2016〕36号）第一条第（五）项第4点所称的金融商品转让。

4.《国家税务总局关于企业股权投资损失所得税处理问题的公告》（国家税务总局公告2010年第6号）第一条

企业对外进行权益性（以下简称股权）投资所发生的损失，在经确认的

损失发生年度，作为企业损失在计算企业应纳税所得额时一次性扣除。

【风险案例】

深圳市某投资合伙企业（有限合伙），经查询企业股票交易情况，2020年11月、2021年1月少计收入6,193,597.45元，造成2020年合计少缴增值税44,830.54元及附征的城市维护建设税1,569.07元，造成2021年合计少缴增值税17,105.44元及附征的城市维护建设税598.69元，处少缴税款百分之五十的罚款32,051.88元。

【风险警示】

企业首先要准确区分自身是否属于金融商品转让的征收范围，其次要判定是否属于免税范围。购入（卖出）金融商品的价格，均不包括买入（卖出）金融商品支付的交易费用和税费。同时企业对买入价的核算事前应进行测算比较加权平均法或者移动加权平均法产生的收益。且对每年12月"6%税率的金融商品转让项目"期末余额进行清零。

企业如长期股权投资余额变动频繁，会被认为存在利用信息不对称优势，试图混淆长期股权投资业务和短线投资业务、混淆权益性投资和以收取资金占用费为实质的债权性投资，达到混淆投资收益来源，隐匿应税收入，不缴增值税的目的税务风险。如果企业将收取的资金占用费计入"财务费用"科目，在企业所得税年度汇算清缴时，应当将其计入收入总额，并作为确定相关优惠政策适用条件的计算依据，否则可能存在漏计收入的问题。

【风险名称】

18. 不按期确认股权转让所得是偷税

【风险判断】

1. 股权转让协议已签订生效且完成股权变更手续
2. 当期实际收到的经济利益如银行存款等小于应确认的投资收益

【政策依据】

1.《中华人民共和国企业所得税法（2018版）》第六条第三项、第五项

企业以货币形式和非货币形式从各种来源取得的收入，为收入总额。包括：（三）转让财产收入；（五）利息收入。

2.《中华人民共和国企业所得税法实施条例（2019版）》第十六条

企业所得税法第六条第（三）项所称转让财产收入，是指企业转让固定资产、生物资产、无形资产、股权、债权等财产取得的收入。

3.《中华人民共和国企业所得税法实施条例

（2019版）》第十八条

企业所得税法第六条第（五）项所称利息收入，是指企业将资金提供他人使用但不构成权益性投资，或者因他人占用本企业资金取得的收入，包括存款利息、贷款利息、债券利息、欠款利息等收入。

利息收入，按照合同约定的债务人应付利息的日期确认收入的实现。

4.《国家税务总局关于贯彻落实企业所得税法若干税收问题的通知》（国税函〔2010〕79号）第三条

关于股权转让所得确认和计算问题。

企业转让股权收入，应于转让协议生效且完成股权变更手续时，确认收入的实现。转让股权收入扣除为取得该股权所发生的成本后，为股权转让所得。企业在计算股权转让所得时，不得扣除被投资企业未分配利润等股东留存收益中按该项股权所可能分配的金额。

【风险案例】

2011年7月11日，海口某实业有限公司与中国某集团房地产开发有限公司签订《股权转让协议》，约定将其持有的某实业公司49%股权溢价转让给甲方，转让价格为4,900万元，其中包括出资的注册资本金2,450万元。

该协议签订后，中国某集团房地产公司向海口某实业有限公司支付了股权转让款2,450万元。2011年8月3日完成工商变更。中国某集团房地产公司尚欠2,450万元股权转让款未支付，中国某集团房地产公司还需支付剩余股权转让款2,450万元及逾期付款利息。

2015年11月23日，海口某实业有限公司收到海南省第一中级人民法院执行款，其中包括剩余的股权转让款2,450万元，以及股权转让所涉及的利息8,298,351.37元。

经查，海口某实业有限公司2011年应调增企业所得税投资收益2450万元，调增营业税金及附加3.55万元（包括2011年签订《股权转让协议》应申报的印花税 2.45 万元），弥补 2010 年度亏损 0.72 万元，调整后应纳税所得额 24,430,652.79 元，应纳税额 6,107,663.20 元，应补缴 2011 年度企业所得税 6,107,663.20 元。

2015 年 11 月 23 日，海口某实业有限公司收到延期付款利息，未确认利息收入 8,298,351.37 元。2015 年应调增企业所得税应税收入 8,298,351.37 元，弥补 2012 年度亏损 18,491.00 元，弥补 2013 年度亏损 12,310.00 元，弥补 2014 年度亏损 12,300.00 元，调整后应纳税所得额 8,255,250.37 元，应纳税额 2,063,812.59 元，应补缴 2015 年度企业所得税 2,063,812.59 元。

海口某实业有限公司在签订股权转让协议，取得股权转让收入、延期付款利息的情况下，进行虚假纳税申报，属于偷税，对少缴 2011 年度企业所得税 6,107,663.20 元和 2015 年度企业所得税 2,063,812.59 元进行追缴。

【风险警示】

企业股权转让方应当按照权责发生制确认股权转让投资收益。上述《股权转让协议》并未约定逾期付款利息，但股权受让方根据《中华人民共和国合同法》第一百七十四条"法律对其他有偿合同有规定的，依照其规定；没有规定的，参照买卖合同的有关规定"、《最高人民法院关于审理买卖合同纠纷案件适用法律问题的解释》第四十五条第一款"法律或者行政法规对债权转让、股权转让等权利转让合同有规定的，依照其规定；没有规定的，人民法院可以根据合同法第一百二十四条和第一百七十四条的规定，参照适用买卖合同的有关规定"及第二十四条第四款"买卖合同没有约定逾期付款违约金或者该违约金的计算方法，出卖人以买受人违约为由主张赔偿逾期付款损失的，人民法院可以中国人民银行同期同类人民币贷款基准利率为基础，参照逾期罚息利率标准计算"的规定可能存在另需支付延期利息的损失，这一点应予以重视。

【风险名称】

19. 快递成本大于收入偷税

【风险判断】

1. 增值税销项税额小于进项税额

2. 企业所得税申报营业收入小于取得的成本费用发票金额

3. 企业经营行为所处环节没有较为复杂的流程，会计核算较为简单

【政策依据】

1.《财政部 国家税务总局关于全面推开营业税改征增值税试点的通知》（财税〔2016〕36号）附件1：营业税改征增值税试点实施办法第四十四条

纳税人发生应税行为价格明显偏低或者偏高且不具有合理商业目的的，或者发生本办法第十四条所列行为而无销售额的，主管税务机关有权按照下列顺序确定销售额：

（一）按照纳税人最近时期销售同类服务、无形资产或者不动产的平均

价格确定。

(二)按照其他纳税人最近时期销售同类服务、无形资产或者不动产的平均价格确定。

(三)按照组成计税价格确定。组成计税价格的公式为:

组成计税价格=成本×(1+成本利润率)

成本利润率由国家税务总局确定。

不具有合理商业目的,是指以谋取税收利益为主要目的,通过人为安排,减少、免除、推迟缴纳增值税税款,或者增加退还增值税税款。

2.《企业所得税核定征收办法(试行)》(国税发〔2008〕30号)第四条

税务机关应根据纳税人具体情况,对核定征收企业所得税的纳税人,核定应税所得率或者核定应纳所得税额。

具有下列情形之一的,核定其应税所得率:

(一)能正确核算(查实)收入总额,但不能正确核算(查实)成本费用总额的;

(二)能正确核算(查实)成本费用总额,但不能正确核算(查实)收入总额的;

(三)通过合理方法,能计算和推定纳税人收入总额或成本费用总额的。

纳税人不属于以上情形的,核定其应纳所得税额。

3.《企业所得税核定征收办法(试行)》(国税发〔2008〕30号)第五条

税务机关采用下列方法核定征收企业所得税:

(一)参照当地同类行业或者类似行业中经营规模和收入水平相近的纳税人的税负水平核定;

(二)按照应税收入额或成本费用支出额定率核定;

(三)按照耗用的原材料、燃料、动力等推算或测算核定;

(四)按照其他合理方法核定。

采用前款所列一种方法不足以正确核定应纳税所得额或应纳税额的,可以同时采用两种以上的方法核定。采用两种以上方法测算的应纳税额不一致时，可按测算的应纳税额从高核定。

4.《财政部 税务总局关于支持新型冠状病毒感染的肺炎疫情防控有关税收政策的公告》（财政部 税务总局公告2020年第8号）第五条、第六条

自2020年1月1日起，对纳税人提供公共交通运输服务、生活服务，以及为居民提供必需生活物资快递收派服务取得的收入，免征增值税。

5.《财政部 税务总局关于快递收派服务免征增值税政策的公告》（财政部 税务总局公告2022年第18号）

自2022年5月1日至2022年12月31日，对纳税人为居民提供必需生活物资快递收派服务取得的收入，免征增值税。

6.《财政部 税务总局 海关总署关于深化增值税改革有关政策的公告》（财政部 税务总局 海关总署公告2019年第39号）第七条

自2019年4月1日至2021年12月31日，允许生产、生活性服务业纳税人按照当期可抵扣进项税额加计10%，抵减应纳税额。

（一）本公告所称生产、生活性服务业纳税人，是指提供邮政服务、电信服务、现代服务、生活服务（以下简称四项服务）取得的销售额占全部销售额的比重超过50%的纳税人。四项服务的具体范围按照《销售服务、无形资产、不动产注释》（财税〔2016〕36号印发）执行。

7.《财政部 税务总局关于明确生活性服务业增值税加计抵减政策的公告》（财政部 税务总局公告2019年第87号）第一条

2019年10月1日至2021年12月31日，允许生活性服务业纳税人按照当期可抵扣进项税额加计15%，抵减应纳税额。

8.《国家税务总局关于增值税小规模纳税人减免增值税等政策有关征管事项的公告》（国家税务总局公告2023年第1号）第十一条

2023年1月1日至2023年12月31日，符合《财政部 税务总局 海关总署关于深化增值税改革有关政策的公告》（2019年第39号）、1号公告规定

的生产性服务业纳税人，应在年度首次确认适用5%加计抵减政策时，通过电子税务局或办税服务厅提交《适用5%加计抵减政策的声明》；符合《财政部 税务总局关于明确生活性服务业增值税加计抵减政策的公告》（2019年第87号）、1号公告规定的生活性服务业纳税人，应在年度首次确认适用10%加计抵减政策时，通过电子税务局或办税服务厅提交《适用10%加计抵减政策的声明》。

【风险案例】

2019—2022年，焦作某速递服务有限公司接收上海某货运有限公司开具的货物名为物流辅助服务＊收派服务、物流辅助服务＊快递服务的专用发票和普通发票金额合计77,913,981.77元，核定收入85,705,379.95［77,913,981.77×（1+10%）］元，其中2020年1月—2021年3月及2022年5—12月，物流辅助服务＊收派服务的生活物资派送服务普通发票金额合计23,835,258.43元，核定收入26,218,784.27［23,835,258.43×（1+10%）］元，符合免征增值税的优惠政策；应税收入59,486,595.68（85,705,379.95-26,218,784.27）元。

同期，焦作某速递服务有限公司开给上海某货运有限公司货物名为物流辅助服务＊收派服务、物流辅助服务＊快递服务的专用发票和普通发票金额合计51,157,305.95元，其中2020年1月—2021年3月及2022年5—12月，物流辅助服务＊收派服务的生活物资派送服务普通发票金额22,241,809元，已当期申报免税收入，由此应税收入为28,915,496.95元。

焦作某速递服务有限公司应申报应税收入84,402,092.63元，已申报774,19,458.66元，少申报10,982,633.97元，应补缴增值税658,957.05元，其中2019年补缴增值税311,360.90元、2020年补缴增值税93,225.44元、2021年补缴增值税169,194.84元、2022年补缴增值税85,176.87元；补缴城市维护建设税46,127.07元；选取规模和收入水平相近的快递企业所得税平均实际税负率 0.807% 为对照标准，核定应申报缴纳企业所得税 1,104,481.87 元，已申报缴纳 4,659.60 元，应补缴 1,099,822.27 元，其中 2019 年补缴 269,613.83 元、2020 年补缴 325,649.80 元、2021 年补缴 261,084.51 元、2022 年补缴 243,474.13 元。处以少缴税款 60% 的罚款，罚款金额 1,082,944.44 元。

【风险警示】

快递企业的服务对象颇为广泛，有大量分散的个人消费者。在经营过程中，每笔快递费用金额不大，并且绝大多数消费者都不索要发票，具有隐匿销售收入的可能。

企业应留存一定期限的运营数据备查，邮政管理部门也会对快递行业业务和收入数据等信息进行存储。快递企业应细化对公账户与相关人员私人账户的分析审核，准确核算应税收入和免税收入，充分享受税收优惠政策。

【风险名称】

20.个人挂靠企业缴税

【风险判断】

1.财务核算项目少于建筑施工合同项目或建筑工程许可证项目

2.建筑安装成本发票备注栏中建筑服务发生地县(市、区)名称和项目名称

3.银行流水、资金收支与财务核算项目不匹配

4.中国招标投标网或各级政府的招投标网中标信息

【政策依据】

1.《财政部 国家税务总局关于全面推开营业税改征增值税试点的通知》(财税〔2016〕36号)附件1:营业税改征增值税试点实施办法第二条

单位以承包、承租、挂靠方式经营的,承包人、承租人、挂靠人(以下统称承包人)以发包人、出租人、被挂靠人

（以下统称发包人）名义对外经营并由发包人承担相关法律责任的，以该发包人为纳税人。否则，以承包人为纳税人。

2.《国家税务总局关于个人对企事业单位实行承包经营、承租经营取得所得征税问题的通知》（国税发〔1994〕179号）第一条

企业实行个人承包、承租经营后，如果工商登记仍为企业的，不管其分配方式如何，均应先按照企业所得税的有关规定缴纳企业所得税。承包经营、承租经营者按照承包、承租经营合同（协议）规定取得的所得，依照个人所得税法的有关规定缴纳个人所得税，具体为：

（一）承包、承租人对企业经营成果不拥有所有权，仅是按合同（协议）规定取得一定所得的，其所得按工资、薪金所得项目征税，适用5%~45%的九级超额累进税率。

（二）承包、承租人按合同（协议）的规定只向发包、出租方缴纳一定费用后，企业经营成果归其所有的，承包、承租人取得的所得，按对企事业单位的承包经营、承租经营所得项目，适用5%~35%的五级超额累进税率征税。

3.《国家税务总局关于个人对企事业单位实行承包经营、承租经营取得所得征税问题的通知》（国税发〔1994〕179号）第二条

企业实行个人承包、承租经营后，如工商登记改变为个体工商户的，应依照个体工商户的生产、经营所得项目计征个人所得税，不再征收企业所得税。

【风险案例】

2016年4月20日，龙某、许某、卢某挂靠安徽省泗县某建筑安装工程公司名义与安徽省泗县某电器有限公司签订建设工程施工合同，合同价为17,079,790元，约定质监站验收合格视为竣工。

2016年7月28日，该工程取得《中华人民共和国建筑工程许可证》，显示该工程施工单位为安徽省泗县某建筑安装工程公司，合同工期为2016年6月22日至12月22日。

2017年10月22日，安徽省泗县某电器有限公司厂房竣工验收，验收记录加盖建设单位、监理单位、施工单位、设计单位公章，其中施工单位为安徽省泗县某建筑安装工程公司，2018年1月24日泗县建筑安装工程质量监督站对该验收情况盖章确认。2018年1月应确认工程款但未申报收入17,079,790.00÷（1+11%）=15,387,198.20元。

安徽省泗县人民法院民事判决书[（2018）皖1324民初4053号]确认法律事实：龙某、许某、卢某挂靠安徽省泗县某建筑安装工程公司与某电器签订的建设工程施工合同违反法律强制性规定而属于无效。该合同虽然无效，但建设工程经竣工验收合格，发包人某电器与龙某、许某、卢某结算，并出具欠条一张并约定利率，同时安徽省泗县某建筑安装工程公司同意龙某、许某、卢某以自己名义主张工程款。同时确认欠付工程款9,808,396元，从2018年1月1日起计息（月息2分）。

2023年11月28日，国家税务总局宿州市税务局某稽查局经检查，安徽省泗县某建筑安装工程公司存在偷税，应补缴增值税1,692,591.80[170,797,90.00÷（1+11%）×11%]元、城市维护建设税84,629.59元、教育费附加50,777.75元、地方教育附加33,851.84元、建筑施工合同印花税5,123.90元，因能正确核算（查实）收入总额，但不能正确核算（查实）成本费用总额，补缴企业所得税307,743.96（153,871,98.20×8%×25%）元。

【风险警示】

被挂靠方企业通常情况下是纳税主体，其与发包方签订的《建设工程施工承包合同》，要经过公司经营、工程、法务、财务等职能部门的会签。对于挂靠项目，可以委派财务人员或者由挂靠人推荐财务人员，项目部财务人员根据真实的交易和事项反映经济业务实质，会计核算原始凭据包括但不限于合同协议、结算单、入库单、领料单、送货单等。将项目部财务纳入统一核算范围，工程涉及的工程款及税金等收支均从被挂靠方对公企业银行存款账户收支。

【风险名称】

21. 兼营业务未分开核算

【风险判断】

1. 发票开具适用不同税率

2. 《增值税纳税申报表附列资料（一）》一般计税方式计税存在不同税率的销售额申报

3. 销售行为不是同一项的，即针对不同购买者、不同时发生的、每项行为是相互独立的销售行为

【政策依据】

1.《财政部 国家税务总局关于全面推开营业税改征增值税试点的通知》（财税〔2016〕36号）附件2：营业税改征增值税试点有关事项的规定第一条第一项

（一）兼营。

试点纳税人销售货物、加工修理修配劳务、服务、无形资产或者不动产适用不同税率或者征收率的，应当分别核算适用不同税率或者征收率的销售额，未分别核算销售额的，按照以

下方法适用税率或者征收率：

兼有不同税率的销售货物、加工修理修配劳务、服务、无形资产或者不动产，从高适用税率。

兼有不同征收率的销售货物、加工修理修配劳务、服务、无形资产或者不动产，从高适用征收率。

兼有不同税率和征收率的销售货物、加工修理修配劳务、服务、无形资产或者不动产，从高适用税率。

2.《营业税改征增值税试点实施办法》（财税〔2016〕36号文）附件1营业税改征增值税试点实施办法第四十条

一项销售行为如果既涉及服务又涉及货物，为混合销售。从事货物的生产、批发或者零售的单位和个体工商户的混合销售行为，按照销售货物缴纳增值税；其他单位和个体工商户的混合销售行为，按照销售服务缴纳增值税。

3.《国家税务总局关于进一步明确营改增有关征管问题的公告》（国家税务总局公告2017年第11号）第一条

纳税人销售活动板房、机器设备、钢结构件等自产货物的同时提供建筑、安装服务，不属于《营业税改征增值税试点实施办法》（财税〔2016〕36号文件印发）第四十条规定的混合销售，应分别核算货物和建筑服务的销售额，分别适用不同的税率或者征收率。

4.《国家税务总局关于明确中外合作办学等若干增值税征管问题的公告》（国家税务总局公告2018年第42号）第六条

一般纳税人销售自产机器设备的同时提供安装服务，应分别核算机器设备和安装服务的销售额，安装服务可以按照甲供工程选择适用简易计税方法计税。

5.《中华人民共和国增值税法》（中华人民共和国主席令第四十一号）第十二条

纳税人发生两项以上应税交易涉及不同税率、征收率的，应当分别核算适用不同税率、征收率的销售额；未分别核算的，从高适用税率。

6.《中华人民共和国增值税法》(中华人民共和国主席令第四十一号)第十三条

纳税人发生一项应税交易涉及两个以上税率、征收率的，按照应税交易的主要业务适用税率、征收率。

【风险案例】

山西某电子科技股份有限公司（证券代码：832×××），2019年至2015年经营期间，电费收入违规冲减管理费用938,969.24元，不含税金额830,535.16元，未按规定申报纳税，造成2019年至2022年少申报缴纳增值税108,434.08元；将运城市盐湖区文化产业园区学院西路8号房产1—4层整体出租，2019年至2023年未对上述业务进行账务处理，造成未申报少缴纳增值税177,522.92元；共少缴纳增值税285,957.00元，造成少缴纳城市维护建设税20,016.99元、教育费附加8,578.72元、地方教育附加5,719.15元。

2019年至2023年存在兼营销售业务分别适用相应税率，应适用16%（13%）税率，实际适用6%税率，造成少缴增值税21,847,655.74元、城市维护建设税1,529,335.90元、教育费附加655,429.68元、地方教育附加436,953.10元。

2020年至2021年应缴未缴购销合同印花税144,757.70元。

决定对该公司少缴增值税285,957.00元、城市维护建设税20,016.99元、印花税144,757.70元分别处以50%的罚款，罚款金额225,366.05元。

【风险警示】

企业如存在不同类别的经营项目，不同经营项目间是相互独立的，不是在同一项销售行为中发生的，判定为兼营行为，否则为混合销售行为。兼营销售货物、劳务、服务、无形资产或不动产，适用不同税率或征收率的，未分别核算销售额的，从高适用税率。兼营免税、减税项目的，未分别核算销售额的，不得减免税。另有规定的，按照规定进行核算。

【风险名称】

22. 附偿债的股权转让

【风险判断】

1. 长期股权投资——成本明细科目与实收资本明细科目变动
2. 应付账款或其他应账款发生变化,对应科目非银行转账

【政策依据】

1.《国家税务总局关于企业取得财产转让等所得企业所得税处理问题的公告》(国家税务总局公告2010年第19号)第一条

企业取得财产(包括各类资产、股权、债权等)转让收入、债务重组收入、接受捐赠收入、无法偿付的应付款收入等,不论是以货币形式,还是非货币形式体现,除另有规定外,均应一次性计入确认收入的年度计算缴纳企业所得税。

2.《国家税务总局关于贯彻落实企业所得税法若干税收问题的通知》(国税函〔2010〕79号)第三条

关于股权转让所得确认和计算问题

企业转让股权收入，应于转让协议生效且完成股权变更手续时，确认收入的实现。转让股权收入扣除为取得该股权所发生的成本后，为股权转让所得。企业在计算股权转让所得时，不得扣除被投资企业未分配利润等股东留存收益中按该项股权所可能分配的金额。

【风险案例】

《青岛某置业有限公司股东会决议》（以下简称《股东会决议》）显示：股东会同意青岛某集团有限公司（以下简称"某集团"）、青岛某园林绿化工程有限公司（后改名青岛某花香园林绿化有限公司，以下简称"某花香公司"）将其全部出资额1,200万元、800万元分别以1,200万元、800万元的价格转让给某（青岛）实业有限公司（以下简称"某公司"）。工商登记的股权变更日期为2016年12月15日。某公司"长期股权投资"科目记载的初始投资金额是2,000万元。

2016年12月，青岛某置业有限公司（以下简称"某置业公司"）及其股东某集团和某花香公司、某公司、张某某（持某花香公司99.8%股份）签订《关于青岛某置业有限公司之合作协议书》（以下简称《合作协议书》），约定某公司以股权收购方式，收购某集团和某花香公司持有的某置业公司60%和40%的股权。

《合作协议书》规定，在本次合作中，某公司共需要出资675,954,691.01元（此为最终确认金额，《合作协议书》称其为"合作价款"），其中包括为解除某置业公司为第三方债务人（新疆某园林有限公司、青岛某实业有限公司、青岛某园林绿化有限公司、青岛某绿化有限公司、青岛某集团有限公司）银行贷款提供担保以自有待开发土地设置抵押所需偿还的银行贷款本息438,891,081.75元。对偿还的上述银行贷款本息，某公司视为对第三方债务人的借款（《合作协议书》称其为"定向借款"），与应付的合作价款相抵减。

合作价款 675,954,691.01 元减去定向借款 438,891,081.75 元后剩余的金额 237,063,609.26 元,由某公司按照转让的股权比例支付给青岛某集团有限公司(60%)和某花香公司(40%)。

根据某公司、某置业公司提供的相关账簿、记账凭证以及《稽查局问题回复说明》,截至 2016 年 12 月,某置业公司欠聚宝苑公司、某集团代某置业公司缴纳的土地出让金、契税等 417,154,691.00 元,全部计入某置业公司"其他应付款——某集团"科目;保利公司已出资偿还前述银行贷款本息 438,891,081.75 元,计入保利公司"其他应收款——某置业公司"科目;截至 2021 年 4 月,某公司通过与某置业公司、某集团三方协议销账的方式从某海居公司全部收回上述定向借款 438,891,081.75 元。

《合作协议书》未明确本次股权收购中某公司支付的股权收购金额,只是说明在支付给某集团、某花香公司的合作价款中包含"股权转让成本价款"2,000 万元。

通过对上述事实的分析,检查组认为:虽然《股东会决议》、股权转让协议确认的某集团、某花香公司股权转让金额分别为 12,000,000 元、8,000,000 元,但《合作协议书》约定的保利公司应出资的"合作价款"最终确认金额 675,954,691.01 元减去定向借款 438,891,081.75 元后剩余的金额 237,063,609.26 元,应为某公司收购某集团、你单位持有的某置业公司股权所支付的对价,即股权收购金额。按股权比例 40% 确认某花香公司的股权转让收入应为 94,825,443.70 元。减除股权投资成本 8,000,000 元后,股权转让所得应为 86,825,443.7 元。

某花香公司弥补 2014 年度亏损 8,012.00 元、2015 年度亏损 1,300,141.40 元、2016 年度亏损 1,341,191.07 元后,2016 年度企业所得税应纳税所得额为 84,176,099.23 元,应按 25% 的税率缴纳 2016 年企业所得税 21,044,024.81 元。

【风险警示】

股权受让方收购时,需要考虑代为偿还的款项能否计入成本,一种方式是代为偿还资金直接汇入目标公司作投资处理,不将这笔款项支付给债权人;另一种方式是债转股,达到前一种方式效果。

股权转让方出让时,同样要考虑应偿还而代偿的债务是否计入转让所得,除案例方式外,另一种方式是转让方可通过增资方式向目标公司投入资金,增加计税基础,但超过代偿款项的部分,均需确认转让所得。

股权转、受让双方均需如实反映交易实际情况,如实向税务机关提供相关资料,以免被认定为偷税。

【风险名称】

23. 十年前的退还预收账款

【风险判断】

1. 资产负债表预收账款期末数小于期初数
2. 红冲货物或劳务选择服务中止，红冲服务选择销货退回

【政策依据】

1.《中华人民共和国增值税暂行条例（2017版）》第一条

在中华人民共和国境内销售货物或者加工、修理修配劳务（以下简称劳务），销售服务、无形资产、不动产以及进口货物的单位和个人，为增值税的纳税人，应当依照本条例缴纳增值税。

2.《中华人民共和国增值税暂行条例（2017版）》第二条第三项

增值税税率：（三）纳税人销售服务、无形资产，除本条第一项、第二项、第五项另有规定外，税率为6%。

> 企业财务处理及税务申报须严谨，准确确认预收账款等款项性质，及时纳税。规范账目操作，避免税务风险及处罚，重视税务合规

3.《中华人民共和国增值税暂行条例（2017版）》第十九条

增值税纳税义务发生时间：（一）发生应税销售行为，为收讫销售款项或者取得索取销售款项凭据的当天；先开具发票的，为开具发票的当天。

4.《中华人民共和国增值税暂行条例实施细则（2011版）》第三十八条第六项

条例第十九条第一款第（一）项规定的收讫销售款项或者取得索取销售款项凭据的当天，按销售结算方式的不同，具体为：（六）销售应税劳务，为提供劳务同时收讫销售款或者取得索取销售款的凭据的当天。

5.《中华人民共和国增值税法》（中华人民共和国主席令第四十一号）第三条

在中华人民共和国境内（以下简称境内）销售货物、服务、无形资产、不动产（以下称应税交易），以及进口货物的单位和个人（包括个体工商户），为增值税的纳税人，应当依照本法规定缴纳增值税。

销售货物、服务、无形资产、不动产，是指有偿转让货物、不动产的所有权，有偿提供服务，有偿转让无形资产的所有权或者使用权。

6.《中华人民共和国增值税法》（中华人民共和国主席令第四十一号）第二十八条

增值税纳税义务发生时间，按照下列规定确定：

（一）发生应税交易，纳税义务发生时间为收讫销售款项或者取得销售款项索取凭据的当日；先开具发票的，为开具发票的当日。

（二）发生视同应税交易，纳税义务发生时间为完成视同应税交易的当日。

（三）进口货物，纳税义务发生时间为货物报关进口的当日。

增值税扣缴义务发生时间为纳税人增值税纳税义务发生的当日。

【风险案例】

2014年11月，长沙市某工程技术咨询有限责任公司记7#凭证记载预收账款科目退回前期收取业务往来单位预收款4,232,760.00元，经查，该笔款项未实际退还给业务往来单位，上述款项未确认增值税应税劳务申报缴纳增值税239,590.19元。经调整后2014年应纳税所得额为8,858,693.98元，应缴企业所得税2,214,673.50元，已缴企业所得税273,568.75元，少缴企业所得税1,941,104.75元。

2021年9月，记3#、记-13、记-15、记-16、记-17、记-18、记-19、记-20、记-27、记-28凭证记载其他应付款科目将前期收取业务往来单位预收款转入以前年度损益调整科目金额8,390,000.00元；9月记-24、记-25、记-26凭证记载预收账款科目将前期收取业务往来单位预收款转入以前年度损益调整科目金额1,488,000.00元，上述款项未确认增值税应税劳务申报缴纳增值税559,132.08元。

【风险警示】

企业不能仅仅依据会计记账方式来进行账务处理，而是应当依照业务的实质如实予以记录，遵循纳税义务发生时间的认定，及时准确地反映业务情况。对于发生的销货退回、服务中止等情况，应当会同业务部门和法务部门进行协商处理。

【风险名称】

24. 未明确的本息支付

【风险判断】

1. 借贷合同约定的还款付息时间
2. 借贷合同约定的利息支付方式

【政策依据】

1.《最高人民法院关于审理民间借贷案件适用法律若干问题的规定（2015版）》第二十六条

借贷双方约定的利率未超过年利率24%，出借人请求借款人按照约定的利率支付利息的，人民法院应予支持。借贷双方约定的利率超过年利率36%，超过部分的利息约定无效。借款人请求出借人返还已支付的超过年利率36%部分的利息的，人民法院应予支持。

2.《最高人民法院关于审理民间借贷案件适用法律若干问题的规定（2020版）》第二十八条

借贷双方对逾期利率有约定的，从其约定，但是以不超过合同成立时一年期贷款市场报价利率四倍为限。

3.《最高人民法院关于适用〈中华人民共和国合同法〉若干问题的解释（二）》第二十一条

债务人除主债务之外还应当支付利息和费用，当其给付不足以清偿全部债务时，并且当事人没有约定的，人民法院应当按照下列顺序抵充：

（一）实现债权的有关费用；

（二）利息；

（三）主债务。

4.《中华人民共和国个人所得税法（2018版）》第十二条第二款

纳税人取得利息、股息、红利所得，财产租赁所得，财产转让所得和偶然所得，按月或者按次计算个人所得税，有扣缴义务人的，由扣缴义务人按月或者按次代扣代缴税款。

【风险案例】

王某祥借款给刘某华时序情况：

（1）2011年7月1日，王某祥向刘某华的中国农业银行账户存入10,000,000元。

（2）2012年11月12日，王某祥与刘某华签订《借款合同》，约定王某祥向刘某华提供借款10,900,000元，借款期限1年，自2012年11月12日至2013年11月11日，月利3分，每三个月为一个计息单位。

（3）2013年12月15日，王某祥与刘某华签订《借款合同》，约定王某祥向刘某华提供借款13,800,000元，借款期限1年，自2013年12月16日至2014年12月15日，月利3分，每三个月为一个计算单位。

（4）2014年7月20日，王某祥与刘某华签订《借款合同》，约定王某祥向刘某华提供借款 23,980,000 元，借款期限 1 年，自 2014 年 7 月 20 日至 2015 年 7 月 19 日，月利 3 分，每三个月为一个计息单位。

（5）2015 年 1 月 6 日，王某祥与刘某华签订《借款合同》，约定王某祥向刘某华提供借款 17,527,200 元，上述款项包括 2013 年 12 月 15 日已经出借的 12,000,000 元，借款期限 1 年，自 2015 年 1 月 6 日至 2016 年 1 月 5 日，月利 3 分，每三个月为一个计息单位。

（6）2015 年 8 月 18 日，王某祥与刘某华、刘某龙签订《借款合同》，约定王某祥向刘某华、刘某龙提供借款 43,240,758 元，此款包括此前发生的借款 23,980,000 元，借款期限 1 年，自 2015 年 8 月 18 日至 2016 年 8 月 17 日，月利 3 分，每三个月为一个计息单位。

（7）2015 年 11 月 18 日，王某祥与刘某华、刘某龙签订《借款合同》，约定王某祥向被告刘某华、刘某龙提供借款 15,696,000 元，此款包括此前发生的借款 10,900,000 元，借款期限 1 年，自 2015 年 11 月 18 日至 2016 年 11 月 17 日，月利 3 分，每三个月为一个计息单位。

（8）2016 年 1 月 25 日，王某祥与刘某华、刘某龙签订《借款合同》，约定王某祥向被告刘某华、刘某龙提供借款 25,743,726 元，此款包括此前已经发生的借款，借款期限 1 年，自 2016 年 1 月 25 日至 2017 年 1 月 24 日，月利 3 分，每三个月为一个计息单位。

2017 年 2 月 28 日，王某祥与借款人刘某华、刘某龙签订《补充协议书》，约定将上述全部借款进行统一结算，还款数额合并为本金 104,209,086 元。

至 2017 年 7 月 10 日，刘某华、刘某龙尚欠借款本金为 64,327,682.13 元，利息 11,474,069.19 元。

2024 年 4 月 9 日，国家税务总局吉林市税务局第一稽查局认定涉税的还款利息为 2016 年 7 月 21 日至 2017 年 7 月 10 日收到的 12 笔共 12,270,000 元。向王某祥追缴营业税 206,994.85 元、增值税 336,002.84 元、城市维护建设税 38,009.86 元，拟处以百分之五十罚款，共计罚款 290,503.82 元。

【风险警示】

该案例中，利息收款人为个人，除了涉及营业税、增值税等税费外，个人所得税也应在追缴的范畴内。倘若借款人为企业，需注意向非金融企业借款的利息支出，未超过依照金融企业同期同类贷款利率计算的数额的部分，准予扣除；若实际支付给关联方（股东或其他与企业有关联关系的自然人）的利息支出，未超出规定的"债资比"和税法及其实施条例相关规定计算的部分，准予扣除，超过的部分不得在发生当期和以后年度扣除。当还款金额未明确规定支付的利息金额时，利息收取方应留意因被认定利息收入的个人所得税纳税义务时间而引发的涉税风险。

【风险名称】

25. 非农产品产地的虚开

【风险判断】

1. 查询所在区域主要经济作物种植种类

2. 小规模纳税人增值税申报第9栏"免税销售额"或一般纳税人第8栏"免税销售额"《增值税纳税申报表（一般纳税人适用）》及《增值税纳税申报表附列资料（一）》（本期销售情况明细）第18行"四、免税""货物及加工修理修配劳务"销售额大于03.登记注册时间与农产品生长周期不匹配

严禁非农产品产地的虚开

【政策依据】

1.《中华人民共和国增值税暂行条例（2017版）》第十五条

下列项目免征增值税：

（一）农业生产者销售的自产农产品；

（二）避孕药品和用具；

（三）古旧图书；

（四）直接用于科学研究、科学试验和教学的进口仪器、设备；

（五）外国政府、国际组织无偿援助的进口物资和设备；

（六）由残疾人的组织直接进口供残疾人专用的物品；

（七）销售的自己使用过的物品。

除前款规定外，增值税的免税、减税项目由国务院规定。任何地区、部门均不得规定免税、减税项目。

2.《国家税务总局关于纳税人采取"公司+农户"经营模式销售畜禽有关增值税问题的公告》（国家税务总局公告2013年第8号）

目前，一些纳税人采取"公司+农户"经营模式从事畜禽饲养，即公司与农户签订委托养殖合同，向农户提供畜禽苗、饲料、兽药及疫苗等（所有权属于公司），农户饲养畜禽苗至成品后交付公司回收，公司将回收的成品畜禽用于销售。

在上述经营模式下，纳税人回收再销售畜禽，属于农业生产者销售自产农产品，应根据《中华人民共和国增值税暂行条例》的有关规定免征增值税。

3.《中华人民共和国企业所得税法实施条例（2019版）》第八十六条第一项

企业所得税法第二十七条第（一）项规定的企业从事农、林、牧、渔业项目的所得，可以免征、减征企业所得税，是指：

（一）企业从事下列项目的所得，免征企业所得税：

1. 蔬菜、谷物、薯类、油料、豆类、棉花、麻类、糖料、水果、坚果的种植；

2. 农作物新品种的选育；

3. 中药材的种植；

4. 林木的培育和种植；

5. 牲畜、家禽的饲养；

6. 林产品的采集；

7. 灌溉、农产品初加工、兽医、农技推广、农机作业和维修等农、林、牧、渔服务业项目；

8. 远洋捕捞。

4.《中华人民共和国增值税法》(中华人民共和国主席令第四十一号)第二十四条

下列项目免征增值税：

（一）农业生产者销售的自产农产品，农业机耕、排灌、病虫害防治、植物保护、农牧保险以及相关技术培训业务，家禽、牲畜、水生动物的配种和疾病防治；

（二）医疗机构提供的医疗服务；

（三）古旧图书，自然人销售的自己使用过的物品；

（四）直接用于科学研究、科学试验和教学的进口仪器、设备；

（五）外国政府、国际组织无偿援助的进口物资和设备；

（六）由残疾人的组织直接进口供残疾人专用的物品，残疾人个人提供的服务；

（七）托儿所、幼儿园、养老机构、残疾人服务机构提供的育养服务，婚姻介绍服务，殡葬服务；

（八）学校提供的学历教育服务，学生勤工俭学提供的服务；

（九）纪念馆、博物馆、文化馆、文物保护单位管理机构、美术馆、展览馆、书画院、图书馆举办文化活动的门票收入，宗教场所举办文化、宗教活动的门票收入。

前款规定的免税项目具体标准由国务院规定。

【风险案例】

2023年2月23日，株洲某农业发展有限公司办理税务登记。2023年4月2日向主管税务机关报送所属期2023年1—3月的增值税申报表1份，申报免税销售额4,410,540.00元，申报免税额132,316.20元。申报2023年第一季度企业所得税季度预缴纳税申报表1份，申报营业收入、成本均为0。

2023年3月27日至4月12日期间开具商品名称为"棉花＊皮棉"，合计发票金额 4,903,620.00 元。

根据主管税务机关提供的资料信息，未发现株洲某农业发展有限公司有货物购进信息和发票抵扣信息。因株洲不属于棉花产地，对外开具商品名称为"棉花*皮棉"的增值税普通发票，不符合农业生产者销售的自产农产品的免税条件。该企业在 2023 年 4 月增值税申报表中将 3 月所开具的增值税普通发票合计金额 4,410,540.00 元，全部填入免税销售额栏次，利用虚假申报进行虚开增值税普通发票。

【风险警示】

企业自产农产品应具备相应的土地租赁种植面积，具备土地平整加工能力或管理措施，种植销售品种适宜不过杂；自产自售农产品的生长周期与销售时间匹配；自售价格脱离市场价应有正当理由。

农产品加工企业将其经常发生收购业务的农户或合作社的名称、种植面积、品种产量和收购合同等资料信息留存备案，以核实企业采购行为真实性。同时，要收集整理企业农产品销售（收购）合同、送货单等交易凭证，结合企业生产损耗率、投入产出率等指标，分析企业销售农产品数量、频次是否与其产能相匹配。

【风险名称】

26. 错用税率被还原

【风险判断】

1. 当期开具发票（不含不征税发票）的金额、税额合计数≠当期申报的销售额、税额合计数

2. 发票开具货物名称与经营范围不匹配

【政策依据】

1.《财政部 国家税务总局关于全面推开营业税改征增值税试点的通知》（财税〔2016〕36号）附件1：营业税改征增值税试点实施办法第十五条

增值税税率：

（一）纳税人发生应税行为，除本条第（二）项、第（三）项、第（四）项规定外，税率为6%。

（二）提供交通运输、邮政、基础电信、建筑、不动产租赁服务，销售不动产，转让土地使用权，税率为11%。

> 经我局调查，你公司于2022年1月15日开具了一份增值税专用发票进一步调查发现，该笔业务实际为劳务清包—建筑安装服务，但你公司错误地开具了货物销售发票，现在依法对你公司进行处罚

（三）提供有形动产租赁服务，税率为17%。

（四）境内单位和个人发生的跨境应税行为，税率为零。具体范围由财政部和国家税务总局另行规定。

2.《财政部 税务总局关于调整增值税税率的通知》（财税〔2018〕32号）第一条

纳税人发生增值税应税销售行为或者进口货物，原适用17%和11%税率的，税率分别调整为16%、10%。

3.《财政部 税务总局 海关总署关于深化增值税改革有关政策的公告》（财政部 税务总局 海关总署公告2019年第39号）第一条

自2019年4月1日起，增值税一般纳税人（以下简称纳税人）发生增值税应税销售行为或者进口货物，原适用16%税率的，税率调整为13%；原适用10%税率的，税率调整为9%。

4.《中华人民共和国增值税法》（中华人民共和国主席令第四十一号）第十条

增值税税率：

（一）纳税人销售货物、加工修理修配服务、有形动产租赁服务，进口货物，除本条第二项、第四项、第五项规定外，税率为百分之十三。

（二）纳税人销售交通运输、邮政、基础电信、建筑、不动产租赁服务，销售不动产，转让土地使用权，销售或者进口下列货物，除本条第四项、第五项规定外，税率为百分之九：

1.农产品、食用植物油、食用盐；

2.自来水、暖气、冷气、热水、煤气、石油液化气、天然气、二甲醚、沼气、居民用煤炭制品；

3.图书、报纸、杂志、音像制品、电子出版物；

4.饲料、化肥、农药、农机、农膜。

（三）纳税人销售服务、无形资产，除本条第一项、第二项、第五项规定外，税率为百分之六。

（四）纳税人出口货物，税率为零；国务院另有规定的除外。

（五）境内单位和个人跨境销售国务院规定范围内的服务、无形资产，税率为零。

【风险案例】

2022年1月15日，长沙某金属制品有限公司开具增值税专用发票1份，发票代码4300194130，发票号码01249175，金额59,200元，税额7,696元，未申报纳税。

经调查受票方湖南某建筑劳务有限公司提供的该笔业务相关合同、付款进度表，该笔业务为劳务清包—建筑安装，错误开具了货物销售发票。应补缴增值税5,523.52元，城市维护建设税386.64元，教育费附加165.70元，地方教育附加110.47元。合计应补6,186.33元。

【风险警示】

企业应当依据纳税义务发生时间、业务类别选择正确的税率，货物或服务购买方不得要求变更品名和金额，企业财务人员需凭借自身的专业知识，做到有理有据、不卑不亢，同时日常工作中，多为销售人员和项目经理提供专业的指导和知识储备。

【风险名称】

27. 股转企税核定改查账

【风险判断】

1. 企业所得税征收方式鉴定为核定应税所得率
2. 天眼查(企查要)历史股东信息
3. 天眼查(企查要)法律诉讼信息

【政策依据】

1. 《中华人民共和国企业所得税法(2018版)》第六条第三项、第五项

   企业以货币形式和非货币形式从各种来源取得的收入,为收入总额。包括:(三)转让财产收入;(五)利息收入。

2. 《中华人民共和国企业所得税法实施条例(2019版)》第六条

   企业所得税法第六条第(三)项所称转让财产收入,是指企业转让固定资产、生物资产、无形资产、股权、债权等财产取得的收入。

3. 《国家税务总局关于贯彻落实企业所得税法若干税收问题的通知》(国税函〔2010〕79

号）第三条

关于股权转让所得确认和计算问题

企业转让股权收入，应于转让协议生效且完成股权变更手续时，确认收入的实现。转让股权收入扣除为取得该股权所发生的成本后，为股权转让所得。企业在计算股权转让所得时，不得扣除被投资企业未分配利润等股东留存收益中按该项股权所可能分配的金额。

4.《国家税务总局关于印发〈企业所得税核定征收办法〉（试行）的通知》（国税发〔2008〕30号）第四条、第五条

推进纳税人建账建制工作。税务机关应积极督促核定征收企业所得税的纳税人建账建制，改善经营管理，引导纳税人向查账征收方式过渡。对符合查账征收条件的纳税人，要及时调整征收方式，实行查账征收。

加强对核定征收方式纳税人的检查工作。对实行核定征收企业所得税方式的纳税人，要加大检查力度，将汇算清缴的审核检查和日常征管检查结合起来，合理确定年度稽查面，防止纳税人有意通过核定征收方式降低税负。

【风险案例】

2016年11月21日，西安某娱乐发展有限公司、陕西某教育科技有限公司、陕西某餐饮管理有限公司分别以900万元收购陕西品格某企业管理服务有限公司（以下简称"陕西品格"）股东高仁发持有的陕西品格18%的股权、1,500万元收购陕西品格股东李大锋持有的陕西品格30%的股权、850万元收购陕西品格股东严团平持有的陕西品格17%的股权。2016年11月24日办理了股权变更登记。

2016年11月28日，西安某娱乐发展有限公司与某（上海）投资中心（有限合伙）（投资公司）签订了股权转让协议，将所持有的陕西品格18%、30%、17%的股权转让给某信投资，转让金额分别为11,781万元、21,105万元、12,474万元。2017年12月4日你单位办理了股权变更登记。

2017年3月，上述3个收购方企业在知道股权转让业务将引起2017年度收入发生巨大变化的情况下，向主管税务机关申请企业所得税由查账征收方式变更为核定征收方式，申请期间没有报备审核陕西品格股权转让事项。2017年3—4月，分别取得原国地税主管税务机关批准，按定率征收方式征收企业所得税。

2022年4月28日，国家税务总局西安市税务局某稽查局认定西安某娱乐发展有限公司、陕西某教育科技有限公司、陕西某餐饮管理有限公司账务完整，收入、成本可以准确核算，应按照查账征收方式缴纳企业所得税。经计算，分别补缴2017年企业所得税27,348,686.84元、46,789,982.61元、25,909,077.78元。

【风险警示】

企业申请核定征收获批后，如生产经营范围、主营业务发生重大变化，或者应纳税所得额或应纳税额增减变化达到20%的，应及时向税务机关申请调整已确定的应纳税额或应税所得率。不管企业所得税是核定征收还是查账征收，企业都应当妥善留存购置资产的合同（协议）、资金支付证明、发票等凭证，以便在核定征收转变为查账征收之后，将其作为资产的计税基础来计提折旧与摊销。

【风险名称】

28. 滥用农产品核定扣除

【风险判断】

对照财政部、国家税务总局和本省（自治区、直辖市、计划单列市）农产品核定扣除范围进行判断是否属扣除试点产品

【政策依据】

1.《财政部 国家税务总局关于在部分行业试行农产品增值税进项税额核定扣除办法的通知》（财税〔2012〕38号）第一条、第二条

自2012年7月1日起，以购进农产品为原料生产销售液体乳及乳制品、酒及酒精、植物油的增值税一般纳税人，纳入农产品增值税进项税额核定扣除试点范围，其购进农产品无论是否用于生产上述产品，增值税进项税额均按照《农产品增值税进项税额核定扣除试点实施办法》（附件一）的规定抵扣。

除本通知第一条规定以外的纳税人，其购

进农产品仍按现行增值税的有关规定抵扣农产品进项税额。

2.《国家税务总局关于在部分行业试行农产品增值税进项税额核定扣除办法有关问题的公告》(国家税务总局公告 2012 年第 35 号) 第二条

增值税一般纳税人委托其他单位和个人加工液体乳及乳制品、酒及酒精、植物油,其购进的农产品均适用《通知》的有关规定。

3.《财政部 国家税务总局关于扩大农产品增值税进项税额核定扣除试点行业范围的通知》(财税〔2013〕57 号) 第一条

自 2013 年 9 月 1 日起,各省、自治区、直辖市、计划单列市税务部门可商同级财政部门,根据《农产品增值税进项税额核定扣除试点实施办法》(财税〔2012〕38 号) 的有关规定,结合本省(自治区、直辖市、计划单列市)特点,选择部分行业开展核定扣除试点工作。

【风险案例】

2019 年,西丰县某粮油购销有限公司向赵某某、尹某、韩某、赵某等 4 人收购玉米 71 车,金额 3,940,353.00 元,向赵某某、尹某、韩某、赵某开具增值税普通发票(农产品收购发票)85 份,金额 7,292,995.08 元,未支付全部货款。且属于为自己开具与实际经营业务情况不符的发票,对上述 85 份增值税普通发票(农产品收购发票)定性为虚开发票。

西丰县某粮油购销有限公司购进农产品未能取得合法有效的农产品收购发票,不符合采取核定扣除方式计算当期允许抵扣农产品增值税进项税额的条件,应凭农产品收购发票计算扣除当期允许抵扣农产品增值税进项税额。通过中间商收购农产品,向中间商开具农产品收购发票,所开具的发票应不予抵扣增值税进项税额,已抵扣的进项税额 913,597.50 元应做进项税额转出处理。补缴 2019 年 4 月增值税 814,303.13 元、城市维护建设税 40,715.16 元、教育费附加 24,429.09 元、地方教育附加 16,286.06 元、补企业所得税 74,209.65 元。

【风险警示】

企业生产销售产品如不属于农产品核定扣除范围,购自自产农产品个人的可以反向开票;购自非个人的,应取得销售发票、专票发票等。属于农产品核定扣除范围的,还应区分购进农产品用途,选择正确的进项核定方法:

作为原料生产货物的采用投入产出法适用"当期农产品耗用数量×农产品平均购买单价×扣除率/(1+扣除率)";

作为原料生产货物的采用成本法适用"当期主营业务成本×农产品耗用率×扣除率/(1+扣除率)";

购进农产品直接销售的适用"当期销售农产品数量/(1-损耗率)×农产品平均购买单价×9%/(1+9%)";

购进农产品用于生产经营且不构成货物实体的(包括包装物、辅助材料、燃料、低值易耗品等),适用"当期耗用农产品数量×农产品平均购买单价×9%/(1+9%)"。

同时,购进用于生产或者委托加工13%税率货物的农产品,可适用加计抵减政策。

【风险名称】

29. 存货成本结转方式可以核定

【风险判断】

1. 生产销售领用耗材明细与取得发票成本明细比对
2. 勾选确认抵扣发票与生产销售领用耗材比对
3. 库存商品科目主营业务成本比对

【政策依据】

1.《中华人民共和国企业所得税法（2018版）》第八条

企业实际发生的与取得收入有关的、合理的支出，包括成本、费用、税金、损失和其他支出，准予在计算应纳税所得额时扣除。

2.《中华人民共和国企业所得税法实施条例（2019版）》第七十三条

企业使用或者销售的存货的成本计算方法，可以在先进先出法、加权平均法、个别计价法中选用一种。计价方法一经选用，不得随意变更。

> 嘿嘿！偷偷把一部分收入藏起来！应该没人知道吧

【风险案例】

2021年9月至2022年8月，江西某新材料有限公司购进氰化亚金钾时取得的163份增值税专用发票显示，合计采购数量92.5千克，发票金额21,691,218.54元，进项税额2,819,858.46元，价税合计24,511,077.00元。其中2021年采购氰化亚金钾34.7千克，发票金额7,870,833.69元，税额1,023,208.31元，价税合计8,894,042.00元，经查证发票记载的业务属实，已抵扣进项税金，但因隐瞒销售收入，相应成本未税前列支。由于账册中未记入2021年氰化亚金钾成本，且库存商品记载2021年借方余额为7,757,785.09元，与2021年隐瞒氰化亚金钾的销售收入7,633,319.47元不对称。应补缴增值税2,721,102.88元，其中2021年9—12月992,331.53元、2022年1—8月1,728,771.35元；应补缴城市维护建设税136,055.16元，其中2021年9—12月49,616.58元、2022年1—8月86,438.58元。应补缴教育费附加81,633.10元，其中2021年9—12月29,769.95元、2022年1—8月51,863.15元；应补缴地方教育附加54,422.06元，其中2021年9—12月19,846.63元、2022年1—8月34,575.43元；应补缴印花税19,871.60元，其中2021年7,114.1元、12,757.50元。

鉴于江西某新材料有限公司未能提供2021年销售氰化亚金钾准确数量，检查组利用其2021年销售氰化亚金钾收入7,633,319.47元除以其隐瞒销售氰化亚金钾平均单价（隐瞒销售总收入20,931,560.62元÷隐瞒销售总数量92,400克=226.53元/克），测算出你单位2021年销售氰化亚金钾33,696克，按先进先出法计算出其2021年允许结转氰化亚金钾成本为7,644,018.54元，未取得增值税发票暂估入库铜丝等商品7,688,600.64元。2023年4月22日前补开增值税普通发票，不作调整。检查调整后，2021年度企业所得税应纳税所得额为299,540.99元，应纳企业所得税7,488.52元，已纳企业所得税10,414.68元，应补缴企业所得税–2,926.16元。

【风险警示】

企业应以生产销售工艺流程为出发点,真实核算销项税额与进项税额,不能仅仅为了达到特定的增值税税负,而忽视生产(销售)成本与销售收入之间的钩稽关系。摒弃那种只要税负率处于一定区间,就不会引发税务稽查风险的错误观念,如实核算销售收入。同时,要充分利用好企业所得税预缴申报制度。年度企业所得税汇算清缴时,企业应当清查库存商品明细、暂估成本明细,提醒采购业务部门及时索取成本发票。并综合考量存货类别、企业利润、税收负担、现金流量、财务比率等企业自身的特点因素,选择对企业最有利的存货计价方法结转成本。

值得注意的是,商品流通企业在采购商品过程中发生的运输费、装卸费、保险费以及其他可归属于存货采购成本的费用等进货费用先进行归集计入所购商品成本。期末,按照所购商品的存销情况进行分摊。对于已销售商品的进货费用,计入主营业务成本;对于未销售商品的进货费用,计入期末存货成本。商品流通企业采购商品的进货费用金额较小的(暂无金额较小标准),可以在发生时直接计入当期销售费用。

【风险名称】

30. 合同与注册时间违反法理基础

【风险判断】

1. 注册成立时间晚于合同签订时间
2. 注册成立时间晚于发票开具时间

【政策依据】

1.《中华人民共和国发票管理办法（2023版）》第二十一条

开具发票应当按照规定的时限、顺序、栏目，全部联次一次性如实开具，开具纸质发票应当加盖发票专用章。

任何单位和个人不得有下列虚开发票行为：

（一）为他人、为自己开具与实际经营业务情况不符的发票；

（二）让他人为自己开具与实际经营业务情况不符的发票；

（三）介绍他人开具与实际经营业务情况不符的发票。

2.《中华人民共和国发票管理办法实施细则（2023版）》第二十九条

《办法》第二十一条所称与实际经营业务情况不符是指具有下列行为之一的：

（一）未购销商品、未提供或者接受服务、未从事其他经营活动，而开具或取得发票；

（二）有购销商品、提供或者接受服务、从事其他经营活动，但开具或取得的发票载明的购买方、销售方、商品名称或经营项目、金额等与实际情况不符。

3.《中华人民共和国税收征收管理法（2015版）》第五十七条

税务机关依法进行税务检查时，有权向有关单位和个人调查纳税人、扣缴义务人和其他当事人与纳税或者代扣代缴、代收代缴税款有关的情况，有关单位和个人有义务向税务机关如实提供有关资料及证明材料。

【风险案例】

2023年3月14日，江西某新能源科技有限公司开具7份增值税普通发票给江西某药业有限公司，应税劳务名称为*现代服务*推广服务费，发票代码36001900104，发票号码47468915—47468921，金额650,807.52元，税额6,508.09元，价税合计657,315.61元，通过银行转账支付257,215.61元，但仍有400,000元未支付，属于大额资金未支付；江西某药业有限公司提供书面材料，确认和公司的推广合同是业务员赵某联系并签订的，现该公司无法联系赵某，所以对此笔业务的具体细节该公司均不知情，违反《中华人民共和国税收征收管理法》第五十七条规定，没有履行向税务机关提供业务真实性证据的义务；江西某药业有限公司与公司签订的两份协议时间分别是2023年1月10日和2023年2月8日，而公司注册成立的时间是2023年2月8日，违反法理基础。属于虚构经营业务，认定为虚开增值税普通发票，对该案移送公安机关依法处理。

【风险警示】

企业法务部门应强化对合同签订的日常审核，业务部门需提供履行合同的佐证资料，财务部门须加强与法务、业务部门协调沟通，将发票及涉及的合同与佐证资料同审同核。对有疑点的财务报销凭证，应及时上报，并按规定提出处理意见，以规避常识性风险。

【风险名称】

31. 隔月红冲应当心

【风险判断】

查询电子税务局—税务数字账户—发票查询统计—全量发票查询—发票状态选择"已红冲—全部"或"已红冲—部分"发票

【政策依据】

1.《中华人民共和国发票管理办法实施细则（2023版）》第二十六条

开具纸质发票后，如发生销售退回、开票有误、应税服务中止等情形，需要作废发票的，应当收回原发票全部联次并注明"作废"字样后作废发票。

开具纸质发票后，如发生销售退回、开票有误、应税服务中止、销售折让等情形，需要开具红字发票的，应当收回原发票全部联次并注明"红冲"字样后开具红字发票。无法收

回原发票全部联次的，应当取得对方有效证明后开具红字发票。

2.《中华人民共和国发票管理办法实施细则（2023版）》第二十七条

开具电子发票后，如发生销售退回、开票有误、应税服务中止、销售折让等情形的，应当按照规定开具红字发票。

3.《国家税务总局关于推广应用全面数字化电子发票的公告》（国家税务总局公告2024年第11号）第八条

蓝字数电发票开具后，如发生销售退回(包括全部退回和部分退回)、开票有误、应税服务中止(包括全部中止和部分中止)、销售折让等情形的，应当按照规定开具红字数电发票。

（一）蓝字数电发票未进行用途确认及入账确认的，开票方发起红冲流程，并直接开具红字数电发票。农产品收购发票、报废产品收购发票、光伏收购发票等，无论是否进行用途确认或入账确认，均由开票方发起红冲流程，并直接开具红字数电发票。

（二）蓝字数电发票已进行用途确认或入账确认的(用于出口退税勾选和确认的仍按现行规定执行)，开票方或受票方均可发起红冲流程，并经对方确认《红字发票信息确认单》(以下简称《确认单》，见附件2)后，由开票方开具红字数电发票。《确认单》发起后72小时内未经确认的，自动作废。若蓝字数电发票已用于出口退税勾选和确认的，需操作进货凭证信息回退并确认通过后，由开票方发起红冲流程，并直接开具红字数电发票。

受票方已将数电发票用于增值税申报抵扣的，应暂依《确认单》所列增值税税额从当期进项税额中转出，待取得开票方开具的红字数电发票后，与《确认单》一并作为记账凭证。

【风险案例】

2023年5月25日，江西某新能源科技有限公司开具给江西某医疗器械有限公司*现代服务*服务费发票2份，发票代码36002200104，发票号码

30560429、30560430，合计金额 149,219.58 元，税额 1,492.2 元，价税合计 150,711.78 元；开具给江西某医疗器械有限公司 * 现代服务 * 服务费发票 49 份，发票代码 36002200104，发票号码 30560419—30560428、30560431—30560443、50837170—50837181、16025812—16025814、16025816—16025823、16283899—16283901，合计金额 4,691,089.02 元，税额 46,910.98 元，价税合计 4,738,000 元。2023 年 10 月 15 日全部作红字冲销。

南昌市某市场监督管理局调取的企业登记资料；某税务分局调取的征管资料、增值税申报表、企业所得税季度预缴纳税申报表、开具和取得发票复印件；下游企业提供的证据资料、某管理局洗药湖管理处、某税务分局、代账公司江西某企业服务有限公司书面材料、调取企业开具、取得发票明细表及公告送达现场图片。以上发票为虚开增值税发票。对江西某新能源科技有限公司虚开增值税普通发票的行为处 6 万元的罚款。

【风险警示】

企业应按月查看红冲发票，对于那些确实销售退回、开票有误、应税服务中止、销售折让等情形的，要及时催促开票方红冲发票。因受票方企业将数电发票已进行用途确认或入账确认的，无论开票方还是受票方填写《红字发票信息确认单》，都需经对方确认后，开票方依据《确认单》开具红字发票。这样企业比较容易了解情况，从而及时按照规定进行进项税额转出和调整账务。

需防范的是：作为受票方的企业，如果没有将数电发票做用途确认及入账确认的，开票方无须受票方确认，就能够填开《红字发票信息确认单》后全额开具红字数电票或红字纸质发票。大多数红冲虚开发票属于这种情形。

如受票方企业具体进行了用途确认或入账确认知晓红冲发票，而该发票又被认定为虚开的，可能会被判定为主观恶意虚开。

【风险名称】

32. 大额冲减未开票收入

【风险判断】

1. 增值税纳税申报表附列资料一"未开具发票"栏次申报了未开票收入

2. 增值税及附加税费申报表（小规模纳税人适用）附列资料一申报本期扣除额

【政策依据】

1.《增值税纳税申报比对管理操作规程（试行）》（税总发〔2017〕124号）第五条第二项第1点

（二）增值税一般纳税人票表比对规则

1. 销项比对。

当期开具发票（不包含不征税发票）的金额、税额合计数应小于或者等于当期申报的销售额、税额合计数。

纳税人当期申报免税销售额、即征即退销售额的，应当比对其增值税优惠备案信息，按规定不需要办理备案手续的除外。

2.《中华人民共和国发票管理办法实施细则（2023版）》第二十六条

开具纸质发票后，如发生销售退回、开票有误、应税服务中止等情形，需要作废发票的，应当收回原发票全部联次并注明"作废"字样后作废发票。

开具纸质发票后，如发生销售退回、开票有误、应税服务中止、销售折让等情形，需要开具红字发票的，应当收回原发票全部联次并注明"红冲"字样后开具红字发票。无法收回原发票全部联次的，应当取得对方有效证明后开具红字发票。

【风险案例】

所属期2015年9月，某实业有限公司在增值税报表中申报2,952.87万元，同时在未开票收入一栏填写-2,926.81万元，且未发现前期有未开票收入的申报记录。同时公司作为商贸企业，无加工能力，上游发票仅有MTBE、针状焦、沥青、轻循环油、型钢、废钢六种商品，却向下游企业开具了铝矿石、废造纸原料、冷轧卷板等商品，进、销项目严重背离。与下游企业交易过程中大宗交易未收款，企业对公账户存在资金即进即出问题。

经查，认定某实业有限公司自成立以来，在没有真实经营业务的情况下，对外虚开增值税专用发票740份，金额68,596,603.83元，税额11,661,421.75元，并采取不申报手段逃避税务机关监管，移送公安机关进一步查处。

【风险警示】

企业增值税申报收入不仅涵盖开票收入、纳税评估收入、稽查查补收入等，还包括未开票收入。未开票收入栏填列正数销售额时，需要保留有关的证据，如合同、收款记录等，以备日后查证。同时将企业开具的差额征税或未发生销售行为的不征税项目发票将予以剔除。

前期申报未开票收入在日后开具发票，则对开具发票期间，申报增值税在"未开票收入"填列负数冲减，税务系统会启动异常比对处理程序，需向税务机关提交前期取得未开票收入的记账凭证、当期开具的发票等证明材料。如企业前期未进行"未开票收入"正数申报，本期进行未开票收入负数申报，就有利用富余票对外虚开或偷税的嫌疑。

【风险名称】

33. 这样认定的虚开处罚不冤

【风险判断】

1. 销售方承担运费或运费发票备注栏发货地址与销售方注册所在地不一致
2. 应付账款长期未付且无催付记录

【政策依据】

1.《国家税务总局关于纳税人取得虚开的增值税专用发票处理问题的通知》（国税发〔1997〕134号）第二条

在货物交易中，购货方从销售方取得第三方开具的专用发票，或者从销货地以外的地区取得专用发票，向税务机关申报抵扣税款或者申请出口退税的，应当按偷税、骗取出口退税处理，依照《中华人民共和国税收征收管理法》及有关法规追缴税款，处以偷税、骗税数额五倍以下的罚款。

《国家税务总局关于〈国家税务总局关于纳税人取得虚开的增值税专用发票处理问题的通知〉的补充通知》（国税发〔2000〕182号）

有下列情形之一的，无论购货方（受票方）与销售方是否进行了实际的交易，增值税专用发票所注明的数量、金额与实际交易是否相符，购货方向税务机关申请抵扣进项税款或者出口退税的，对其均应按偷税或者骗取出口退税处理。

一、购货方取得的增值税专用发票所注明的销售方名称、印章与其进行实际交易的销售方不符的，即134号文件第二条法规的"购货方从销售方取得第三方开具的专用发票"的情况。

二、购货方取得的增值税专用发票为销售方所在省（自治区、直辖市和计划单列市）以外地区的，即134号文件第二条法规的"从销货地以外的地区取得专用发票"的情况。

三、其他有证据表明购货方明知取得的增值税专用发票系销售方以非法手段获得的，即134号文件第一条法规的"受票方利用他人虚开的专用发票，向税务机关申报抵扣税款进行偷税"的情况。

2.《企业所得税税前扣除凭证管理办法》（国家税务总局公告2018年第28号）第十四条

企业在补开、换开发票、其他外部凭证过程中，因对方注销、撤销、依法被吊销营业执照、被税务机关认定为非正常户等特殊原因无法补开、换开发票、其他外部凭证的，可凭以下资料证实支出真实性后，其支出允许税前扣除：

（一）无法补开、换开发票、其他外部凭证原因的证明资料（包括工商注销、机构撤销、列入非正常经营户、破产公告等证明资料）；

（二）相关业务活动的合同或者协议；

（三）采用非现金方式支付的付款凭证；

（四）货物运输的证明资料；

（五）货物入库、出库内部凭证；

（六）企业会计核算记录以及其他资料。

前款第（一）项至第（三）项为必备资料。

【风险案例】

2022年12月前后，温岭市某鞋业有限公司法定代表人周某伟前往横峰皮革市场向一吴姓个体户（该吴姓个体户在横峰皮革市场有自己的摊位，专门批发皮革，具体哪个摊位周某伟已记不清楚，目前也联系不上）购买皮革，双方谈好价格含税含运费，并约定分批将材料送到公司。发票由该个体户提供，并通过快递方式提供给你单位。

向该吴姓个体户购买材料后，公司2022年至2023年共收到平舆县某皮业有限公司开具的7份增值税专用发票，公司通过银行转账方式共支付给平舆县某皮业有限公司货款436,062元，剩余321,925元未支付。平舆县某皮业有限公司没有将款项返还公司。国家税务总局驻马店市税务局某稽查局寄送的《已证实虚开通知单》，认定公司从平舆县某皮业有限公司取得的发票虚开，构成偷税。对所偷的增值税额87,202.04元，处以一倍的罚款计87,202.04元；对所偷的城市维护建设税额2,180.05元，处以一倍的罚款计2,180.05元。以上罚款共计89,382.09元。

【风险警示】

企业在真实购进商品或接受服务时，如为对方业务员介绍提供的，需加盖开票企业公章的介绍信等证明。可通过微信或电子邮件等方式向开票企业核实经营场所及相关人员，留存相关证据。然而需要加以留意的是，企业或许会遭遇开票企业为空壳公司的状况，甚至可能存在开票企业与冒充其名义的业务员恶意串通的情形，从而隐瞒开票人与实际供应商不一致的风险。因此，企业务必要采用可靠的、能够追溯资金流向且事后可取证的结算方式，例如对公账户之间的银行电汇或转账票据，尽可能规避使用现金类结算。对于交易数量较大的货物，倘若运输发票的发货地址与销售方注册地址不一致，销售方需提供发货地址的仓储发票以及支付仓储费等相关证明资料。即如案例中的货物交易真实、已付资金可追溯且未回流，然而若未反映物流信息，且存在占比42.47%的应付未付金额，这是不符合经营常规的。

【风险名称】

34. 虚假赡养关系要不得

【风险判断】

非近亲属关系

【政策依据】

1.《财政部、国家税务总局关于全面推开营业税改征增值税试点的通知》（财税〔2016〕36号）附件三：营业税改征增值税试点过渡政策的规定第一条第三十六项

涉及家庭财产分割的个人无偿转让不动产、土地使用权免征增值税。

家庭财产分割，包括下列情形：离婚财产分割；无偿赠与配偶、父母、子女、祖父母、外祖父母、孙子女、外孙子女、兄弟姐妹；无偿赠与对其承担直接抚养或者赡养义务的抚养人或者赡养人；房屋产权所有人死亡，法定继承人、遗嘱继承人或者受遗赠人依法取得房屋产权。

2.《财政部 税务总局关于个人取得有关收入适用个人所得税应税所得项目的公告》(财政部 税务总局公告2019年第74号)

房屋产权所有人将房屋产权无偿赠与他人的,受赠人因无偿受赠房屋取得的受赠收入,按照"偶然所得"项目计算缴纳个人所得税。按照《财政部 国家税务总局关于个人无偿受赠房屋有关个人所得税问题的通知》(财税〔2009〕78号)第一条规定,符合以下情形的,对当事双方不征收个人所得税:

(一)房屋产权所有人将房屋产权无偿赠与配偶、父母、子女、祖父母、外祖父母、孙子女、外孙子女、兄弟姐妹;

(二)房屋产权所有人将房屋产权无偿赠与对其承担直接抚养或者赡养义务的抚养人或者赡养人;

(三)房屋产权所有人死亡,依法取得房屋产权的法定继承人、遗嘱继承人或者受遗赠人。

3.《中华人民共和国契税法》(中华人民共和国主席令第五十二号)第六条第五项

有下列情形之一的,免征契税:

(五)法定继承人通过继承承受土地、房屋权属;

4.《中华人民共和国民法典》第一千零四十五条第二款

配偶、父母、子女、兄弟姐妹、祖父母、外祖父母、孙子女、外孙子女为近亲属。

【风险案例】

2017年9月,苏某某在办理房产交易(交易的房屋地址:木兰镇人民街二委二十六组168栋1~5层10号。交易的房屋产权证书号:00013711、申报交易金额1,500,000元)过程中,通过提供虚假证明资料,虚构了苏某某与滕某某的养父养女关系,国家税务总局哈尔滨市税务局某稽查局认定利用养父养女赠与行为逃避个人所得税、增值税、土地增值税、城市维护建设税、教育费附加、地方教育附加等卖方应缴税费款合计202,500元，其中补缴增值税75,000元、个人所得税15,000元、土地增值税105,000元、城市维护建设税3,750元、教育费附加2,250元、地方教育附加1,500元。

【风险警示】

直接抚养人通常是指直接照顾子女生活的父母。在婚姻存续期间内，指的父母双方，父母离婚后则是指享有抚养权的一方。

直接赡养人主要包括老年人的子女，以及具有负担能力的孙子女、外孙子女。对于子女已经离世或者子女无赡养能力的祖父母、外祖父母，有负担能力的孙子女、外孙子女负有赡养义务。

遗赠抚养协议在继承时予以适用。

【风险名称】

35.原材料占比异常

【风险判断】

1. 从固定资产——生产设备科目，判断自产或委托加工
2. 从原材料明细科目，判断耗用的原材料是否与产品具有关联性
3. 从入库单，判断委托加工收回的存货与销售产品是否存在合理性

【政策依据】

《中华人民共和国企业所得税法（2018版）》第八条

企业实际发生的与取得收入有关的、合理的支出，包括成本、费用、税金、损失和其他支出，准予在计算应纳税所得额时扣除。

【风险案例】

福建某贸易有限公司自2019年4月30日成立至2023年4月30日，共取得晋江某鞋业有限公司、泉州某鞋服有限公司开具的拖鞋加工费发票15份，合计加工拖鞋数量727,282双。同期，公司向下游公司开具发票583

份，销售拖鞋数量 2,082,607 双，加工数量与销售数量明显存在巨大差异。公司生产鞋类出口，进项工业白油占比高达 37.85%，甲基叔丁基醚、二甲苯占比 16.91%，非鞋类原材料占比异常。

国家税务总局福州市税务局某稽查局认定所开具 583 份增值税专用发票，发票金额共 53,312,024.60 元，税额 6,930,563 元，价税合计 60,242,587.60 元，为虚开增值税专用发票。

【风险警示】

由于产品特点、经营方式、客户群体等存在差异，不同的行业一般有其独特的经营模式和规律。若出口企业自外贸企业购进货物出口，应主动通过询问、查阅账目、信息化核查等方式寻证，了解供货的外贸企业销售的货物是自产货物，还是外购货物，抑或是委托加工货物；了解外贸企业上游企业是否拥有相应的生产或加工能力，以规避视同内销征税的风险。

【风险名称】

36. 总公司纳税调整分公司受罚

【风险判断】

1. 分公司取得《已证实虚开通知单》等认定书
2. 企业所得税汇总纳税分支机构所得税分配表

【政策依据】

1.《中华人民共和国企业所得税法（2018版）》第五十条

除税收法律、行政法规另有规定外，居民企业以企业登记注册地为纳税地点；但登记注册地在境外的，以实际管理机构所在地为纳税地点。

居民企业在中国境内设立不具有法人资格的营业机构的，应当汇总计算并缴纳企业所得税。

2.《跨地区经营汇总纳税企业所得税征收管理办法》（国家税务总局公告2012年第57号）第二条

居民企业在中国境内跨地区（指跨省、自治区、直辖市和计划单列市，下同）设立不具有法人资格分支机构的，该居民企业为跨地区经营汇总纳税企业（以下简称汇总纳税企业），除另有规定外，其企业所得税征收管理适用本办法。

3.《跨地区经营汇总纳税企业所得税征收管理办法》（国家税务总局公告2012年第57号）第四条

总机构和具有主体生产经营职能的二级分支机构，就地分摊缴纳企业所得税。

二级分支机构，是指汇总纳税企业依法设立并领取非法人营业执照（登记证书），且总机构对其财务、业务、人员等直接进行统一核算和管理的分支机构。

【风险案例】

哈尔滨市某建筑工程公司第九分公司从事建筑安装工程业务，由郭某森负责国营松江胶合板厂有限责任公司的项目，薛某冰负责电力集团有限公司的项目、马某负责某啤酒有限公司的项目。由于当时用工都是在大岗找的，工资都是现金支付，没有发票，但公司需要发票入账。工程结束后郭某森让手下副经理张某敏（2020年已去世）自哈尔滨某伦建筑劳务分包有限公司买了10份劳务类增值税普通发票，金额共977,446.62元，税额共29,323.38元，价税合计1,006,770.00元，计入工程施工并结转主营业务成本1,006,770.00元。

主管税务机关哈尔滨市某区税务局通知哈尔滨市某建筑工程公司第九分公司发票有问题后，因企业所得税在总机构汇总缴纳，已调减了总机构当年企业所得税申报表。国家税务总局哈尔滨市税务局某稽查局对哈尔滨市某建筑工程公司第九分公司虚开增值税普通发票的行为处以罚款130,000.00元。

【风险警示】

个别建筑企业出于降低税负、逃避社保、隔离风险等因素的考虑，与劳务公司"合作"，将自雇员工的法律关系调整为劳务关系，将工资转换为劳务费。企业除需提供劳务分包合同外，还需提供劳务资质材料、劳务人员聘用材料以及社会保险费缴纳情况等材料，以便于企业财务人员和法务人员根据用工事实，综合考虑劳动者对工作时间及工作量的自主决定程度，劳动过程受管理控制程度，劳动者是否需要遵守有关工作规则、算法规则、劳动纪律和奖惩办法，劳动者工作的持续性，劳动者能否决定或者改变交易价格等因素，核实是否真实聘用劳务工人，是否构成支配性劳动管理，以及劳务服务提供能力等情况，从源头防止虚开。

【风险名称】

37. 非法倾倒废液，补缴环保税

【风险判断】

1. 查询废水废物废气处理费会计明细科目对应的废水废物废气具体污染物的排放量

2. 实际排放量比对固体废物处置利用委托合同、受委托方资质证明、固体废物转移联单、危险废物管理台账复印件等涉税资料

【政策依据】

1.《中华人民共和国环境保护税法（2018版）》第二条

在中华人民共和国领域和中华人民共和国管辖的其他海域，直接向环境排放应税污染物的企业事业单位和其他生产经营者为环境保护税的纳税人，应当依照本法规定缴纳环境保护税。

2.《中华人民共和国环境保护税法（2018版）》第三条

本法所称应税污染物，是指本法所附《环境保护税税目税额表》《应税污染物和当量值表》规定的大气污染物、水污染

物、固体废物和噪声。

3.《中华人民共和国环境保护税法（2018版）》第六条

环境保护税的税目、税额，依照本法所附《环境保护税税目税额表》执行。

【风险案例】

2021年7月，广州市白云区某化工厂非法倾倒废液合计1,237.72吨，经有关部门认定该废液属于《固体废物鉴别标准通则》（GB 34330—2017）4.3（环境治理和污染控制过程中产生的物质）的固体废物，同时，符合《国家危险废物名录》（2021年版）中"HW49其他废物"的特征，属于《国家危险废物名录》所列的物质。

2022年10月24日，该厂对上述应税固体废物按所属期2022年10月24日、税目"氨氮（水）"和税率2.8，进行虚假纳税申报并缴纳环境保护税3,465.62元，至国家税务总局广州市税务局某稽查局进场检查之日止未按规定作调整更正申报，造成少缴和滞后缴纳环境保护税。

上述倾倒固体废物行为应按当期应税固体废物的产生量1,237.72吨作为固体废物的排放量，按《环境保护税税目税额表》中的"固体废物—危险废物"税目和1,000元/吨的税额标准，缴纳环境保护税1,237,720元，已缴纳3,465.62元，因此，追征你厂2021年第三季度环境保护税1,234,254.38元（1,237.72×1,000−3,465.62）。

【风险警示】

近年来，环境保护税极易引发检察机关的公益诉讼和行政检察，致使生态环境主管部门将排污单位的排污许可、污染物排放数据、环境违法和受行政处罚情况等环境保护相关信息，定期交送税务机关频次有所增加。

环境保护税是利用经济手段调节企业环境污染行为的一种方式，主要针对污染破坏环境的特定行为征税，明确了 65 种应税水污染物、44 种应税大气污染物、7 种固体废物和工业噪声，一般可以从排污主体、排污行为、应税污染物三方面，来判断是否需要缴纳环境保护税。

企业如对征税类别存在认识上的误区或认定不准的情形，应当提请当地生态环境主管部门进行环保检测，依据检测报告的结果，正确选择税目。企业应按照规定主动安装污染物自动监测设备并与生态环境主管部门联网，根据实际状况，从自动监测数据或排污系数、物料衡算方法或抽样测算核定方法当中选择计算应税污染物排放量。

需要注意的是，应税固体废物的排放量，为当期应税固体废物的产生量，减去当期应税固体废物贮存量、处置量、综合利用量的余额。纳税人应当准确计量应税固体废物的贮存量、处置量和综合利用量，未准确计量的，不得从其应税固体废物的产生量中减去。

【风险名称】

38. 贪腐牵出偷税

【风险判断】

1. 未按照法律、行政法规的规定设置账簿
2. 企业法定代表人、股东或相关人员依法被起诉

【政策依据】

1.《中华人民共和国税收征收管理法（2015版）》第三十五条

纳税人有下列情形之一的，税务机关有权核定其应纳税额：

（一）依照法律、行政法规的规定可以不设置账簿的；

（二）依照法律、行政法规的规定应当设置账簿但未设置的；

（三）擅自销毁账簿或者拒不提供纳税资料的；

（四）虽设置账簿，但账目混乱或者成本资料、收入凭证、费用凭证残缺不全，难以查账的；

（五）发生纳税义务，未按照规定的期限办理纳税申报，经税务机关责令限期申报，逾

> 税收连着你我他，贪污漏税害大家

期仍不申报的；

（六）纳税人申报的计税依据明显偏低，又无正当理由的。

税务机关核定应纳税额的具体程序和方法由国务院税务主管部门规定。

2.《企业所得税核定征收办法（试行）》（国税发〔2008〕30号）第五条

税务机关采用下列方法核定征收企业所得税：

（一）参照当地同类行业或者类似行业中经营规模和收入水平相近的纳税人的税负水平核定；

（二）按照应税收入额或成本费用支出额定率核定；

（三）按照耗用的原材料、燃料、动力等推算或测算核定；

（四）按照其他合理方法核定。

采用前款所列一种方法不足以正确核定应纳税所得额或应纳税额的，可以同时采用两种以上的方法核定。采用两种以上方法测算的应纳税额不一致时，可按测算的应纳税额从高核定。

【风险案例】

揭阳市某混凝土有限公司在2018年7月1日至2021年2月28日期间内存在未依法建账、隐瞒销售收入103,513,954.85元（其中对外销售101,373,554.85元，自用2,140,400.00元），合计少缴增值税4,730,607.79元，少缴城市维护建设税290,147.75元，少缴教育费附加124,349.08元，少缴地方教育附加82,899.35元。

根据国家税务总局揭阳市税务局某稽查局检查人员对公司隐瞒销售收入行为的检查、主管税务机关前期对该公司涉嫌偷税的调查取证、揭阳市某会计师事务所出具的《关于林某雄等人涉嫌贪污、侵占、挪用、集体私分、行贿等相关问题的会计鉴证意见书》及《补充说明》的鉴证意见，参照当地同类行业或者类似行业中经营规模和收入水平相近的纳税人的企业所得税税负水平核定，2018年平均税负为0.825%，2019年平均税负为0.535%，2020年平均税负为0.5%，2021年平均税负为0.395%。①2018年7—12月少缴企业所得税104,819.05元。②2019年1—12月少缴企业所得税169,056.55元。③2020年1—12月少缴企业所得税233,675.75元。④2021年1—2月少缴企业所得税40,818.16元。以上少缴企业所得税合计548,369.51元。

【风险警示】

混凝土企业应分开独立核算商品混凝土和其他产品进销项，不能单独分开核算的，则要按销售比例分配进项税额。同时要强化价外费用的管理，在混凝土销售合同上列明泵送服务费和空载运费等计算依据，并且价外费用与主商品混凝土开具在同一张发票上。

生产商品混凝土一般工艺包括上料、搅拌、装车等，常规生产一立方米混凝土大约耗电1.5度。但企业生产过程伴有其他耗电量较大的项目，如基建、碎石、制砂、洗砂等，或有其他兼营项目的用电，单位耗电量可能较高。且要做好水泥购进、入库、领用和产品出厂管理，有必要保留中控台相关材料和产成品流量数据备查。企业生产某标号商品混凝土水泥用量是相对固定的，偏差较大就可能存在产量核算不准确风险。在日常经营中还存在无须开具发票的客户，可能存在故意或非故意漏报的风险。

值得注意的是，2023年7月26日，最高人民检察院印发了《关于依法惩治和预防民营企业内部人员侵害民营企业合法权益犯罪、为民营经济发展营造良好法治环境的意见》，依法加大对民营企业内部人员实施的职务侵占、挪用资金、受贿等腐败行为的惩处力度。企业应加强内部控制，尽最大可能防范各类风险的发生。

【风险名称】

39. 非农产品的加计抵扣进项 补税

【风险判断】

1. 增值税纳税申报表附列资料二第 8a 加计扣除农产品进项税额金额与税额均大于零
2. 生产工艺原材料不属于农业的初级产品范围

【政策依据】

1.《财政部 国家税务总局关于饲料产品免征增值税问题的通知》(财税〔2001〕121号)第一条第（一）项

免税饲料产品范围包括：

（一）单一大宗饲料。指以一种动物、植物、微生物或矿物质为来源的产品或其副产品。其范围仅限于糠麸、酒糟、鱼粉、草饲料、饲料级磷酸氢钙及除豆粕以外的菜籽粕、棉籽

（对话）
我司想申请农产品加计抵扣
你司原材料为征收增值税的饲料产品，不属于农产品，不能申请

粕、向日葵粕、花生粕等粕类产品。

2.《财政部 国家税务总局关于豆粕等粕类产品征免增值税政策的通知》(财税〔2001〕30号)第三条

自2000年6月1日起,豆粕属于征收增值税的饲料产品,进口或国内生产豆粕,均按13%的税率征收增值税。其他粕类属于免税饲料产品,免征增值税,已征收入库的税款做退库处理

3.《国家税务总局关于粕类产品征免增值税问题的通知》(国税函〔2010〕75号)

自2010年10月1日起,豆粕属于征收增值税的饲料产品,除豆粕以外的其他粕类饲料产品,均免征增值税。

4.《财政部 国家税务总局关于简并增值税税率有关政策的通知》(财税〔2017〕37号)第二条第二款

(二)营业税改征增值税试点期间,纳税人购进用于生产销售或委托受托加工17%税率货物的农产品维持原扣除力度不变。

【风险案例】

南通某生物技术股份有限公司(以下简称"公司")主要从事植物蛋白系列产品的开发、生产及销售。所生产的大豆分离蛋白原料全部为非转基因高质量大豆。

2023年10月23日,收到南通市某区税务局平某税务分局下发的州平税处〔2023〕001号《税务处理决定书》,认为公司生产产品的主要原材料豆粕属于征收增值税的饲料产品,不属于农产品,要求公司补缴2017年1月1日至2021年12月31日期间不符合农产品加计抵扣要求的增值税及附加税共231.34万元,公司以自有房产及土地使用权办理纳税担保的方式履行了州平税处〔2023〕001号《税务处理决定书》的要求。

公司对州平税处〔2023〕001号《税务处理决定书》以及国家税务总局

南通市通州区税务局作出的〔2024〕通州税行复第1号《行政复议决定书》有关内容持有异议，已于2024年2月21日向南通经济技术开发区人民法院起诉国家税务总局南通市某区税务局平潮税务分局及国家税务总局南通市某区税务局，要求撤销州平税处〔2023〕001号《税务处理决定书》及〔2024〕通州税行复第1号《行政复议决定书》。截至财务报表报出日（2024年4月26日），南通经济技术开发区人民法院尚未做出判决。

【风险警示】

《中华人民共和国农产品质量安全法（2022版）》第二条称农产品是指来源于农业的初级产品，即在农业活动中获得的植物、动物、微生物及其产品，这与《财政部 国家税务总局关于印发农业产品征税范围注释》的通知（财税字〔1995〕52号）关于农产品的定义"农业产品是指种植业、养殖业、林业、牧业、水产业生产的各种植物、动物的初级产品"是一致。

企业若要享受税收优惠政策（包含免税、加计抵扣、加计抵减、加计扣除、即征即退等），必须结合自身的生产工艺来开展税务处理工作，并且应当清晰明确其适用条件。对于存在认识差异的情况，应通过书面形式向税务机关进行咨询，以获取更为准确的政策支撑。

【风险名称】

40. 土地款未计入房产税计税依据

【风险判断】

1. 企业缴纳的土地出让金和契税，对应的土地使用权原值
2. 房产税税源登记中的房产原值

【政策依据】

1.《中华人民共和国房产税暂行条例（2011版）》第三条

房产税依照房产原值一次减除10%至30%后的余值计算缴纳。具体减除幅度，由省、自治区、直辖市人民政府规定。

没有房产原值作为依据的，由房产所在地税务机关参考同类房产核定。

房产出租的，以房产租金收入为房产税的计税依据。

小贴士：计算房产税时，要记住，土地款也是计算依据哟

2.《中华人民共和国房产税暂行条例（2011版）》第四条

房产税的税率，依照房产余值计算缴纳的，税率为1.2%；依照房产租金收入计算缴纳的，税率为12%。

3.《财政部 国家税务总局关于安置残疾人就业单位城镇土地使用税等政策的通知》（财税〔2010〕121号）第三条

关于将地价计入房产原值征收房产税问题

对按照房产原值计税的房产，无论在财会上如何核算，房产原值均应包含地价，包括为取得土地使用权支付的价款、开发土地发生的成本费用等。宗地容积率低于0.5的，按房产建筑面积的2倍计算土地面积并据此确定计入房产原值的地价。

4.《财政部 国家税务总局关于房产税和车船使用税几个业务问题的解释与规定》（财税地字〔1987〕3号）第三条

关于房屋附属设备的解释房产原值应包括与房屋不可分割的各种附属设备或一般不单独计算价值的配套设施。主要有：暖气、卫生、通风、照明、煤气等设备；各种管线，如蒸气、压缩空气、石油、给水排水等管道及电力、电讯、电缆导线；电梯、升降机、过道、晒台等。

属于房屋附属设备的水管、下水道、暖气管、煤气管等从最近的探视井或三通管算起，电灯网、照明线从进线盒联接管算起。

【风险案例】

江西某木业股份有限公司厂址的土地价款未作为计算房产税的计税依据，未申报缴纳房产税。公司所在地土地面积62,563.36平方米，总建筑面积为12,906.10平方米，容积率为12,906.10/62,563.36=0.21。公司应计入房产税计税依据的土地价款为：

12,906.10*2/62,563.36*1,883,160=776,948.40元。

生产车间中机修车间、厕所、水塔因闲置未使用，未缴纳房产税。机修车间原值 90,356 元，厕所原值 6,334 元，水塔原值 154,359 元，共计应计入房产税计税依据原值 251,049 元。

2021 年至 2023 年应补缴房产税 8,635.18*3=25,905.54 元。对公司处以少缴税款 0.5 倍罚款。

【风险警示】

企业应当将土地价款纳入房产原值，以保障房产的完整整体价值。若企业支付了土地价款，且政策给予了减免优惠，应参照契税的计税依据与实际支付款孰高的原则，来确定房产税原值。同时，对于取得土地开发的成本费用，也应计入房产税原值计征。在计算房产税时，还应当考虑容积率的大小，避免出现少缴房产税的情况。

【风险名称】

41.投资收益不属主营业务收入，不能享受西部优惠

【风险判断】

1.总收入＝企业所得税汇算清缴主表A1000000表第1行营业收入+A1000000表第8行"公允价值变动收益"+A1000000表第11行"营业外收入"+A105030表第1列投资收益持有收益账载金额合计值+A105030表第4列投资收益处置收益会计确认的处置收入合计值+A105000表第1行第3列收入类调增金额－A105000表第1行第4列收入类调减金额

2.企业所得税年度申报表A101010一般企业收入明细表主营业务收入/总收入≥比值（2021年前70%，2021年起60%）

3.企业所得税年度申报表A107040减免所得税优惠明细表第21栏"二十一、设在西部地区的鼓励类产业企业减按15%的税率征收企业所得

（主营业务收入占比____%）"

【政策依据】

1.《中华人民共和国企业所得税法（2018版）》第六条

企业以货币形式和非货币形式从各种来源取得的收入，为收入总额。包括：

（一）销售货物收入；

（二）提供劳务收入；

（三）转让财产收入；

（四）股息、红利等权益性投资收益；

（五）利息收入；

（六）租金收入；

（七）特许权使用费收入；

（八）接受捐赠收入；

（九）其他收入。

2.《财政部 海关总署 国家税务总局关于深入实施西部大开发战略有关税收政策问题的通知》（财税〔2011〕58号）第二条

自2011年1月1日至2020年12月31日，对设在西部地区的鼓励类产业企业减按15%的税率征收企业所得税。

上述鼓励类产业企业是指以《西部地区鼓励类产业目录》中规定的产业项目为主营业务，且其主营业务收入占企业收入总额70%以上的企业。《西部地区鼓励类产业目录》另行发布。

3.《国家税务总局关于深入实施西部大开发战略有关企业所得税问题的公告》（国家税务总局公告2012年第12号）第一条

自2011年1月1日至2020年12月31日，对设在西部地区以《西部地区鼓励类产业目录》中规定的产业项目为主营业务，且其当年度主营业务收入占企业收入总额70%以上的企业，可减按15%税率缴纳企业所得税。

上述所称收入总额，是指《企业所得税法》第六条规定的收入总额。

4.《财政部 税务总局 国家发展改革委关于延续西部大开发企业所得税政策的公告》（财政部 税务总局 国家发展改革委公告2020年第23号）第一条

自2021年1月1日至2030年12月31日，对设在西部地区的鼓励类产业企业减按15%的税率征收企业所得税。本条所称鼓励类产业企业是指以《西部地区鼓励类产业目录》中规定的产业项目为主营业务，且其主营业务收入占企业收入总额60%以上的企业。

【风险案例】

武汉ST索道集团股份有限公司子公司贵州ST某净山旅业发展有限公司（以下简称"某净山旅业公司"）于2009年开业，经贵州省经信委批复为"国家鼓励类产业企业"。2009年至2010年经税务机关审批享受西部地区鼓励类产业企业所得税优惠政策；2011年至2016年，报经税务机关审核备案后享受西部地区鼓励类产业企业所得税优惠政策；2017年起，某净山旅业公司按规定享受西部地区鼓励类产业企业所得税优惠。

2020年10月14日，公司第十一届董事会第六次临时会议审议通过了《关于转让两家全资子公司股权的议案》。公司分别以9,532.54万元、1,872.41万元的价格向贵州梵净山国家级自然保护区管理局转让全资子公司贵州某景区管理有限公司、贵州ST某净山旅游观光车有限公司100%的股权，形成股权转让收益6,277.01万元。

2020年，某净山旅业公司实现总收入21,902.35万元（其中索道收入14,378.12万元、景区开发项目投资收益6,948.10万元、其他及营业外收入576.13万元），利润总额14,930.22万元。

2022年6月贵州省税务系统启动大数据风险分析，某净山旅业公司

2020年度企业所得税申报被纳入"享受西部大开发不符合主营业务收入占比风险指标"（税务系统计算梵净山旅业公司2020年度主营业务收入占比为65.65%，未达到70%）。

2022年12月23日，国家税务总局某县税务局向某净山旅业公司下达《税务事项通知书》，通知某净山旅业公司补缴2020年企业所得税1,493万元并承担相应滞纳金。截至2023年4月8日，某净山旅业公司已完成补缴税款1,493万元及滞纳金433.27万元。

根据国家税务总局某县税务局出具的《关于某净山旅业公司补缴企业所得税的情况说明》，此次补缴税款是因适用税收优惠政策不被税务机关认可造成，不属于企业主观造成的偷税、漏税情况。主管税务部门未对该事项给予处罚。

【风险警示】

税务机关在后续管理中，若对企业主营业务是否属于《西部地区鼓励类产业目录》不能准确判定的，由税务机关提请发展改革等相关部门出具意见，企业不需要自己向相关部门索取证明，但需要留存主营业务属于《西部地区鼓励类产业目录》中的具体项目的相关证明材料。

企业年度汇算清缴时，倘若本年度主营业务收入占企业总收入的比例达不到规定标准的，应按税法规定的税率开展汇算清缴。

【风险名称】

42. 无偿配置也计契税

【风险判断】

1. 国有建设用地使用权出让合同相关条款
2. 银行存款等货币化支付凭证
3. 契税申报表成交价

【政策依据】

1.《中华人民共和国契税法（2020版）》第四条

契税的计税依据：

（一）土地使用权出让、出售，房屋买卖，为土地、房屋权属转移合同确定的成交价格，包括应交付的货币以及实物、其他经济利益对应的价款；

（二）土地使用权互换、房屋互换，为所互换的土地使用权、房屋价格的差额；

（三）土地使用权赠与、房屋赠与以及其他没有价格的转移土地、房屋权属行为，为税务机关参照土地使用权出售、房屋买卖的市场价格依法核定的价格。

纳税人申报的成交价格、互换价格差额明显偏低且无正当理由的，由税务机关依照《中华人民共和国税收征收管理法》的规定核定。

2.《中华人民共和国契税法（2020版）》第九条

契税的纳税义务发生时间，为纳税人签订土地、房屋权属转移合同的当日，或者纳税人取得其他具有土地、房屋权属转移合同性质凭证的当日。

3.《中华人民共和国契税法（2020版）》第十条

纳税人应当在依法办理土地、房屋权属登记手续前申报缴纳契税。

4.《财政部 税务总局关于贯彻实施契税法若干事项执行口径的公告》（财政部 税务总局公告2021年第23号）第二条第五项

土地使用权出让的，计税依据包括土地出让金、土地补偿费、安置补助费、地上附着物和青苗补偿费、征收补偿费、城市基础设施配套费、实物配建房屋等应交付的货币以及实物、其他经济利益对应的价款。

【风险案例】

2013年6月3日，江苏某置业投资股份有限公司（以下简称"公司"）子公司泰兴市某地产有限公司与泰兴市国土资源局签订《国有建设用地使用权出让合同》取得鼓楼北路西侧根思路南侧1、2号地块及鼓楼北路西侧、大庆西路北侧地块土地使用权，同年6月26日公司只按实际支付的土地出让金申报缴纳了契税。

国家税务总局某市税务局认为，公司受让鼓楼北路西侧、根思路南侧1、2号地块及鼓楼北路西侧、大庆西路北侧地块土地使用权共附带无偿配建安置住宅用房102,900平方米，商业用房12,100平方米的行为，按照《江苏省实施〈中华人民共和国契税暂行条例〉办法》第六条的相关规定，应当将这部分交付的实物作为成交价格的一部分，纳入土地契税征收范围，参照《国家税务总局关于以项目换土地等方式承受土地使用权有关契税问题的批复》(国税函〔2002〕1094号)按照纳税义务发生时的市场价格核定计税依据。

同时根据《江苏省实施〈中华人民共和国契税暂行条例〉办法》第十二条及《江苏省地方税务局关于契税纳税期限的公告》(苏地税规〔2015〕3号),契税核定的期限为纳税人依法办理土地、房屋权属证明的时间点,南北地块分别于2015年5月和2016年9月确权,2019年9月接受税务检查,检查人员次月提出应补充申报无偿配建安置住宅用房及商业用房这部分的契税,因公司有异议,一直未申报缴纳。经江苏某信房地产评估咨询有限公司受托评估,以2013年6月3日为基准日,无偿配建安置住宅用房及商业用房评估价合计786,789,629元,应核定征收契税23,603,688.87元,应申报补缴契税23,603,688.87元。

【风险警示】

企业填报的契税纳税申报表,成交价格指的是土地、房屋权属转移合同确定的价格,包括承受者应交付的货币、实物、无形资产或者其他经济利益,这些都应当折算成人民币金额。同时注意对拆迁款的约定。如发生土地出让金的补缴、补偿,应及时进行纳税申报,此外税务机关现已建立与自然资源、住房城乡建设、民政、公安等相关部门交换契税涉税信息共享以及工作配合机制。

【风险名称】

43. 高新收入占比不足60%，取消当年优惠

【风险判断】

1. A107041 高新技术企业优惠情况及明细表本年高新技术产品（服务）收入 = 产品（服务）收入 + 技术性收入

广州某节能技术股份有限公司 总收入占比
- 营业外收入 12.51（0.02%）
- 投资收益 328,65.2（49.38%）
- 利息收入 123.24（0.18%）
- 营业收入 33,556.07（50.42%）

高新收入占比不足60%，取消当年优惠

2. A107041 高新技术企业优惠情况及明细表本年度企业总收入 = 收入总额 – 不征税收入

3. 总收入 = 企业所得税汇算清缴主表 A1000000 表第 1 行营业收入 +A1000000 表第 8 行"公允价值变动收益"+A1000000 表第 11 行"营业外收入"+A105030 表第 1 列投资收益持有收益账载金额合计值 +A105030 表第 4 列投资收益处置收益会计确认的处置收入合计值 +A105000 表第 1 行第 3 列收入类调增金额 –A105000 表第 1 行第 4 列收入类调减金额。

4. 不征税收入为 A105040 专项用途财政性资金纳税调整明细表第 6 行第 3 列

【政策依据】

1.《中华人民共和国企业所得税法（2018版）》第六条

企业以货币形式和非货币形式从各种来源取得的收入，为收入总额。包括：

（一）销售货物收入；

（二）提供劳务收入；

（三）转让财产收入；

（四）股息、红利等权益性投资收益；

（五）利息收入；

（六）租金收入；

（七）特许权使用费收入；

（八）接受捐赠收入；

（九）其他收入。

2.《中华人民共和国企业所得税法（2018版）》第七条

收入总额中的下列收入为不征税收入：

（一）财政拨款；

（二）依法收取并纳入财政管理的行政事业性收费、政府性基金；

（三）国务院规定的其他不征税收入。

3.《中华人民共和国企业所得税法（2018版）》第二十六条

企业的下列收入为免税收入：

（一）国债利息收入；

（二）符合条件的居民企业之间的股息、红利等权益性投资收益；

（三）在中国境内设立机构、场所的非居民企业从居民企业取得与该机构、场所有实际联系的股息、红利等权益性投资收益；

（四）符合条件的非营利组织的收入。

4.《财政部 国家税务总局关于专项用途财政性资金企业所得税处理问题的通知》（财税〔2011〕70号）第一条

企业从县级以上各级人民政府财政部门及其他部门取得的应计入收入总额的财政性资金，凡同时符合以下条件的，可以作为不征税收入，在计算应纳税所得额时从收入总额中减除：

（一）企业能够提供规定资金专项用途的资金拨付文件；

（二）财政部门或其他拨付资金的政府部门对该资金有专门的资金管理办法或具体管理要求；

（三）企业对该资金以及以该资金发生的支出单独进行核算。

【风险案例】

2020年12月9日，广州某节能技术股份有限公司（以下简称"公司"）于获得经广东省科学技术厅、广东省财政厅、国家税务总局广东省税务局联合颁发的"高新技术企业证书"，证书编号为GR202044009163，有效期为三年。

2022年，公司营业收入33,556.07万元、利息收入123.24万元、投资收益32,865.20万元、营业外收入12.51万元，收入总额66,557.03万元，其中营业收入占比50.42%。其中公司将持有的原控股子公司东莞市某绝缘材料有限公司31%的股权进行转让导致公司产生投资收益30,221.73万元。

国家税务总局广州市某区税务局进行2022年度企业所得税汇算清缴申报时，认定的2022年度公司高新技术产品收入占同期总收入的比例未达60%，调整公司2022年企业所得税适用税率为25%，由此计算2022年应缴企业所得税金额为43,243,587.57元。公司已完成2022年度所得税汇算清缴，全额缴纳企业所得税43,243,587.57元。

【风险警示】

企业计算总收入时要注意区分不征税收入与免税收入，其中免税收入不在高新技术企业的总收入剔减范围。同时专项财政性资金的收入确认时间，凡由政府财政部门根据企业销售货物、提供劳务服务的数量、金额的一定比例给予全部或部分资金支付的，应当按照权责发生制原则确认收入。除此情形外，企业取得的各种政府财政支付，如财政补贴、补助、补偿、退税等，应当按照实际取得收入的时间确认收入。在实际操作中，企业应准确把握各类收入的性质和确认时间，以确保财务核算的准确性和合规性。

【风险名称】

44. 维维股份 ZHJ 酒业消费税何时了

【风险判断】

1. 白酒消费税最低计税价格核定申请表第 6 栏销售价格、第 7 栏出厂价格占销售价格比例

2. 企查查或天眼查，查询与白酒生产企业关联的销售（购销）公司

3. 白酒消费税最低计税价格核定申请表第 6 栏销售价格 < 销售（购销）公司同时期销售价格

4. 白酒消费税最低计税价格核定申请表第 4 栏出厂价 < 销售（购销）公司同时期销售价格 ×60%

【政策依据】

1.《白酒消费税最低计税价格核定管理办法》（国税函〔2009〕380 号）第二条

白酒生产企业批发给销售单位的白酒，生产企业消费税计税价格低于销售单位对外销售价格（不含增值税，下同）70% 以下的，税务机关应核定消

费税最低计税价格。

2.《白酒消费税最低计税价格核定管理办法》(国税函〔2009〕380号)第八条

(一)白酒生产企业销售给销售单位的白酒,生产企业消费税计税价格高于销售单位对外销售价格70%(含70%)以上的,税务机关暂不核定消费税最低计税价格。

(二)白酒生产企业销售给销售单位的白酒,生产企业消费税计税价格低于销售单位对外销售价格70%以下的,消费税最低计税价格由税务机关根据生产规模、白酒品牌、利润水平等情况在销售单位对外销售价格50%至70%范围内自行核定。其中生产规模较大,利润水平较高的企业生产的需要核定消费税最低计税价格的白酒,税务机关核价幅度原则上应选择在销售单位对外销售价格60%至70%范围内。

3.《国家税务总局关于进一步加强白酒消费税征收管理工作的通知》(税总函〔2017〕144号)第三条

自2017年5月1日起,白酒消费税最低计税价格核定比例由50%至70%统一调整为60%。已核定最低计税价格的白酒,税务机关应按照调整后的比例重新核定。

4.《国家税务总局关于白酒消费税最低计税价格核定问题的公告》(国家税务总局公告2015年第37号)第一条

自2016年6月1日起,纳税人将委托加工收回的白酒销售给销售单位,消费税计税价格低于销售单位对外销售价格(不含增值税)70%以下,属于《中华人民共和国消费税暂行条例》第十条规定的情形,应该按照《国家税务总局关于加强白酒消费税征收管理的通知》(国税函〔2009〕380号)规定的核价办法,核定消费税最低计税价格。

【风险案例】

2020年1月31日,WW食品饮料股份有限公司(以下简称"公司")披露，公司经进一步取证和对税法的进一步理解，认为湖北 ZHJ 酒业股份有限公司原先的消费税计税核价依据是一级公司的销售价格，以终端销售公司 ZHJ 某商贸有限公司（系 ZHJ 酒业的全资子公司）的销售收入作为计税依据重新计算查补消费。经自查，ZHJ 酒业未缴纳税款具体情况如下：

2015 年消费税和附加税费 114,425,298.62 元，2016 年消费税和附加税费 78,640,834.57 元，2017 年消费税、附加税费和滞纳金 680,259.44 元，2018 年消费税、附加税费和滞纳金 1,863,145.63 元，合计 195,609,538.26 元。

2024 年 6 月 13 日，根据《税务事项通知书》，截至 2024 年 6 月 4 日，湖北 ZHJ 酒业股份有限公司未按规定的申报期限对 1994 年 1 月 1 日至 2009 年 10 月 31 日的消费税进行纳税申报，国家税务总局 ZHJ 市税务局开发区税务分局根据调查核实结果，核定 ZHJ 酒业 1994 年 1 月 1 日至 2009 年 10 月 31 日的应纳税消费税 78,352,936.01 元、城市维护建设税 5,127,747.58 元，教育费附加 1,522,182.14 元，合计 85,002,865.73 元。

【风险警示】

白酒生产企业通常会采取压低白酒出厂价格或设立多层具有关联关系的销售（购销）公司方式，低价销售给销售（购销）公司，销售（购销）公司再以高价对外销售，实行商业返利，减少消费税的计税依据，逃避生产环节消费税。

白酒生产企业应以最终端的销售（购销）公司对外销售价格为依据，制定出厂价格。此外，对于已核定最低计税价格的白酒，生产企业实际销售价格高于消费税最低计税价格的，按实际销售价格申报纳税；实际销售价格低于消费税最低计税价格的，按最低计税价格申报纳税。同时白酒生产企业不论采取何种方式或以何种名义收取的品牌使用费价款，均应并入白酒的销售额中缴纳消费税。品牌持有方同其品牌生产（销售）单位存在股权控制关系，如基于后者销售品牌白酒向社会经销商收取的品牌使用费，需并入生产企业白酒销售额或列入其白酒核价计算依据。

【风险名称】

45. 耕地占用税滞纳金超过税款

【风险判断】

1. 在建工程项目明细与取得的建筑安装发票备注栏工程项目信息与耕地占用税纳税申报表申报计税信息"占地位置"不一致

2. 耕地占用税纳税申报表未批先占选项为空

【政策依据】

1.《中华人民共和国耕地占用税法（2018版）》第二条

在中华人民共和国境内占用耕地建设建筑物、构筑物或者从事非农业建设的单位和个人，为耕地占用税的纳税人，应当依照本法规定缴纳耕地占用税。

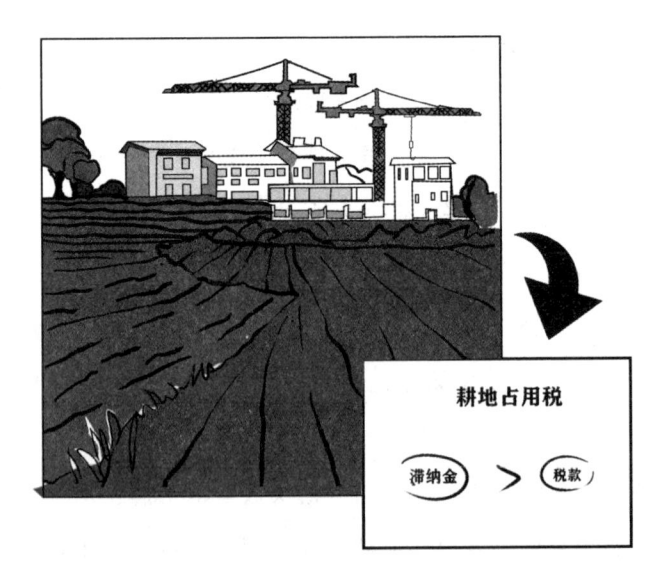

占用耕地建设农田水利设施的，不缴纳耕地占用税。

本法所称耕地，是指用于种植农作物的土地。

2.《中华人民共和国耕地占用税法（2018版）》第三条

耕地占用税以纳税人实际占用的耕地面积为计税依据，按照规定的适用税额一次性征收，应纳税额为纳税人实际占用的耕地面积（平方米）乘以适用税额。

3.《中华人民共和国耕地占用税法（2018版）》第十条

耕地占用税的纳税义务发生时间为纳税人收到自然资源主管部门办理占用耕地手续的书面通知的当日。纳税人应当自纳税义务发生之日起三十日内申报缴纳耕地占用税。

自然资源主管部门凭耕地占用税完税凭证或者免税凭证和其他有关文件发放建设用地批准书。

【风险案例】

2017年10月31日，河南某物流股份有限公司（以下简称"公司"）披露，为充分利用自有土地（舞国用〔2015〕第358号、舞国用〔2015〕第360号），经公司决策并经舞阳县相关主管部门批准，于2017年2月5日开工建设河南某物流股份有限公司5#标准化仓库，2017年5月20日竣工。2017年9月18日公司5#标准化仓库通过舞阳县住房和城乡规划建设局的竣工验收。近期公司在办理5#标准化仓库不动产权证中，根据《不动产登记暂行条例》及相关规范性文件的规定，需要补缴土地使用权的耕地占用税1,102,363.02元，滞纳金1,262,756.84元。前述相关款项已缴纳完毕。

【风险警示】

各级税务机关已与相关部门建立耕地占用税涉税信息共享机制，重点推动落实好"先税后证"要求，完善源头管控机制。

企业经批准占用应税土地的，需资料留存备查的材料：农用地转用审批文件复印件、临时占用耕地批准文件复印件，上述资料如是通过政府信息共享获取的，需要提供上述材料的名称、文号、编码等信息供查询验证，不必再提交材料复印件。

极易引发风险的是"未批先用"应税土地，其纳税义务发生时间为自然资源主管部门认定其实际占地的当日；因挖损、采矿塌陷、轧占、污染等损毁耕地的纳税义务发生时间为自然资源、农业农村等相关部门认定损毁耕地的当日。而相关部门认定具有滞后性，企业在提供实际占地的相关证明材料复印件的同时，在不满足办证的情况下，应主动申报耕地占用税，换句话说，即使企业不能提供实际占地的证明材料，也应主动申报耕地占用税。

【风险名称】

46. 免抵勿忘城建税和教育费附加

【风险判断】

当月城建税和教育费附加计税依据《当月增值税一般纳税人申报表》第24栏"应纳税额合计"与免抵退税申报汇总表第19栏免抵税额之和

【政策依据】

1.《财政部 国家税务总局关于生产企业出口货物实行免抵退税办法后有关城市维护建设税教育费附加政策的通知》（财税〔2005〕25号）第一条

自2005年1月1日起，经国家税务总局正式审核批准的当期免抵的增值税税额应纳入城市维护建设税和教育费附加的计征范围，分别按规定的税（费）率征收城市维护建设税和教育费附加。

2.《国务院关于统一内外资企业和个人城市维护建设税和教育费附加制

度的通知》(国发〔2010〕35号)

自2010年12月1日起,外商投资企业、外国企业及外籍个人,适用国务院1985年发布的《中华人民共和国城市维护建设税暂行条例》和1986年发布的《征收教育费附加的暂行规定》。1985年及1986年以来国务院及国务院财税主管部门发布的有关城市维护建设税和教育费附加的法规、规章、政策,同时适用于外商投资企业、外国企业及外籍个人。

3.《财政部 国家税务总局关于对外资企业征收城市维护建设税和教育费附加有关问题的通知》(财税〔2010〕103号)

对外资企业2010年12月1日(含)之后发生纳税义务的增值税、消费税、营业税(以下简称"三税")征收城市维护建设税和教育费附加;对外资企业2010年12月1日之前发生纳税义务的"三税",不征收城市维护建设税和教育费附加。

4.《财政部 国家税务总局关于城市维护建设税计税依据确定办法等事项的公告》(财政部 税务总局公告2021年第28号)第一条

自2021年9月1日起,城市维护建设税以纳税人依法实际缴纳的增值税、消费税税额(以下简称两税税额)为计税依据。

依法实际缴纳的两税税额,是指纳税人依照增值税、消费税相关法律法规和税收政策规定计算的应当缴纳的两税税额(不含因进口货物或境外单位和个人向境内销售劳务、服务、无形资产缴纳的两税税额),加上增值税免抵税额,扣除直接减免的两税税额和期末留抵退税退还的增值税税额后的金额。

直接减免的两税税额,是指依照增值税、消费税相关法律法规和税收政策规定,直接减征或免征的两税税额,不包括实行先征后返、先征后退、即征即退办法退还的两税税额。

【风险案例】

宁波某汽车部件股份有限公司全子公司湖北某科技有限公司(2014年11

月以前为中外合资企业），主要产品为汽车轮毂轴承单元，主要以出口业务为主，享受出口免抵退税相关政策。自查发现 2011 年至 2018 年期间，未规范计提缴纳城市维护建设税 17,277,685.39 元、教育费附加 7,404,722.29 元，滞纳金 9,900,116.19 元，共计 34,582,523.87 元。截至 2019 年 2 月 15 日，所有应缴税款及滞纳金已全部缴清。

2019 年 1 月 19 日，中国某航空科技股份有限公司披露，根据有关地方税务规定对公司自 2005 年以来的出口退税业务的缴税情况进行自查补缴。经核查，累计免抵增值税部分未缴纳的城市维护建设税 27,323,345.35 元、教育费附加 11,710,005.15 元、地方教育附加 6,291,849.21 元，滞纳金 20,793,213.78 元，共计 66,118,413.49 元。

【风险警示】

出口企业应当每月依据退税税务机关已审批确认的当期《生产企业出口货物免抵退税申报汇总表》中所列的免抵税额，来确定参与城建税与教育费附加计税依据。需注意：依法实际缴纳的增值税税额，是指纳税人依照增值税相关法律法规和税收政策规定计算应当缴纳的增值税税额，加上增值税免抵税额，扣除直接减免的增值税税额和期末留抵退税退还的增值税税额后的金额。

外资企业对于自所属期 2010 年 12 月起的免抵税额，应纳入计算城建税与教育费附加计税依据。

【风险名称】

47. 捐赠不是都要缴企业所得税

【风险判断】

1. 查阅划入（捐赠）协议，并核对协议签订对应时期的营业外收入与股本（实收资本）和资本公积科目
2. 划入（捐赠）资产公允价值佐证资料

【政策依据】

1.《中华人民共和国企业所得税法实施条例（2019版）》第二十一条

企业所得税法第六条第（八）项所称接受捐赠收入，是指企业接受的来自其他企业、组织或者个人无偿给予的货币性资产、非货币性资产。

接受捐赠收入，按照实际收到捐赠资产的日期确认收入的实现。

2.《国家税务总局关于企业所得税应纳税所得额若干问题的公告》(国

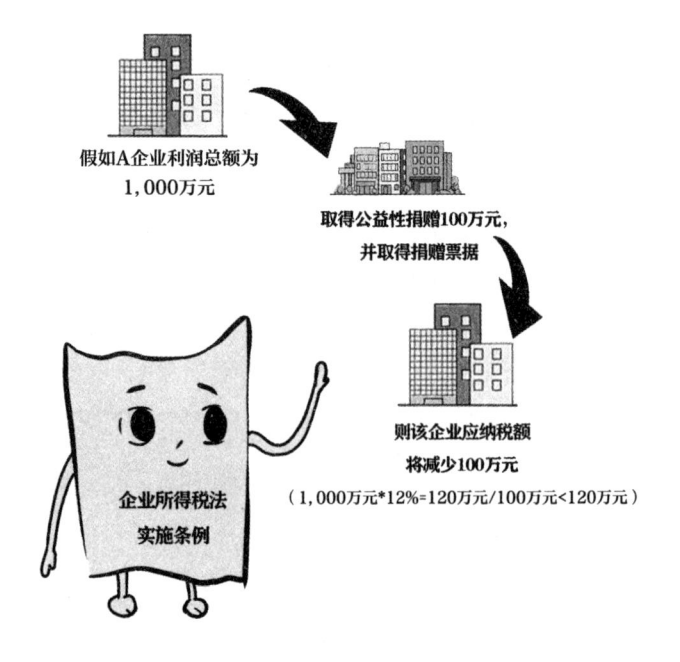

假如A企业利润总额为 1,000万元

取得公益性捐赠100万元，并取得捐赠票据

则该企业应纳税额将减少100万元

（1,000万元*12%=120万元/100万元<120万元）

企业所得税法实施条例

家税务总局公告2014年第29号）第二条

企业接收股东划入资产的企业所得税处理

（一）企业接收股东划入资产（包括股东赠予资产、上市公司在股权分置改革过程中接收原非流通股股东和新非流通股股东赠予的资产、股东放弃本企业的股权，下同），凡合同、协议约定作为资本金（包括资本公积）且在会计上已做实际处理的，不计入企业的收入总额，企业应按公允价值确定该项资产的计税基础。

（二）企业接收股东划入资产，凡作为收入处理的，应按公允价值计入收入总额，计算缴纳企业所得税，同时按公允价值确定该项资产的计税基础。

【风险案例】

2024年1月2日，深圳市某光电股份有限公司（以下简称"公司"）披露，公司于2023年12月28日收到国家税务总局深圳市税务局某稽查局（以下简称"深圳税务局"）发来的《税务处理决定书》（深税四稽处〔2023〕1137号），深圳税务局对公司2017年1月1日至2022年12月31日的涉税情况进行了检查，追缴公司少缴的企业所得税19,794,965.67元，从滞纳税款之日起，按日加收滞纳税款万分之五的滞纳金。

为支持和推动公司的长远发展，经与控股股东广东某投资有限公司协商，拟向公司进行现金捐赠，金额为4,000万元，公司无须支付对价，亦不附有任何义务。该笔捐赠资金主要用途为由公司补缴以前年度企业所得税及滞纳金，受赠现金入账后将计入资本公积。

2023年12月，公司收到第一笔捐赠款2,000万元，增加2023年度资本公积2,000万元。2024年1月3日缴纳上述企业所得税19,794,965.6元。2024年1月，公司收到第二笔捐赠款2,000万元，增加2024年度资本公积2,000万元。

【风险警示】

划出与接受划转方的企业,需要确保划出(入)资产的价值是公允价值,且在取得资产的当期在会计上进行恰当处理。若合同协议约定划入的资产作为资本金,且会计上也按照资本金实际处理,那么该划入的资产不计入收入总额,税务上也不做征税收入处理。然而,如果企业在会计上对划入资产做收入处理,或者未进行会计处理,税务上均应将其作为征税收入处理。

【风险名称】

48. 判断企业所得税地方分享优惠

【风险判断】

1.A100000 中华人民共和国企业所得税年度纳税申报表（A类）第37栏"民族自治地区企业所得税地方分享部分：（□ 免征 □ 减征：减征幅度 %）" >0

2.各民族自治地方人民政府制定的优惠政策

【政策依据】

《中华人民共和国企业所得税法》第二十九条

民族自治地方的自治机关对本民族自治地方的企业应缴纳的企业所得税中属于地方分享的部分，可以决定减征或者免征。自治州、自治县决定减征或者免征的，须报省、自治区、直辖市人民政府批准。

> 判断企业所得税地方分享优惠需要综合考虑政策针对性、税率优惠、税收优惠种类、地区差异以及政策的稳定性和连续性等因素

> 咋判断企业所得税地方分享优惠啊

【风险案例】

2024年4月8日，HL证券股份有限公司（以下简称"公司"）披露，近日收到国家税务总局某市税务局稽查局（以下简称"某市税务局稽查局"）发来的《税务处理决定书》（拉税稽处〔2024〕9号）。某市税务局稽查局对公司2018年1月1日至2023年12月31日涉税情况进行了检查，认为公司对税收政策的适用条件理解有偏差，2018年至2021年期间享受了企业所得税地方分享部分免征税额的优惠政策。公司应当补缴2018年至2021年期间的企业所得29,323,187.10元。公司初步测算，约为1,800万元，具体金额将以入库时金山系统自动生成为准。

根据《西藏自治区人民政府关于印发西藏自治区招商引资优惠政策若干规定（试行）的通知》（藏政发〔2018〕25号，现已废止）第六条第二款、《西藏自治区人民政府关于印发西藏自治区招商引资优惠政策若干规定的通知》（藏政发〔2021〕9号）第六条第二款，2018年1月1日至2021年12月31日，符合特定条件的企业，免征企业所得税地方分享部分。

这里的"特定条件"，具体包括从事特色优势农林牧产品生产、加工的企业或项目，符合条件的巩固脱贫攻坚成果企业或项目——藏政发〔2018〕25号文件的表述为"符合条件的扶贫企业或项目"，生产经营民族手工产品、具有民族特色的旅游纪念品及民族习俗生产生活用品的企业或项目，从事新型建筑材料生产和装配式建筑产业的企业或项目，符合条件的创新创业的企业或项目，符合国家环境保护要求的污水处理、垃圾利用、再生资源回收的企业或项目等。

2018年至2021年，公司发生扶贫捐赠行为，先后自行判断其为"符合条件的扶贫企业或项目"和"符合条件的巩固脱贫攻坚成果企业或项目"，并适用了免征企业所得税地方分享部分的政策。但是，根据相关部门的释义，"符合条件的扶贫企业或项目""符合条件的巩固脱贫攻坚成果企业或项目"中的"企业"，指的是开业设立目的为扶贫，且其主营业务收入的60%

是因开展扶贫相关项目而取得的企业;"项目"则指的是每一年度各级乡村振兴局申报的扶贫项目,或列入当年度《巩固拓展脱贫攻坚成果和乡村振兴项目库》中的项目。

经过详细比对,公司发生的扶贫捐赠行为不属于"符合条件的扶贫企业或项目"和"符合条件的巩固脱贫攻坚成果企业或项目",因此不能适用免征企业所得税地方分享部分的政策。

【风险警示】

实践中,各民族自治地方人民政府会根据区域的实际情况,在规定范围内出台税收、金融和土地等方面的优惠政策,不同类型的地方规范性文件由政府不同部门对适用细则进行释义。我国税收优惠基本上由纳税人自行判定、自行享受,企业在享受税收优惠前,要仔细研究相关政策,掌握政策适用要点,准确判断企业是否符合政策适用条件,留存相关证明材料,避免出现应享未享或误享优惠的情况。如果判定不清时,企业应提前与主管税务机关沟通,合法合规地享受税收优惠政策。

【风险名称】

49. 业绩补偿款全额征收企业所得税

【风险判断】

1. 查阅业绩补偿有关协议，并核对协议签订对应时期的营业外收入与股本（实收资本）和资本公积科目
2. 查阅会计科目更正记录

【政策依据】

《中华人民共和国企业所得税法实施条例（2019版）》第二十二条

企业所得税法第六条第（九）项所称其他收入，是指企业取得的除企业所得税法第六条第（一）项至第（八）项规定的收入外的其他收入，包括企业资产溢余收入、逾期未退包装物押金收入、确实无法偿付的应付款项、已作坏账损失处理后又收回的应收款项、债务重

组收入、补贴收入、违约金收入、汇兑收益等。

【风险案例】

2017年6月22日，STE动力股份有限公司（以下简称"公司"）收到湖北公安县税务局某一分局《税务事项通知书》（公地一税通〔2017〕12号）。

2015年度公司取得控股股东山东某钢结构有限公司155,934,308.25元业绩补偿款，公安县税务局某一分局要求公司补缴2014年度企业所得税款18,278,476.61元及相应滞纳金。基于程序优于实体原则，公司于2017年6月27日全额缴纳以前年度企业所得税税款18,278,476.61元及相应滞纳金3,582,581.42元，共计21,861,058.03元。

公司曾于2015年度将上述业绩补偿款全额计入"营业外收入"，监管部门认为支付补偿款属于控股股东捐赠行为，不应确认收入。根据监管部门指示，公司最终将业绩补偿款调整计入"资本公积"，事项性质和会计处理延续至今。此次，公安县税务局某一分局要求公司就收取控股股东补偿款事项补缴企业所得税，公司表示存在较大异议，正积极与政府机关、监管部门、中介机构等开展沟通，并拟申请税务行政复议。

【风险警示】

企业在无法达成业绩标准的情况下，约定将差额部分划入资产以对企业进行补偿，此补偿直接被表述为资本性投入，计入资本公积，不计入收入总额。

【风险名称】

50. 付汇未及时备案，补税

【风险判断】

1. 服务贸易等项目对外支付税务备案表中合同名称、金额与执行期限
2. 对外支付合同协议或付汇记录
3. 完税证明

【政策依据】

1.《国家税务总局 国家外汇管理局关于服务贸易等项目对外支付税务备案有关问题的公告》《国家税务总局公告2013年第40号》第一条

境内机构和个人向境外单笔支付等值5万美元以上（不含等值5万美元，下同）下列外汇资金，除本公告第三条规定的情形外，均应向所在地主管税务机关进行备案：（一）境外机构或个人从境内获得的包括运输、旅游、通信、建筑安装及劳务承包、保险服务、金融服务、计算机和信息服务、专有权利使用和特许、体育文化和娱乐服务、其他

商业服务、政府服务等服务贸易收入；

（二）[条款废止]境外个人在境内的工作报酬，境外机构或个人从境内获得的股息、红利、利润、直接债务利息、担保费以及非资本转移的捐赠、赔偿、税收、偶然性所得等收益和经常转移收入；

（三）境外机构或个人从境内获得的融资租赁租金、不动产的转让收入、股权转让所得以及外国投资者其他合法所得。

外国投资者以境内直接投资合法所得在境内再投资单笔5万美元以上的，应按照本规定进行税务备案。

2.《国家税务总局 国家外汇管理局关于服务贸易等项目对外支付税务备案有关问题的补充公告》（国家税务总局 国家外汇管理局公告2021年第19号）第一条

境内机构和个人（以下称备案人）对同一笔合同需要多次对外支付的，仅需在首次付汇前办理税务备案。

3.《中华人民共和国企业所得税（2018版）》第三条第三款

非居民企业在中国境内未设立机构、场所的，或者虽设立机构、场所但取得的所得与其所设机构、场所没有实际联系的，应当就其来源于中国境内的所得缴纳企业所得税。

4.《中华人民共和国企业所得税（2018版）》第三十七条

对非居民企业取得本法第三条第三款规定的所得应缴纳的所得税，实行源泉扣缴，以支付人为扣缴义务人。税款由扣缴义务人在每次支付或者到期应支付时，从支付或者到期应支付的款项中扣缴。

5.《财政部 税务总局关于全面推开营业税改征增值税试点的通知》（财税〔2016〕36号）第二十条

境外单位或者个人在境内发生应税行为，在境内未设有经营机构的，扣缴义务人按照下列公式计算应扣缴税额：

应扣缴税额 = 购买方支付的价款 ÷（1+税率）× 税率

【风险案例】

ZXHY直升机股份有限公司控股子公司HZ通用航空有限责任公司（以下简称"HZ通航"）自2013年11月成立起（注：北京市自2012年9月1日开始营改增试点），为满足市场需求，每年自韩国租赁两架KA32直升机用于国内航空护林市场；自香港租赁两架AS350B3直升机用于国内电力巡线作业。

HZ通航通过报关公司办理海关报关入境手续，向海关缴纳2%的关税和17%的增值税，租金折算成人民币支付给报关公司，再由报关公司从中国银行购汇后付款出境。2017年12月银行方面提出汇出外币需要税务部门备案，为此报关公司与管辖税务所进行联系和沟通，税务部门答复租赁国外直升机涉及特许权使用费所得，需要按韩国10%、中国香港7%从源泉地补缴所得税，后续又通知需同时再缴纳17%的增值税后才能完成税务备案，并要求自成立之日起进行补缴。

目前经与税务部门确认需要源泉代扣代缴企业所得税1,147万元、增值税2,051万元、增值税附加205万元、滞纳金1,316万元，四项金额总计4,719万元，其中韩国租赁的KA32直升机需要缴纳代扣代缴企业所得税1,000万元、增值税1,700万元和滞纳金1,061万元，三项金额共计3,761万元已于2018年1月25日缴纳完毕。

【风险警示】

企业在已建立的各种风险控制体系中，不能唯独缺少税收风险防控体系，一定要建立一套行之有效的风险"防火墙"。尤其是应该建立有针对性的税收风险管理制度，设立税收管理机构及聘请专业服务机构，建立有效的内部组织架构及税务涉税信息管理规范，安排专门的部门（人）负责企业税务事项，定期进行全球税务诊断，识别、监控、应对风险，持续关注经营所在地税法及法规的出台、更新、影响及适用。在发生重大涉税事项时，可通过专门部门（人）与聘请的专业服务机构和税务机关保持积极良好的沟通。

【风险名称】

51. 国际情报交换，虚报境外投资损失显身

【风险判断】

1.A100000 中华人民共和国企业所得税年度纳税申报表（A类）第9行投资收益 <0

2.A105090 资产损失税前扣除及纳税调整明细表第24行股权转让损失的资产损失的税收金额 <0

3.长期股权投资贷方处置明细与股权投资成本明细相比较，明显偏低

【政策依据】

1.《财政部 国家税务总局关于企业资产损失税前扣除政策的通知》（财税〔2009〕57号）第一条

本通知所称资产损失，是指企业在生产经营活动中实际发生的、与取得应税收入有关的资产损失，包括现金损失，存款损失，坏账损失，贷款损失，股权投资损失，固定资产和存货的盘亏、毁损、报废、被

盗损失，自然灾害等不可抗因素造成的损失以及其他损失。

2.《财政部 国家税务总局关于企业资产损失税前扣除政策的通知》（财税〔2009〕57号）第一条

企业的股权投资符合下列条件之一的，减除可收回金额后确认的无法收回的股权投资，可以作为股权投资损失在计算应纳税所得额时扣除：

（一）被投资方依法宣告破产、关闭、解散、被撤销，或者被依法注销、吊销营业执照的；

（二）被投资方财务状况严重恶化，累计发生巨额亏损，已连续停止经营3年以上，且无重新恢复经营改组计划的；

（三）对被投资方不具有控制权，投资期限届满或者投资期限已超过10年，且被投资单位因连续3年经营亏损导致资不抵债的；

（四）被投资方财务状况严重恶化，累计发生巨额亏损，已完成清算或清算期超过3年的；

（五）国务院财政、税务主管部门规定的其他条件。

3.《企业资产损失所得税税前扣除管理办法》（国家税务总局公告2011年第25号）第四十一条

企业股权投资损失应依据以下相关证据材料确认：

（一）股权投资计税基础证明材料；

（二）被投资企业破产公告、破产清偿文件；

（三）工商行政管理部门注销、吊销被投资单位营业执照文件；

（四）政府有关部门对被投资单位的行政处理决定文件；

（五）被投资企业终止经营、停止交易的法律或其他证明文件；

（六）被投资企业资产处置方案、成交及入账材料；

（七）企业法定代表人、主要负责人和财务负责人签章证实有关投资（权益）性损失的书面申明；

（八）会计核算资料等其他相关证据材料。

【风险案例】

2012年11月28日，新疆某房地产开发有限公司经商务部批准，在美国成立全资子公司Hope Star LLC（以下简称"HS公司"），2013年至2016年通过银行向HS汇出投资款合计700万美元，拥有HS公司100%的股权。

2016年12月10日，将HS 40%的股份转让给Package Butler Corp（以下简称PBC公司），转让价格100万美元；2018年11月5日将持有HS公司60%的股权转让给PBC公司，转让价格75万美元。将625万美元（700-75=625万美元），人民币40,221,820.00元，作为股权性投资损失计入2018年税前扣除项目进行扣除，填报的股权（权益）性投资损失（专项申报）税前扣除明细表显示：被投资单位净资产为8,096,179.68元。

国家税务总局某市税务局稽查局通过专项情报交换后美国税务部门回复的资料显示：HS公司2016年至2018年资产负债表数据显示，2016年权益合计8,608,572.54美元，2017年权益合计8,843,217.77美元，2018年权益合计8,008,805.86美元，初始投资为7,000,000.00美元，证实股权转让时HS公司并未发生损失。2023年11月，再次向税务总局提请情报交换，通过美国回函反馈，HS公司在2016年、2018年股权转让未完成，HS公司未发生股权转让，不存在股权转让损失在企业所得税前扣除问题。新疆某博房地产开发有限公司2018年度未发生股权转让损失的投资收益-40,221,820.00元不予税前扣除，应予以调增应纳税所得额，经计算，2018年应纳税所得额调整为41,987,654.38元，应纳税额为10,496,913.60元，应补缴企业所得税10,055,455.00元，处少缴税款10,055,455.00元百分之五十的罚款，即5,027,727.50元。

【风险警示】

在经济全球化大背景下，尽管境外股权投资损失真实性的判断较为困难，但税务部门可以利用国际税收情报交换获取纳税人境外交易、收入、纳税或资产信息。其主要目的，通过国际税收情报交换，加强跨境税源监管，帮助税务部门获得纳税人境外交易、收入、纳税和经营状况等信息，形成监管合力，提醒企业不要侥幸通过虚构境外交易偷逃国内税收。目前，国家税务总局已与106个国家和地区开展金融账户涉税信息自动交换。

国际税收情报交换类型包括专项情报交换、自动情报交换、自发情报交换以及同期税务检查、授权代表访问和行业范围情报交换等。其中：专项情报交换，是指缔约国一方主管当局就国内某一税务案件提出具体问题，并依据税收协定请求缔约国另一方主管当局提供相关情报，协助查证的行为。包括：获取、查证或核实公司或个人居民身份，收取或支付价款、费用，转让财产或提供财产的使用等与纳税有关的情况、资料、凭证等。《国际税收情报交换工作规程》第十三条规定，我国从缔约国主管当局获取的税收情报可以作为税收执法行为的依据，并可以在诉讼程序中出示。

企业发生境外股权投资损失时，应根据2011年25号公告的规定取得充分的境外投资损失的真实佐证资料，如所在国或者地区法院的判决书、所在国或者地区主管税务机关的批复、境外股权处置方案、境外股权评估/估值报告、境外投资前国内商务等部门的批复等外部资料。若成交价格明显偏低且无正当理由的，即使成交价格真实，税务机关有权核定应纳税额。如果买卖双方为关联方，交易不符合按独立交易原则，此时无论理由正当或不正当，税务机关有权要求按独立交易原则。

【风险名称】

52.ETC通行费不可乱抵扣

【风险判断】

1.《增值税纳税申报表(一般纳税人适用)》附列资料(二)第八栏份数>50

2.通行费电子发票存在大量"同一行程多个购买方""同一行程一蓝一红"等记录

【政策依据】

1.《中华人民共和国增值税暂行条例(2017版)》第九条

纳税人购进货物或者应税劳务,取得的增值税扣税凭证不符合法律、行政法规或者国务院税务主管部门有关规定的,其进项税额不得从销项税额中抵扣。

2.《国家税务总局关于增值税发票开

具有关问题的公告》(国家税务总局公告 2017 年第 16 号)第二条

销售方开具增值税发票时,发票内容应按照实际销售情况如实开具,不得根据购买方要求填开与实际交易不符的内容。销售方开具发票时,通过销售平台系统与增值税发票税控系统后台对接,导入相关信息开票的,系统导入的开票数据内容应与实际交易相符,如不相符应及时修改完善销售平台系统。

【风险案例】

潍坊某物流有限公司,2021 年至 2022 年自有车辆 17 辆,包括 6 辆重型普通半挂车、11 辆重型半挂牵引车;租赁车辆 3 辆。2021 年在凭证上记载了 12,539 份通行费电子发票,抵扣增值税进项税额 124,604.76 元,其中 2021 年 1 月 15,764.82 元、3 月 15,438.34 元、6 月 19,178.81 元、10 月 19,241.58 元、11 月 2,144.48 元、12 月 52,836.73 元;2022 年在凭证上记载了 521 份通行费电子发票,抵扣增值税进项税额 4,593.54 元,其中 2022 年 1 月 3,607.99 元、3 月 780.51 元、4 月 109.92 元、5 月 95.12 元。通过税收大数据平台发票明细查询,这些通行费发票所记载的是黑龙江、河北、陕西、广东等地车牌号,车辆信息与公司所拥有、租赁的车辆完全不符,且账簿上所记载的现金支付过路费的情况不真实,定性为偷税,应补缴 2021 年增值税 124,604.76 元,2022 年增值税 4,593.54 元,并处少缴税款 50% 的罚款,罚款 75,339.79 元。

【风险警示】

ETC 充值卡充值时取得的发票只能视同预付款收据,企业应据此计入其他应收款,而不能计入费用,更不能计算抵扣,在实际消费后,开具实际消费的清单及相关的发票,结合充值时取得的发票,进行费用列支以及进项税额的抵扣。

企业通过上下游发票备注栏的车辆信息和路程信息与"票根网"底层数据记录进行比对，未找到下游发票备注栏中的车牌号码在"票根网"底层数据记录中出现，可判断企业抵扣的ETC通行费发票不属于实际运输车辆；如"车辆通行时间起止"和发票开具时间间隔比较大，不符合正常的经营规律，也可判断ETC通行费发票取得存在问题。实际上ETC通行费发票如是驾驶员提供的，其MAC地址和IP地址是比较分散的，开具时间段也是比较分散的，不会来源于同一或多个相同的MAC地址和IP地址，开票时间也不会多为晚8点至凌晨2点左右。

【风险名称】

53. 自己的监控佐证自己偷税

【风险判断】

运输油品车辆信息

【政策依据】

1.《中华人民共和国增值税暂行条例（2017版）》第十九条

销售货物或者应税劳务的增值税纳税义务发生时间，为收讫销售款项或者取得索取销售款项凭据的当天，增值税扣缴义务发生时间为纳税人增值税纳税义务发生的当天。

2.《成品油零售加油站增值税征收管理办法》（国家税务总局令第2号）第五条

加油站无论以何种结算方式［如收取现金、支票、汇票、加油凭证（簿）、加油卡等］收取售油款，均应征收增值税。加油站销售成品油必须按不同品种分别核算，准确计算应税销售额。加油站以收取加油凭证（簿）、加油卡方式销售成品油，不得向用户开具增值税专用发票。

3.《成品油零售加油站增值税征收管理办法》（国家税务总局令第2号）第十二条

发售加油卡、加油凭证销售成品油的纳税人（以下简称"预售单位"）在售卖加油卡、加油凭证时，应按预收账款方法作相关账务处理，不征收增值税。预售单位在发售加油卡或加油凭证时可开具普通发票，如购油单位要求开具增值税专用发票，待用户凭卡或加油凭证加油后，根据加油卡或加油凭证回笼记录，向购油单位开具增值税专用发票。接受加油卡或加油凭证销售成品油的单位与预售单位结算油款时，接受加油卡或加油凭证销售成品油的单位根据实际结算的油款向预售单位开具增值税专用发票。

4.《中华人民共和国增值税法》（中华人民共和国主席令第四十一号）第二十八条

增值税纳税义务发生时间，按照下列规定确定：

（一）发生应税交易，纳税义务发生时间为收讫销售款项或者取得销售款项索取凭据的当日；先开具发票的，为开具发票的当日。

（二）发生视同应税交易，纳税义务发生时间为完成视同应税交易的当日。

（三）进口货物，纳税义务发生时间为货物报关进口的当日。

增值税扣缴义务发生时间为纳税人增值税纳税义务发生的当日。

【风险案例】

河北省枣强县某加油站（普通合伙），通过加油站的视频监控录像存储系统（只有7天存储量），发现两辆运油车（辽HM9350、冀DR6520），经车辆所属的物流公司取证：辽HM9350自2020年7月7日开始由李德实际承运，冀DR6520自2019年11月1日开始由李德自行负责运营。因运油车辆为危险化学品运输车辆，运输的柴油、汽油等危险品，省交通厅要求必须满载运输。因此，检查组到车辆所属物流公司导出相关的电子运单，筛选出收货方名称均为枣强县某加油站的运单，结合运油车运输轨迹的调查，冀DR6520车辆2021年3月至2022年11月共运送柴油3,597吨，辽HM9350车辆2021年3月至2022年11月共运送柴油9,975.57吨。两辆运油车2021年3月至2022年11月共计运油13,572.57吨。

由于加油站的实际控制人在检查过程中未提供相关资料，未提供检查年度内油品的销售单价，检查人员按照加油站同期销项发票的平均单价计算同期销售额。经计算，未申报销售收入74,950,908.68元，未申报缴纳相关税款12,036,079.04元，其中：增值税9,743,618.11元、城市维护建设税487,180.95元、个人所得税1,779,871.67元、印花税25,408.31元。

【风险警示】

加油站采用两头不入账的手法进行体外循环偷税。即企业采购原材料，实现销售收入均不入账，由于内外账相互独立，从表面上看账实相符，不易察觉企业税收负担异常的情况，但运输油品车辆信息具有可追溯性。对使用微信（财付通）、小精灵App第三方收款平台与私人二维码收款的收入和通过第三方渠道售油，如团油、滴滴加油、货车帮、帮油网等平台销售油的收入，均应如实进行申报纳税（不得按平台扣除手续费后返回的金额确认收入）。建立健全成品油购销存明细台账，并制定日常监管制度，定期核查台账数据与实际库存的一致性。

发生购入的纸巾纸抽、矿泉水、大米、白面等打折促销、满减优惠等销售折扣行为时，要注意将销售额和折扣额在同一张发票上的"金额"栏分别注明，未在同一张发票"金额"栏注明折扣额，而仅在发票的"备注"栏注明折扣额的，折扣额不得从销售额中减除。

切勿后台设置参数对加油数据进行筛选拦截；篡改加油机主板芯片、安装作弊软件；擅自改动、拆装税控设备隐匿收入，否则会触犯破坏计算机系统罪与逃避缴纳税款罪。

【风险名称】

54. 跨境电商出口应税货物

【风险判断】

1.电子税务局：我要查询——一户式查询—出口退税相关信息查询—出口文库查询，特殊商品标识显示"禁止出口或出口不退税"

2.离线版出口退税申报系统：系统维护—代码维护—海关商品码，查询出该货物，查看"特殊商品标识"为征税

【政策依据】

1.《财政部 国家税务总局关于出口货物劳务增值税和消费税政策的通知》(财税〔2012〕39号) 第七条第一项

出口企业出口或视同出口财政部和国家税务总局根据国务院决定明确的取消出口退（免）税的货物 [不包括来料加工复出口货物、中标机电产品、列名原材料、输入特殊区域的水电气、海洋工程结构物]。

2.《中华人民共和国增值税暂行条例（2017版）》第十九条

销售货物或者应税劳务,为收讫销售款项或者取得索取销售款项凭据的当天;先开具发票的,为开具发票的当天。

3.《中华人民共和国增值税暂行条例实施细则(2011版)》第三十八条

条例第十九条第一款第(一)项规定的收讫销售款项或者取得索取销售款项凭据的当天,按销售结算方式的不同,具体为:

(一)采取直接收款方式销售货物,不论货物是否发出,均为收到销售款或者取得索取销售款凭据的当天;

(二)采取托收承付和委托银行收款方式销售货物,在发出货物并办妥托收手续的当天;

(三)采取赊销和分期收款方式销售货物,为书面合同约定的收款日期的当天,无书面合同的或者书面合同没有约定收款日期的,为货物发出的当天;

(四)采取预收货款方式销售货物,为货物发出的当天,但生产销售生产工期超过12个月的大型机械设备、船舶、飞机等货物,为收到预收款或者书面合同约定的收款日期的当天;

(五)委托其他纳税人代销货物,为收到代销单位的代销清单或者收到全部或者部分货款的当天。未收到代销清单及货款的,为发出代销货物满180天的当天;

(六)销售应税劳务,为提供劳务同时收讫销售款或者取得索取销售款的凭据的当天;

(七)纳税人发生本细则第四条第(三)项至第(八)项所列视同销售货物行为,为货物移送的当天。

【风险案例】

2021年9月至2022年3月,温州某进出口有限公司(小规模纳税人)发生跨境电商出口外贸生意,2021年第四季度取得跨境电商出口外贸收入

1,674,937.55 美元、2022 年第一季度取得跨境电商出口外贸收入 148,983.21 美元。根据中国外汇交易中心授权公布人民币汇率中间价分别换算成人民币后合计 11,618,603.23 元。其中属于出口不退（免）税商品应追缴增值税，收入合计金额 610,707.27 美元，分别换算成人民币后合计 3,891,203.33 元。另，2021 年 11 月 2 日取得温州市龙湾区商务局商务奖补 980,300 元，未按规定如实办理纳税申报。

追缴增值税 38,526.76 元，其中 2021 年 10—12 月 29,612 元、2022 年 1—3 月 8,914.76 元；追缴城市维护建设税 1,348.43 元，其中 2021 年 10—12 月 1,036.42 元、2022 年 1—3 月 312.01 元；追缴教育费附加 577.9 元、地方教育附加 385.27 元。追缴企业所得税 360,875.77 元，其中 2021 年度 106,385.68 元、2022 年度 254,490.09 元。

【风险警示】

并不是所有出口取消退税的货物都要征税，需要结合具体业务情况来判断，如出口地区内保税加工货物或保税流转货物、来料加工复出口、加工贸易下的料件退换等无需征税；再比如区内物流企业，本身货物就不是区内物流企业的，只是用区内企业的物流账册流转，物流企业也不需要纳税；还有代理出口业务，其代理出口的货物是取消退税的，但是纳税主体是委托方，跟代理方无关；走市场采购的征税货物，虽然市场采购实行免税政策，但是取消退税的出口货物却不能享受免税。

如果确实是出口了应征税货物，按照增值税暂行条例第三十八条的纳税义务时点的规定执行。在计算应征税货物销项税额时，注意按离岸价作为含税价计算，即不含税金额＝离岸价/(1+税率)，销项税额＝不含税金额×税率，对于进料加工复出口业务，需要从离岸价中扣除保税料件再计算不含税金额和销项税额；如果是小规模纳税人，则不论是否含有保税料件，一律用离岸价作为含税价计算。

【风险名称】

55. 股东职工取得半价房利益以及购车补贴款

【风险判断】

1. 个人所得税扣缴申报表与个人所得税年度自行纳税申报表
2. 公司章程
3. 销售明细与费用报销单

【政策依据】

1.《中华人民共和国个人所得税法（2018版）》第二十条第二项

纳税人取得利息、股息、红利所得，财产租赁所得，财产转让所得和偶然所得，按月或者按次计算个人所得税，有扣缴义务人的，由扣缴义务人按月或者按次代扣代缴税款。

2.《财政部 国家税务总局关于单位低价向职工售房有关个人所得税问

题的通知》(财税〔2007〕13号)第一条、第二条

一、根据住房制度改革政策的有关规定,国家机关、企事业单位及其他组织(以下简称单位)在住房制度改革期间,按照所在地县级以上人民政府规定的房改成本价格向职工出售公有住房,职工因支付的房改成本价格低于房屋建造成本价格或市场价格而取得的差价收益,免征个人所得税。

二、除本通知第一条规定情形外,根据《中华人民共和国个人所得税法》及其实施条例的有关规定,单位按低于购置或建造成本价格出售住房给职工,职工因此而少支出的差价部分,属于个人所得税应税所得,应按照"工资、薪金所得"项目缴纳个人所得税。

前款所称差价部分,是指职工实际支付的购房价款低于该房屋的购置或建造成本价格的差额。

【风险案例】

青岛某置业有限公司股东王某彪享受了10套房屋的半价房利益996,017元,其中2009年812,435元,2010年183,582元;股东韩某享受了半价房利益1,827,466元,其中2009年506,206元,2010年641,771元,2011年679,489元;股东赵某享受了9套房屋的半价房利益1,011,015元,其中2009年605,664元,2010年405,351元、2011年享受购车补贴款54,078元;股东乔某李享受了半价房利益667,264元,其中2009年116,984元,2010年550,280元、2011年购车补贴款157,518元;员工赵某富享受了6套房屋的半价房利益753,810元,其中2009年452,700元,2010年166,470元,2012年134,640元、购车补贴款139,934.65元,其中2009年84,281元,2010年55,653.65元;李某芬2010年享受了1套房屋的半价房利益138,863元。

经计算,股东王某彪2009年度应补缴"股息、利息、红利所得"个人所得税162,487元,2010年度应补缴"股息、利息、红利所得"个人所得税

36,716.4元;公司股东韩某2009年度应补缴"股息、利息、红利所得"个人所得税101,241.2元,2010年度应补缴"股息、利息、红利所得"个人所得税128,354.2元,2011年度应补缴"股息、利息、红利所得"个人所得税135,897.8元;公司股东赵某2009年度应补缴"股息、利息、红利所得"个人所得税121,132.8元,2010年度应补缴"股息、利息、红利所得"个人所得税81,070.2元,2011年度应补缴"股息、利息、红利所得"个人所得税10,815.6元;公司股东乔某李2009年度应补缴"股息、利息、红利所得"个人所得税23,396.8元,2010年度应补缴"股息、利息、红利所得"个人所得税110,056元,2011年度应补缴"股息、利息、红利所得"个人所得税31,503.6元;公司员工赵某富2009年4月应补缴"工资薪金所得"个人所得税16,053.35元,2009年7月应补缴"工资薪金所得"个人所得税11,675元,2009年9月应补缴"工资薪金所得"个人所得税21,949.5元,2009年10月应补缴"工资薪金所得"个人所得税3,960元,2009年11月应补缴"工资薪金所得"个人所得税43,465元,2009年12月应补缴"工资薪金所得"个人所得税72,125元,2010年1月应补缴"工资薪金所得"个人所得税59,771.5元,2010年11月应补缴"工资薪金所得"个人所得税13,446.10元,2012年1月应补缴"工资薪金所得"个人所得税46,308元;李某芬2010年3月应补缴"股息、利息、红利所得"个人所得税27,772.6元。鉴于上述税收违法行为已超过5年,依照《中华人民共和国税收征收管理法》第八十六条规定,不予行政处罚。

【风险警示】

根据最高人民法院 最高人民检察院发布的《关于办理危害税收征管刑事案件适用法律若干问题的解释》(法释〔2024〕4号)第六条的规定:纳税人欠缴应纳税款,为逃避税务机关追缴,具有无偿转让财产的、以明显不合理的价格进行交易的,应当认定为刑法第二百零三条规定的"采取转移或者隐匿财产的手段"。

为避免上述风险，企业可收集相关的市场数据，提供详细的市场分析报告，本企业同期（近期）、同类商品房平均销售价格，证明其低价售房的价格是基于市场实际情况而定的，并非出于逃避税收等非法目的。积极响应税务机关的调查要求，与税务机关保持开放的沟通，主动披露交易信息，包括库存清理、交易原因、价格设定依据等，如实提供相关资料和说明。

【风险名称】

56. 车购税申报价格小于车损投保价补税

【风险判断】

1. 车辆购置税纳税申报表申报计税价格 < 实际支付价格

2. 机动车商业保险单中的机动车损失保险金额 > 车辆购置税纳税申报表申报计税价格

【政策依据】

1.《中华人民共和国车辆购置税法》第六条

应税车辆的计税价格，按照下列规定确定：

（一）纳税人购买自用应税车辆的计税价格，为纳税人实际支付给销售者的全部价款，不包括增值税税款；

（二）纳税人进口自用应税车辆的计税价格，为关税完税价格加上关税和消费税；

（三）纳税人自产自用应税车辆的计税价格，按照纳税人生产的同类应税车辆的销售价格确定，不包括增值税税款；

（四）纳税人以受赠、获奖或者其他方式取得自用应税车辆的计税价格，按照购置应税车辆时相关凭证载明的价格确定，不包括增值税税款。

2.《国家税务总局关于车辆购置税征收管理有关事项的公告》（国家税务总局公告2019年第26号）第九条

纳税人应当如实申报应税车辆的计税价格，税务机关应当按照纳税人申报的计税价格征收税款。纳税人编造虚假计税依据的，税务机关应当依照《税收征管法》及其实施细则的相关规定处理。

【风险案例】

隋某彦，2020年购置了一辆戴纳肯G500越野车，车辆识别代码为WDCYC6AJ6LX338173，2020年6月28日按照你取得的机动车销售统一发票（发票代码132002022365，发票号码00206708，金额433,094.69元，税额56,302.31元，价税合计489,397元）申报缴纳车辆购置税43,309.47元。该车辆申报的计税价格明显偏低，又无正当理由。

依据《中华人民共和国车辆购置税法》第七条"纳税人申报的应税车辆计税价格明显偏低，又无正当理由的，由税务机关依照《中华人民共和国税收征收管理法》的规定核定其应纳税额"之规定，按照车损投保价格1,724,966.4元作为该车辆的计税价格。经计算，2020年应补缴车辆购置税109,342.44元。

【风险警示】

自2019年7月1日起，车购税法虽取消了车辆购置税最低计税价格，但相关部门仍可借助相关信息系统，按周自动采集各个车型的全国市场平均交易价格。这一指标成为判断纳税人车辆购置税申报价格是否偏低的重要参考，用以开展车辆购置税风险防控工作。尤其是"跳水价"购入的豪华新轿车（每辆零售价格130万元〔不含增值税〕及以上的乘用车和中轻型商用客车),极容易引发税务监管。

在购买车辆保险时,新车的车损险保费计算与新车购置价紧密相关。《中国保险行业协会机动车商业保险示范条款》(2020版)第十三条规定,投保时被保险机动车的实际价值由投保人与保险人根据投保时的新车购置价减去折旧金额后的价格协商确定或其他市场公允价值协商确定。也就是说,新车的车损险是按照新车购置价计算保费。

在实际购车过程中,可能会出现各种意外情况导致车辆不能及时交付。此时,购车人需要清楚车辆购置税的纳税义务发生时间,以及逾期未缴纳的风险。车辆购置税的纳税义务发生时间为纳税人购置应税车辆的当日,具体而言:购买自用的为购买之日,即车辆相关价格凭证的开具日期;进口自用的为进口之日,为《海关进口增值税专用缴款书》或者其他有效凭证的开具日期;自产、受赠、获奖或者以其他方式取得并自用的为取得之日,为合同、法律文书或者其他有效凭证的生效或者开具日期。

若自取得发票等相应凭证60天内确不能交付车辆的,应及时联系开具红字发票冲回。同时,在会计处理上冲减对应的车辆固定资产账面价值,并进行企业所得税纳税调整,以避免产生"固定资产累计折旧金额但未缴车辆购置税"的风险疑点。

【风险名称】

57.企税年报折旧与租金判断生产能力

【风险判断】

1.《资产折旧、摊销及纳税调整明细表》资产账载金额较小或为零

2.《期间费用明细表》租赁费金额较小或为零

3.资产负债表非流动资产较小或为零

【政策依据】

1.《中华人民共和国企业所得税法（2018版）》第八条

企业实际发生的与取得收入有关的、合理的支出，包括成本、费用、税金、损失和其他支出，准予在计算应纳税所得额时扣除。

2.《中华人民共和国企业所得税法实施条例（2019版）》第四十七条

企业根据生产经营活动的需要租入固定资产支付的租赁费，按照以下方法扣除：

（一）以经营租赁方式租入固定资产发生的租赁费支出，按照租赁期限

均匀扣除；

（二）以融资租赁方式租入固定资产发生的租赁费支出，按照规定构成融资租入固定资产价值的部分应当提取折旧费用，分期扣除。

【风险案例】

经对河南 XC 家具有限公司 2021 年 4 月 8 日至 2023 年 12 月 31 日的纳税情况进行检查，河南 XC 家具有限公司存在虚假注册；不具备生产能力，日常经营不符合经营常规；增值税专用发票集中开具、集中抵扣，购销异常；上下游多家企业已注销或非正常，且有下游企业因出口骗税目前正被立案稽查；基本户（开户行：中原银行股份有限公司郑州工人路支行，账号：410114010100******）资金往来进行检查，银行流水显示收到下游货款高达 84.44% 却并不向上游支付，购销业务资金往来异常，不合经营常规等违法事实。

认定在 2021 年 4 月至 2023 年 12 月存续期间是以虚开发票为目的，采用虚假注册、虚假经营的手段，为他人开具增值税专用发票 836 份，金额 73,521,998.28 元，税额 9,557,859.91 元，价税合计 83,079,858.19 元；让他人为自己开具增值税专用发票 818 份，金额 73,056,160.15 元，税额 9,411,190.49 元，价税合计 82,467,350.64 元；让他人为自己开具增值税电子专用发票 128 份，金额 8,183,916.09 元，税额 1,063,908.91 元，价税合计 9,247,825.00 元；让他人为自己开具增值税普通发票 4 份，金额 394,801.98 元，税额 3,948.02 元，价税合计 398,750.00 元，移送公安机关追究刑事责任。

【风险警示】

如果企业所得税年度申报附表《资产折旧、摊销及纳税调整明细表》中的资产账载金额、附表《期间费用明细表》中的租赁费以及资产负债表中的非流动资产较小或为零,这意味着企业既没有自有厂房和生产设备,也未租赁相关厂房和生产设备。

在此基础上,结合电子税务局发票全量数据查询,若未查询到生产所需的设备、水电以及委托加工发票,并且没有支付水电费及人员工资等的银行转账或微信支付记录,那么就可以推断出企业不具备生产能力或者生产能力有限。

【风险名称】

58. 弄巧成拙的承兑汇票

【风险判断】

1. 汇票背面或者粘单上没有记载有关事项并签章
2. 以背书转让的汇票,背书没有连续

【政策依据】

1.《中华人民共和国票据法(2004版)》第十条

票据的签发、取得和转让,应当遵循诚实信用的原则,具有真实的交易关系和债权债务关系。

2.《中华人民共和国票据法(2004版)》第三十一条

以背书转让的汇票,背书应当连续。持票人以背书的连续,证明其汇票权利;非经背书转让,而以其他合法方式取得汇票的,依法举证,证明其汇票权利。

前款所称背书连续,是指在票据转让中,转让汇票的背书人与受让汇票的被背书人在汇票上的签章依次前后衔接。

3.《中华人民共和国发票管理办法实施细则（2024版）》第二十九条《办法》第二十一条所称与实际经营业务情况不符是指具有下列行为之一的：

（一）未购销商品、未提供或者接受服务、未从事其他经营活动，而开具或取得发票；

（二）有购销商品、提供或者接受服务、从事其他经营活动，但开具或取得的发票载明的购买方、销售方、商品名称或经营项目、金额等与实际情况不符。

【风险案例】

经检查，南通KE进出口有限公司委托陶某代理SY乙丙运输业务，陶某挂靠靖江市RY运业有限公司、靖江市CF运业有限公司承接运输业务，经其介绍，你单位与上述两家公司签订了2018年2月至2021年3月、2016年11月至2020年11月的运输代理合同，并提供了在合同期限内RY运业、CF运业授权陶某作为业务人员负责与你单位签订运输合同、运费结算等相关事宜的《授权委托书》。经检查资金流，你单位通过9张银行承兑汇票支付靖江市RY运业有限公司运费730,000元，上述承兑未背书未入账；通过对公账户支付给靖江市RY运业有限公司、靖江市驰风运业有限公司共2,290,541元，随后回流4笔共计1,245,200元至你单位实控人赵某锋账户，等额回流9笔共计1,045,341元至陶某账户。

经查陶某个人卡自2016年至2020年收到来自你单位实控人赵某锋转账1,880,683元，其中含为与运输公司平账开票，等额回流至赵某锋账户的资金，实际的费用在运输业务发生时已通过个人银行卡转账的方式支付给陶某；陶某另收到你单位当时财务人员侯某蓓转账55,000元；收到你单位相关人员赵某堂转账264,000元；以及2020年7月15日至8月15日由陶某指定付款至其母亲赵某玉个人银行卡账户的三笔运费合计288,050元。经对陶某农行账户检查及陶某解释，其收到资金大多通过财付通、支付宝的方式支付给实际承运人，并未闪进闪出，资金也未回流到赵某锋、你单位以及相关个人账户。

根据现有证据，你单位 2016 年至 2020 年接受的靖江市 RY 运业有限公司 2019 年至 2020 年开具给你单位的 15 份专用发票，发票金额 1,320,642.20 元，税额 118,857.80 元，价税合计 1,439,500 元；靖江市 CF 运业有限公司 2016 年至 2020 年开具给你单位的 25 份专用发票，发票金额 2,245,400.87 元，税额 210,849.13 元，价税合计 2,456,250 元，属于有货接受虚开，发票所涉及的进项税额不得从销项税额中抵扣，对少缴的 2019 年 9 月、2019 年 10 月、2019 年 11 月、2019 年 12 月、2020 年 4 月、2020 年 5 月、2020 年 6 月增值税 262,960.98 元、城市维护建设税 18,407.27 元，拟处百分之五十的罚款 140,684.14 元。

【风险警示】

2024 年 1 月，全国审计工作会议提出要求"深入揭示一些地方招商引资中违规出台小政策、形成税收洼地等问题，严肃查处违规返税乱象"。

在过往的招商引资实践中，容易引发利用财政返还虚开牟利的怀疑。以适用财政返还的贸易企业为例，这类企业的利润基本来源于取得的财政返还款以及"贸易价差"与全额缴纳销项增值税之间的差额，与实际采购、销售的单价及数量缺乏实质关联。再加上贸易企业本身不参与实际运输、业务操作不规范等问题，极易让人产生企业无真实业务、以财政返还为工具对外虚开增值税专用发票的嫌疑。

司法机关可能认为，依托财政返还的企业向下游开具增值税专用发票，在全额纳税后又取得财政返还，造成了国家税款的损失，从而构成虚开犯罪。甚至会认定企业取得财政奖励的行为构成诈骗罪。

【风险名称】

59.检查跨境电子商务，免征增值税

【风险判断】

1. 自建跨境电子商务销售平台的电子商务出口企业
2. 利用第三方跨境电子商务平台开展电子商务出口的企业
3. 增值税或企业所得税申报收入＜收汇转汇兑换收入

【政策依据】

1.《国务院办公厅转发商务部等部门关于实施支持跨境电子商务零售出口有关政策意见的通知》（国办发〔2013〕89号）第三条第一项

（一）本意见所指跨境电子商务零售出口是指我国出口企业通过互联网向境外零售商品，主要以邮寄、快递等形式送达的经营行为，即跨境电子商务的企业对消费者出口。

2.《财政部 税务总局 商务部 海关总署关于跨境电子商务综合试验区零

售出口货物税收政策的通知》（财税〔2018〕103号）第一条

一、对综试区电子商务出口企业出口未取得有效进货凭证的货物，同时符合下列条件的，试行增值税、消费税免税政策：

（一）电子商务出口企业在综试区注册，并在注册地跨境电子商务线上综合服务平台登记出口日期、货物名称、计量单位、数量、单价、金额。

（二）出口货物通过综试区所在地海关办理电子商务出口申报手续。

出口货物不属于财政部和税务总局根据国务院决定明确取消出口退（免）税的货物。

【风险案例】

西安ZR生物科技有限公司2019—2021年度与阿里巴巴（中国）国际网络技术有限公司签订合同，在阿里巴巴国际站平台开设网络店铺从事跨境电子商务零售出口业务，网络店铺向国外客户销售货物通过中外运—敦豪国际航空快件有限公司陕西分公司邮寄给国外客户，国外客户支付的外汇，由阿里巴巴国际站平台兑换后，转给了王某某（法定代表人）及王某某（原法定代表人）个人账户。

通过公司财务资料检查，上述出口业务均未做账务处理，上述账户2019—2021年度收取的货款33,342,023.43元（2019年度3,893,463.76元、2020年度19,237,446.75元、2021年度10,211,112.92元）未进行增值税、企业所得税纳税申报。公司上述行为属于偷税，此次检查免征增值税。应追缴2019—2021年度企业所得税63,003.13元。其中应调增2019年度应纳税所得额185,103.99元，应补缴2019年度企业所得税9,255.20元；应调增2020年度应纳税所得额786,788.49元，应补缴2020年度企业所得税39,339.42元；应调增2021年度应纳税所得额576,340.23元，应补缴2021年度企业所得税14,408.51元。

【风险警示】

近年来,我国持续加大对跨境电商的支持力度,先后设立了165个跨境电商综合试验区。在跨境电商的供货商当中,有许多小型微利企业和个体工商户。这些经营者往往不愿意开具相应的进货凭证,使得跨境电商无票免税的情况较为普遍。

部分不符合增值税、消费税免税政策的跨境电商,为了获取退(免)税,铤而走险采取"假自营、真代理"的方式,即委托其他外贸企业以自营名义出口并申报出口退税,外贸企业再将出口退税返还给跨境电商,同时从中收取代理服务费。然而,这种做法很容易被税务机关认定为骗税行为,风险极高。

【风险名称】

60. 假公济私 送货安装地点不符被查

【风险判断】

1. 装修款结转至主营业务成本
2. 送货、安装地点与实际经营地点不一致
3. 与取得收入无关的支出进行税前扣除

【政策依据】

《中华人民共和国企业所得税法（2018版）》第十条

在计算应纳税所得额时，下列支出不得扣除：

（一）向投资者支付的股息、红利等权益性投资收益款项；

（二）企业所得税税款；

（三）税收滞纳金；

（四）罚金、罚款和被没收财物的损失；

（五）本法第九条规定以外的捐赠支出；

（六）赞助支出；

（七）未经核定的准备金支出；

（八）与取得收入无关的其他支出。

【风险案例】

淄博 ZC 管道安装有限公司 2017 年 10—11 月的凭证中，记载着购买材料等业务，取得的发票中开具的名称有橱柜、硅藻泥、格力空调、壁纸、门、家具等，发票金额合计 338,286.00 元，月底结转到主营业务成本中。

检查人员通过对上述 2 家开票单位进行核实，发现确实存在真实的购销业务，但是送货、安装地点是 *** 号楼 3 单元 301 室，而企业实际注册、经营地点是张店区 *** 号。经与单位负责人核实，其承认上述采购的物品不是公司经营用的，主要是当年孩子结婚购买的，但是发票开具的单位是公司的名称，放到单位账上进行了税前扣除。调增 2017 年应纳税所得额 338,286.00 元，补缴企业所得税 33,828.60 元。对其处少缴企业所得税税款 0.5 倍的罚款，处罚 16,914.30 元。

【风险警示】

公司在列支成本费用时，必须确保这些费用都与公司的生产经营相关。公司不能将股东个人家庭支出与公司经营支出相混淆并计入其中，因为这样做很容易引起税务机关对业务真实性的关注。

如果将股东个人支出开票计入公司经营成本费用，会涉及虚列成本，构成偷税行为。例如，公司将股东家庭的日常消费开支，如购买家电、家具等费用计入公司成本，从而减少应纳税所得额，这就属于虚列成本。此外，这种行为还可能被认定为变相的股东分红，股东需要按照分红所得缴纳个人所得税。

为避免上述风险，公司应当建立健全财务管理制度，严格区分公司经营支出和股东个人支出。财务人员在审核费用报销时，要仔细核对费用的真实性和合理性，确保只有与公司生产经营相关的费用才能列支。同时，公司股东也应增强法律意识，不得将个人支出转嫁到公司头上。

【风险名称】

61.代持股权转回，并非左手换右手

【风险判断】

1.股权转让价格低于原始投资额，且低于按股权份额对应的被投资公司的净资产份额

2.股权转让印花税未申报

【政策依据】

1.《国家税务总局关于企业转让上市公司限售股有关所得税问题的公告》（国家税务总局公告2011年第39号）第二条

企业转让代个人持有的限售股征税问题

因股权分置改革造成原由个人出资而由企业代持有的限售股，企业在转让时按以下规定处理：

（一）企业转让上述限售股取得的收入，应作为企业应税收入计算纳税。

上述限售股转让收入扣除限售股原值和合理税费后的余额为该限售股转

让所得。企业未能提供完整、真实的限售股原值凭证，不能准确计算该限售股原值的，主管税务机关一律按该限售股转让收入的15%，核定为该限售股原值和合理税费。

依照本条规定完成纳税义务后的限售股转让收入余额转付给实际所有人时不再纳税。

（二）依法院判决、裁定等原因，通过证券登记结算公司，企业将其代持的个人限售股直接变更到实际所有人名下的，不视同转让限售股。

2.《国家税务总局稽查局关于2017年股权转让工作的指导意见》（税总稽便函〔2017〕165号）第五条第二项

对代持股票转让的营业税征收以及企业之间代持股票转让的企业所得税征收，应按其法定形式确认纳税主体，以代持方为纳税人征收营业税及所得税，如委托方已将收到的转让款缴纳了营业税及所得税，且两方所得税又无实际税负差别的，可以不再向代持方追征税款。

【风险案例】

2019年11月，恩施市YF资产管理有限公司取得恩施LF硒业有限公司（以下简称"被投资公司"）67%的股权，截至转让该股权时，累计出资额为67,603,000.00元。2020年10月10日，将被投资公司67%的长期股权投资以40,610,000.00元的价格转让给恩施LF科创中心（有限合伙），并于2020年10月20日完成股权变更登记。股权转让价格低于投资额67,603,000.00元，而且低于按股权份额对应的被投资公司的净资产的70%。公司和被投资公司提供《情况说明》陈述，此次股权转让是你单位的控股股东南京第一农药集团有限公司的征信出现问题，严重影响到被投资公司的后续发展，故将公司持有的被投资公司股权转让给恩施LF科创中心（有限合伙）。另外，公司提供与恩施LF科创中心（有限合伙）签订的《股权代持协议》一份，主要内容为委托恩施LF科创中心（有限合伙）以其名义代持公司享有的被投资公司67%股权,并代为行使相关权利。公司在2020年企业所得税汇算清缴时未对此次股权转让收益进行纳税申报,也未申报相关合同的印花税。

恩施市YF资产管理有限公司,2018年5月14日登记注册,2018年度汇算清缴纳税调整后所得为-119,512.13元,2019年度汇算清缴纳税调整后所得为-508,786.03元,2020年度汇算清缴纳税调整后所得为-2,120,957.38元。按照产权转移书据申报缴纳印花税,计税金额40,610,000.00元,税率为万分之五,应补缴印花税税额20,05.00元。2020年度调整后应纳税所得额为10,695,262.97元,应补缴企业所得税2,673,815.74元。

【风险警示】

纳税人应高度重视股权代持的法律风险,并尽可能减少采用股权代持的交易架构。若股权代持的交易安排确有必要,那么应当审慎选择代持对象,尽可能将代持对象限定在特定范围内。

如果股权代持的交易安排已经发生,应当全面收集证据材料。这些证据材料包括出资的支付凭证、参与公司股东会的决议、参与公司利润分配的凭证等。通过收集这些证据材料,可以在未来涉及税务处理时争取有利的结果,并最大限度地维护自身的合法涉税权益。比如,出资支付凭证可以证明实际出资人的资金投入情况;参与公司股东会的决议可以体现实际出资人对公司决策的参与;参与公司利润分配的凭证则表明实际出资人享有公司的收益权。

当发生税务争议时,要积极加强与税务机关的交流和沟通。然而,由于存在伪造相关资料的可能,必要时应获取法院关于实际股东身份的确权判决等。以便可能会根据司法判定来作为实质课税的依据。

【风险名称】

62. 折扣未体现在同张发票金额栏，不优惠

【风险判断】

1. 增值税发票开具金额＞同期增值税申报收入

2. 增值税发票开具金额＜对应的收款记录（含银行存款＋现金＋微信〔支付宝〕等）

3. 增值税申报提示存在申报收入＜开票收入的比对异常

【政策依据】

1.《国家税务总局关于印发〈增值税若干具体问题规定〉的通知》（国税发〔1993〕154号）第二条第二项

纳税人采取折扣方式销售货物，如果销售额和折扣额在同张发票上分别注明的，可按折扣后的销售额征收增值税；如果将折扣额另开发票，不论其在财务上如何处理，均不得从销售额中减除折扣额。

2.《国家税务总局关于折扣额抵减增值税应税销售额问题通知》(国税函〔2010〕56号)

纳税人采取折扣方式销售货物,销售额和折扣额在同一张发票上分别注明是指销售额和折扣额在同一张发票上的"金额"栏分别注明的,可按折扣后的销售额征收增值税。

未在同一张发票"金额"栏注明折扣额,而仅在发票的"备注"栏注明折扣额的,折扣额不得从销售额中减除。

【风险案例】

勉县LS实业有限责任公司,2021年8月至2023年12月31日经营期间,加气站销售台账流水金额(含税)145,914,852.42元,申报增值税含税收入140,447,155.17元,加气站检测回罐自用气121,731.05元,差额为5,345,966.20元,为客户折扣优惠,其中:按规定开具发票的折扣额为5,088,024.64元,剩余折扣257,941.56元未体现在同一张发票上,少申报LNG(液化天然气)含税销售收入257,941.56元,未申报缴纳增值税。按照9%的税率计算,少缴增值税21,297.93元。对陕西鹏山龙翔电力科技有限公司少缴的企业所得税70,323.88元处以1倍的罚款即70,323.88元。

【风险警示】

企业在销售过程中会涉及三种折扣形式,分别是销售折让、销售折扣(现金折扣)和折扣销售。企业必须依据业务的实质进行准确的核算与纳税申报。

销售折让通常是由于商品存在瑕疵等原因而发生,此时以折扣后的金额作为销售额进行核算。销售折扣即现金折扣,是销售方为鼓励购货方及时偿还货款而给予的折扣优待。在这种情况下,销售折扣不得从销售额中减除,而是在实际发生时作为财务费用进行扣除。

折扣销售是指销售方在销售货物、提供应税劳务、销售服务、无形资产或者不动产时，因购买方需求量大等原因而给予价格方面的优惠。按照现行税法规定，纳税人采取折扣方式销售货物，如果销售额和折扣额在同一张发票上的"金额"栏分别注明，可以按折扣后的销售额征收增值税；若未在同一张发票"金额"栏注明折扣额，而仅在发票的"备注"栏注明折扣额的，折扣额不得从销售额中减除。可能导致多交增值税，增加企业的税务成本。企业财务人员应熟悉税收法规对折扣销售开票的要求，在实际操作中严格按照规定开具发票，确保企业既能享受合法的折扣优惠，又能避免税务风险和不必要的税收负担。

【风险名称】

63.非同一县（市）内部移送，视同销售

【风险判断】

1.库存商品减少，对应科目非主营业务收入、其他业务收入或营业外支出

2.出库、运输凭证

3.委托加工合同签订与印花税承揽合同税目申报纳税情况

【政策依据】

1.《中华人民共和国增值税暂行条例实施细则（2011版）》第四条第三项

设有两个以上机构并实行统一核算的纳税人，将货物从一个机构移送其他机构用于销售，但相关机构设在同一县（市）的除外。

2.《中华人民共和国增值税暂行条例实施细则（2011版）》第十六条

纳税人有条例第七条所称价格明显偏低并无正当理由或者有本细则第四

条所列视同销售货物行为而无销售额者，按下列顺序确定销售额：

（一）按纳税人最近时期同类货物的平均销售价格确定；

（二）按其他纳税人最近时期同类货物的平均销售价格确定；

（三）按组成计税价格确定。组成计税价格的公式为：

组成计税价格 = 成本 ×（1+ 成本利润率）

属于应征消费税的货物，其组成计税价格中应加计消费税额。

公式中的成本是指：销售自产货物的为实际生产成本，销售外购货物的为实际采购成本。公式中的成本利润率由国家税务总局确定。

3.《增值税若干具体问题的规定》(国税发〔1993〕154号）第二条第四项

纳税人因销售价格明显偏低或无销售价格等原因，按法规需组成计税价格确定销售额的，其组价公式中的成本利润率为10%。但属于应从价定率征收消费税的货物，其组价公式中的成本利润率，为《消费税若干具体问题的法规》中法规的成本利润率。

【风险案例】

苏州XL珠宝有限公司，2018年9月至2019年10月期间将应税货物移送深圳分公司用于销售，没有确认增值税视同销售处理，在账面上直接冲减库存商品，冲减库存商品金额合计874,115.06元，会计核算分录，借记：其他应收款—深圳分公司，贷记：库存商品。公司在收到主管税务机关要求对增值税留抵退税情况进行自查后，2022年5月12日在缴回全部增值税留抵退税的同时对自查出的上述涉税问题进行了增值税更正申报，以移送货物的库存商品成本金额确认为当期的视同销售应税收入调整了相应的增值税收入87,411.51元、调减期末留抵税金138,394.22元，更正申报调整后，2021年12月期末留抵税金余额为100,271.33元。

【风险警示】

虽然分公司属于非法人主体，企业所得税实行统一核算，然而在增值税方面，总公司与分公司之间、分公司与分公司之间（同一县〔市〕的情况除外）进行货物移送时，同样需要视同销售，并缴纳增值税。企业应当密切关注具有不同增值税身份的总公司与分公司之间移送货物的情况，因为这可能会致使总体增值税税负有所增加。

这意味着企业在进行内部货物调配时，不能忽视增值税的影响。尤其是当总公司与分公司或不同分公司之间进行货物转移时，除了考虑业务需求和运营效率外，还需要充分评估这种行为对增值税税负的影响。如果不加以注意，可能会在不知不觉中增加企业的税务成本。

【风险名称】

64. 灵活用工，涉税涉票不可"灵活"

【风险判断】

1. 比对电子用工协议与纸质用工协议

2. 平台协议是否涉及高管薪酬、医疗服务、金融保险、货物销售、直播带货、微商销售、财产转让（含股权转让）、财产租赁、利息股息红利等业务等

3. 查看用工信息系统按笔展示业务从派单到完工的全流程轨迹情况

【政策依据】

1.《中华人民共和国发票管理办法（2023版）》第二十一条

开具发票应当按照规定的时限、顺序、栏目，全部联次一次性如实开具，开具纸质发票应当加盖发票专用章。

任何单位和个人不得有下列虚开发票行为：

（一）为他人、为自己开具与实际经营业务情况不符的发票；

（二）让他人为自己开具与实际经营业务情况不符的发票；

（三）介绍他人开具与实际经营业务情况不符的发票。

2.《中华人民共和国发票管理办法（2023版）》第二十九条《办法》第二十一条所称与实际经营业务情况不符是指具有下列行为之一的：

（一）未购销商品、未提供或者接受服务、未从事其他经营活动，而开具或取得发票；

（二）有购销商品、提供或者接受服务、从事其他经营活动，但开具或取得的发票载明的购买方、销售方、商品名称或经营项目、金额等与实际情况不符。

3.《中华人民共和国发票管理办法（2023版）》第三十五条

违反本办法的规定虚开发票的，由税务机关没收违法所得；虚开金额在1万元以下的，可以并处5万元以下的罚款；虚开金额超过1万元的，并处5万元以上50万元以下的罚款；构成犯罪的，依法追究刑事责任。

【风险案例】

惠州市JD管理软件有限公司（以下简称"JD公司"），2021年1月13日，与惠州市大亚湾KC集团有限公司（以下简称"KC公司"）签订财务软件销售合同《金蝶云星空销售合同》，合同总金额为182,000.00元。至2021年3月，公司基本完成该项软件工程。

2021年3月24日，JD公司与江苏HY科技有限公司签订《共享经济服务协议》（合同编号：JSHY202103005），江苏HY科技有限公司拥有"灵活用工管理系统"。

2021年3月29日，自由职业者杜某燕与江苏HY科技有限公司签订《服务协议》。同日JD公司在用工系统上发起结算申请，根据与江苏HY科技有限公司的协议，于2021年3月31日支付上述软件工程任务相应的服务款项，其中包含《金蝶云星空销售合同》总金额182,000.00元的15%作为基本服务费用 27,300.00 元（182000.00*15%），加收基本服务费用的 9.5% 作为代扣个人所得税及其费用，合计 29,893.5 元 [27,300.00*（1+9.5%）]。2021 年 3 月 31 日，江苏 HY 科技有限公司开具上述 1 份增值税电子专用发票给 JD 公司。JD 公司于所属期 2021 年 4 月申报抵扣进项税 1,692.08 元，列支 2021 年度成本费用 28,201.42 元。

检查人员对涉案自由职业者杜某燕进行询问笔录，杜某燕称自己是自由职业者，与 JD 公司、KC 公司均无任何往来，只是在知道 KC 公司有软件需求信息时，于 2020 年 12 月前后用电话主动联系你公司提供了该信息，没有谈具体的协议，也没有谈到佣金具体金额、支付方式，也没有参与实质的推广《金蝶云星空销售合同》软件业务，也肯定没有签订过纸质结算书。

对于江苏 HY 科技有限公司，杜某燕的询问笔录说道，她是通过 JD 公司知道江苏 HY 科技有限公司的，没有去过 JD 公司和江苏 HY 科技有限公司，虽然不知道江苏 HY 科技有限公司平台具体的名称，但是拿佣金提成要通过这个平台。同时说道，她在 2020 年 12 月至 2021 年 1 月在平台注册，签协议是在 2021 年 3 月。

检查人员向 JD 公司法人郑某涛、授权人邹某某发出《询问通知书》进行调查，据邹某某笔录称，邹某某为 JD 公司财务负责人，对 JD 公司经营情况了解，2021 年 1 月，自由职业者杜某燕了解到 KC 公司有财务软件需求，主动找到 JD 公司管理人员洽谈软件推广业务，双方达成口头协议，通过江苏 HY 科技有限公司的灵活用工系统，促成 JD 公司与 KC 公司签订《金蝶云星空销售合同》。

综上所述，JD 公司知道是杜某燕主动上门提供信息的，江苏 HY 科技有限公司并没有实际为公司筛选适合的自由职业者，江苏 HY 科技有限公司作为中间方提供居间服务的业务事实不能成立，但公司仍让江苏 HY 科技有限公司开具与实际业务不符的增值税电子专用发票并列支成本费用、申报抵扣进项税。对公司的虚开发票行为处以罚款 50,000.00 元。

【风险警示】

灵活用工平台无论是否取得委托代征资质，所签约的自由职业者不得与用工公司的员工为同一人；同时，不得违反业务逻辑人为架设业务链条，也不能人为分拆收入、转换收入方式，更不得隐匿应归属于个人综合所得及"利息、股息、红利所得"的收入，且不能以虚假申报的方式少缴个人所得税税款。

对于平台经济中存在经营合作关系的自然人，应穿透形式关系，准确处理不同的用工关系。若为劳动关系，平台在发放工资、薪金、奖金、补贴等与受雇有关的所得时，应按月适用 3%~45% 的七级超额累进预扣率代扣代缴个人所得税，并缴纳社保等费用。年度终了后，个人需进行年度综合所得汇算。个人所得税的征收管理主要以企业管理为抓手开展。若为劳务关系，平台在支付劳务报酬时，应按照 20%~40% 的三级超额累进预扣率进行个人所得税的代扣代缴，且无须为相关人员缴纳社保等费用；若为经营合作关系，平台支付的经营所得无须代扣代缴个人所得税，也无须缴纳社保等费用。

【风险名称】

65. 融资性售后回租的进项不能抵扣

【风险判断】

1. 查询融资性售后回租的书面合同
2. 取得融资租赁公司开具的进项发票
3. 融资性售后回租业务增值税进项税额进行抵扣

【政策依据】

1.《关于融资性售后回租业务中承租方出售资产行为有关税收问题的公告》(国家税务总局公告2010年第13号)规定如下。

融资性售后回租业务是指承租方以融资为目的将资产出售给经批准从事融资租赁业务的企业后,又将该项资产从该融资租赁企业租回的行为。融资性售后回租业务中承租方出售资产时,资产所有权以及与资产所有权有关的全部报酬和风险并未完全转移。

> 融资性售后回租业务,本质上属于贷款业务范畴。根据税法规定,贷款业务的增值税进项税额不可抵扣

根据现行增值税有关规定，融资性售后回租业务中承租方出售资产的行为，不属于增值税征收范围，不征收增值税。

2.《财政部 国家税务总局关于全面推开营业税改征增值税试点的通知》（财税〔2016〕36号）附件2：营业税改征增值税试点有关事项的规定

试点纳税人提供有形动产融资性售后回租服务，向承租方收取的有形动产价款本金，不得开具增值税专用发票，可以开具普通发票。

3.《财政部 国家税务总局关于融资租赁合同有关印花税政策的通知》（财税〔2015〕144号）第二条

在融资性售后回租业务中，对承租人、出租人因出售租赁资产及购回租赁资产所签订的合同，不征收印花税。

【风险案例】

ZP（陕西）新技术有限公司同广州WB融资租赁公司开展融资性售后回租业务，2020年5月取得增值税进项税额172,358.48元，该业务属于贷款服务，所取得的进项不能抵扣。应补缴的增值税172,358.48元，应附征城市维护建设税12,065.09元，应附征教育费附加5,170.75元，应附征地方教育附加3,447.17元。对ZP（陕西）新技术有限公司增值税、城市维护建设税问题处应补缴税款百分之五十的罚款。

【风险警示】

融资性售后回租业务，本质上属于贷款业务范畴。根据税法规定，贷款业务的增值税进项税额不可抵扣。企业财务人员需深入了解业务的本质特性，进而运用相应的专业知识对该业务进行准确核算，以避免引发税务稽查，防止由此带来滞纳金、罚款等损失。

【风险名称】

66.所谓"退税秘籍"不可信

【风险判断】

1.个人所得税减免税事项报告表

2.中国残疾人联合会网站中助残服务的残疾人证查询

【政策依据】

1.《中华人民共和国个人所得税法（2018版）》第五条

有下列情形之一的，可以减征个人所得税，具体幅度和期限，由省、自治区、直辖市人民政府规定，并报同级人民代表大会常务委员会备案：

（一）残疾、孤老人员和烈属的所得；

（二）因自然灾害遭受重大损失的。

国务院可以规定其他减税情形，报全国人民代表大会常务委员会备案。

2.《财政部 国家税务总局关于促进残疾人就业增值税优惠政策的通知》

（财税〔2016〕52号）第八条

残疾人个人提供的加工、修理修配劳务，免征增值税。

3.《关于同意疾、孤老人员和烈属减半征收个人所得税的批复的通知 新地税四字（1994）011号》

（1）残疾、孤老人员和烈属本人从事生产、经营取得的个人所得给予减半征收个人所得税的照顾。

（2）残疾、孤老人和烈属本人因受雇取得的所得，减除800元费用后给予减半征收个人所得税的照顾。

（3）申请减半征收个人所得税的残疾、孤老人员和烈属必须出具当地县以上民政部门的有关证明，经主管税务机关审查认可后方可减征。

（4）审批减半征收的权限在县一级主管税务机关。年终由各地、州、市地方税务局汇总上报自治区地方税务局备案。

【风险案例】

根据个人所得税科推送案源：王某龙涉嫌利用残疾人税收优惠政策骗取个人所得税退税款。

检查人员发函至新疆维吾尔自治区残疾人联合会（以下简称"自治区残联"）查询王某龙残疾人认定信息，自治区残联称并未查询到王某龙的残疾人认定信息，并告知可以在"新疆维吾尔自治区残疾人联合会"官网上查询。检查人员在官网输入王某龙身份信息，结果显示"查询不存在"。

经询问王某龙称：2018年10月至2021年12月在新疆某商贸有限公司销售医疗器材，2021年12月新疆某商贸有限公司一次性支付4年的报酬720,000.00元。王某龙在湖南省邵阳市武冈区税务局办税服务大厅代开劳务费发票，金额为720,000.00元。

王某龙通过"小红书"了解到残疾人的个人所得税优惠政策力度更大，在自己不存在残疾的情况下用手机下载的醒图软件合成残疾人证，并于2024

年 5 月在个人所得税 App 上传伪造的残疾人证申请退还 2021 年个人所得税。

根据自然人电子税务局税务端显示的王某龙 2021 年申报信息，享受了残疾人减半征收个人所得税税收优惠政策，减免税额 52,571.34 元，因预缴 223,400.00 元，申请退税 170,828.65 元。

王某龙利用残疾人税收优惠政策骗取个人所得税退税款，造成少缴个人所得税 52,571.34 元的违法事实成立。根据《中华人民共和国税收征收管理法》第六十三条第一款之规定，处以个人少缴税款百分之五十的罚款，即 26,285.67 元。

【风险警示】

每年个人所得税综合所得汇算清缴期间，一些不法分子总会瞅准纳税人急切盼望获取退税、热衷于退税的心理，借助抖音、公众号以及小红书等社交媒体平台，推出所谓的"退税秘籍"，以此吸引点击量和流量，赚取眼球、获取关注。倘若需要修改自身相关基础信息，或者新增享受扣除及税收优惠的情况，还应当按照规定同时填报相关信息并提供佐证材料，并且要对所提交信息的真实性、完整性和准确性承担责任。

税务机关在进行年度汇算退税审核过程中，对于纳税人填报不清晰、存在缺失的项目，会联系纳税人进行补充填报或者提交相关佐证资料。正所谓"真的假不了，假的真不了"，纳税人在个税汇算时若虚报信息，极有可能面临税务机关的处罚。依法纳税是每一位公民必须修习的"必修课"。

【风险名称】

67. 学校并非都按3%征税

【风险判断】

1. 通过企查查（天眼查）查询培训机构社会组织类型是否为非企业性单位

2. 通过电子税务局发票业务查询全量开票信息，判定销售服务类别

3. 查看增值税申报表是否所有销售收入不分类别均填报第5栏"按简易办法计税销售额"

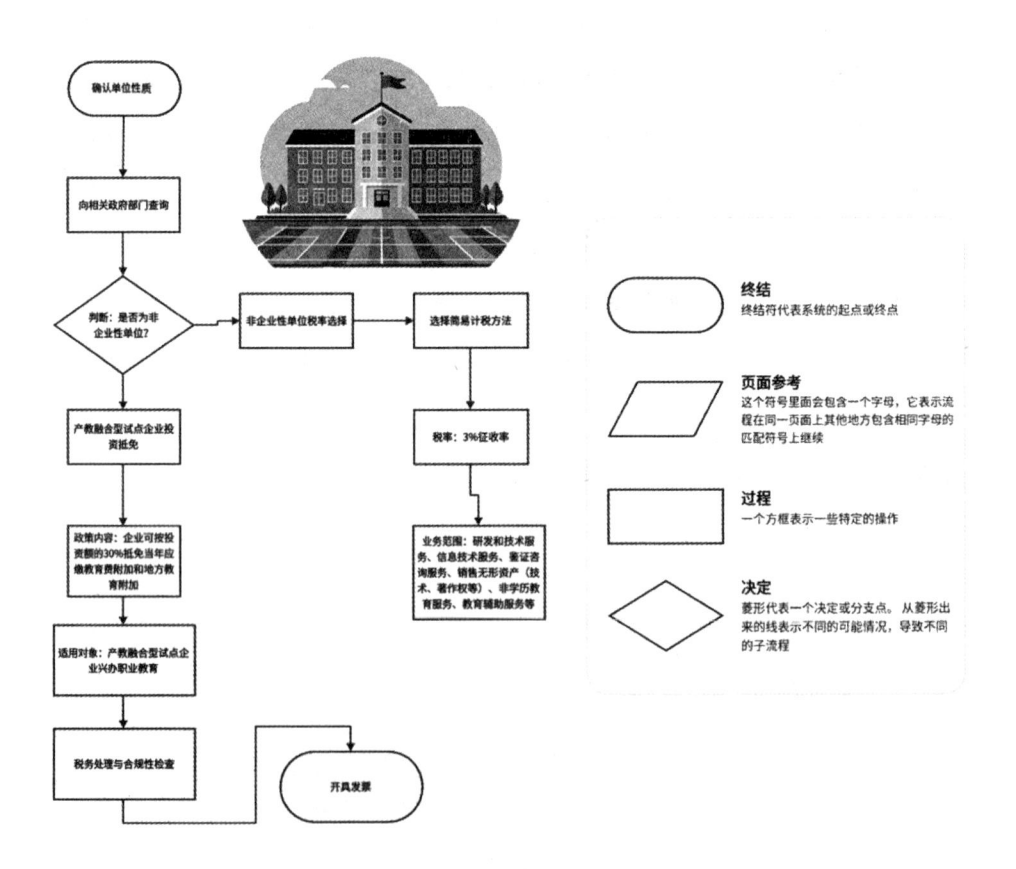

【政策依据】

1.《财政部 国家税务总局关于全面推开营业税改征增值税试点的通知》(财税〔2016〕36号)附件1:《营业税改征增值税试点实施办法》(销售服务、无形资产、不动产注释)规定:

鉴证咨询服务,包括认证服务、鉴证服务和咨询服务。咨询服务,是指提供信息、建议、策划、顾问等服务的活动。包括金融、软件、技术、财务、税收、法律、内部管理、业务运作、流程管理、健康等方面的咨询。

翻译服务和市场调查服务按照咨询服务缴纳增值税。

生活服务,是指为满足城乡居民日常生活需求提供的各类服务活动。包括文化体育服务、教育医疗服务、旅游娱乐服务、餐饮住宿服务、居民日常服务和其他生活服务。

教育服务,是指提供学历教育服务、非学历教育服务、教育辅助服务的业务活动。非学历教育服务,包括学前教育、各类培训、演讲、讲座、报告会等。教育辅助服务,包括教育测评、考试、招生等服务。

2.《财政部 国家税务总局关于进一步明确全面推开营改增试点有关再保险、不动产租赁和非学历教育等政策的通知》(财税〔2016〕68号)第三条

一般纳税人提供非学历教育服务,可以选择适用简易计税方法按照3%征收率计算应纳税额。

3.《财政部 国家税务总局关于明确金融 房地产开发 教育辅助服务等增值税政策的通知》(财税〔2016〕140号)第十二条

非企业性单位中的一般纳税人提供的研发和技术服务、信息技术服务、鉴证咨询服务,以及销售技术、著作权等无形资产,可以选择简易计税方法按照3%征收率计算缴纳增值税。

4.《财政部 国家税务总局关于明确金融 房地产开发 教育辅助服务等增值税政策的通知》(财税〔2016〕140号)第十三条

一般纳税人提供教育辅助服务,可以选择简易计税方法按照3%征收率

计算缴纳增值税。

5.《民办非企业单位登记管理暂行条例（2024版）》第二条

民办非企业单位，是指企业事业单位、社会团体和其他社会力量以及公民个人利用非国有资产举办的，从事非营利性社会服务活动的社会组织。

【风险案例】

检查根据南通市崇川区BFB培训学校提供的收入统计表及对公账户、法人代表私人银行账户银行流水。

1.2018年度实际收取含税培训费收入为53,259,773.82元，扣除已申报收入，2018年你单位应税收入应为47,931,870.21元，应申报缴纳增值税47,931,870.21×3%=1,437,956.11元，应缴1,437,956.11，已缴129,208.60元，少缴增值税1,308,747.51元。

2.2019年度实际收取含税培训费收入86,458,452.86元，扣除已申报收入和开具生活服务含税收入后余下适用3%税率的含税收入为85,037,391.36元，换算为不含税收入82,560,574.14元。

2019年开具生活服务（服务费、教育咨询费、咨询费）含税收入140,474.00元，应该按照6%的税率缴税，错按3%税率申报，换算为不含税收入应为132,522.64元，应补缴增值税132,522.64×6%-4,091.51=3,859.85元。

2019年开具生活服务（翻译费、英语翻译）含税收入113,257.00元，应该按照6%的税率缴税，错按3%税率申报，换算为不含税收入为106,846.23元，应补缴增值税106,846.23×6%-3,298.75=3,112.02元。

综上，2019年应申报的不含税收入应为82,799,943.01元，应申报缴纳增值税82,560,574.14×3%+132,522.64×6%+106,846.23×6%=2,491,179.35元。

2019年1—8月申报缴纳增值税370,265.54元，2019年9—12月申报缴纳增值税285,860.98元，少申报缴纳2019年增值税2,491,179.35-370,265.54-285,860.98=1,835,052.83元（其中因错用税率导致少缴增值税为

3,859.85+3,112.02=6,971.87 元）。

3.2020 年度实际收取含税培训费收入 106,457,799.51 元；扣除已申报的收入和开具的翻译费、咨询费等非培训费含税收入后余下适用 3% 税率的含税收入为 105,988,829.77 元，换算为不含税收入 102,901,776.48 元。2020 年 1—7 月开具的翻译费、咨询费等非培训费收入 431,719.74 元，不属于生活服务税收优惠范围，应按现代服务计算缴纳增值税。你单位应补缴 2020 年增值税 407,282.77×6%=24,436.97 元。

【风险警示】

学校在确定开具发票适用的税率（征收率）时，首先应向政府相关部门确认自身是否为非企业性单位。这一步骤至关重要，因为单位性质的不同将直接影响到后续的税务处理方式。如果学校被认定为非企业性单位，对于研发和技术服务、信息技术服务、鉴证咨询服务，以及销售技术、著作权等无形资产、非学历教育服务、教育辅助服务等业务，可以选择简易计税方法，按照 3% 的征收率计算缴纳增值税。

对于产教融合型试点企业兴办职业教育的投资，可按投资额的 30% 抵免该企业当年应缴教育费附加和地方教育附加。这一政策旨在鼓励企业积极参与职业教育，推动产教融合发展。学校和产教融合型试点企业在税务处理方面应根据自身的性质和业务情况，准确适用相关税收政策，确保合法合规纳税的同时，充分享受税收优惠政策带来的红利。

【风险名称】

68. 改头换面核定为哪般

【风险判断】

1. 上市公司信息披露，股东减持股份实施公告

2. 减持上市公司股份的股东名称、减持总金额、减持日期等涉税信息

3. 一般纳税人增值税申报表附表三（服务、不动产和无形资产扣除项目明细）第4栏

【政策依据】

1.《中华人民共和国增值税暂行条例》第一条、第二条第三项

在中华人民共和国境内销售货物或者加工、修理修配劳务（以下简称劳务），销售服务、无形资产、不动产以及进口货物的单位和个人，为增值税的纳税人，应当依照本条例缴纳增值税。

纳税人销售服务、无形资产，除本条第（一）项、第（二）项、第（五）项另有规定外，税率为6%。

2.《财政部 国家税务总局关于全面推开营业税改征增值税试点的通知》

（财税〔2016〕36号）附件1《营业税改征增值税试点实施办法》后附的《销售服务、无形资产、不动产注释》第一条

销售服务，是指提供交通运输服务、邮政服务、电信服务、建筑服务、金融服务、现代服务、生活服务。第一条第（五）项第4目"金融服务，是指经营金融保险的业务活动。包括贷款服务、直接收费金融服务、保险服务和金融商品转让。……4.金融商品转让，是指转让外汇、有价证券、非货物期货和其他金融商品所有权的业务活动。"

3.《财政部 国家税务总局关于全面推开营业税改征增值税试点的通知》（财税〔2016〕36号）附件2《营业税改征增值税试点有关事项的规定》第一条第三项第3目

金融商品转让，按照卖出价扣除买入价后的余额为销售额。

4.《国家税务总局关于营改增试点若干征管问题的公告》（国家税务总局公告2016年第53号）第五条第二项

公司首次公开发行股票并上市形成的限售股，以及上市首日至解禁日期间由上述股份孳生的送、转股，以该上市公司股票首次公开发行（IPO）的发行价为买入价。

5.《国家税务总局关于企业所得税核定征收有关问题的公告》（国家税务总局公告2012第27号）第一条

专门从事股权（股票）投资业务的企业，不得核定征收企业所得税。

6.《中华人民共和国企业所得税法（2018版）》第一条、第五条、第八条

在中华人民共和国境内，企业和其他取得收入的组织（以下统称"企业"）为企业所得税的纳税人，依照本法的规定缴纳企业所得税。

企业每一纳税年度的收入总额，减除不征税收入、免税收入、各项扣除以及允许弥补的以前年度亏损后的余额，为应纳税所得额。

企业实际发生的与取得收入有关的、合理的支出，包括成本、费用、税

金、损失和其他支出,准予在计算应纳税所得额时扣除。

7.《国家税务总局关于贯彻落实企业所得税法若干税收问题的通知》(国税函〔2010〕79号)第三条

关于股权转让所得确认和计算问题企业转让股权收入,应于转让协议生效且完成股权变更手续时,确认收入的实现。转让股权收入扣除为取得该股权所发生的成本后,为股权转让所得。企业在计算股权转让所得时,不得扣除被投资企业未分配利润等股东留存收益中按该项股权所可能分配的金额。

8.《国家税务总局关于企业取得财产转让等所得企业所得税处理问题的公告》(国家税务总局公告2010年第19号)第一条

企业取得财产(包括各类资产、股权、债权等)转让收入、债务重组收入、接受捐赠收入、无法偿付的应付款收入等,不论是以货币形式,还是非货币形式体现,除另有规定外,均应一次性计入确认收入的年度计算缴纳企业所得税。

9.《财政部 国家税务总局关于证券交易印花税改为单边征收问题的通知》(财税明电〔2008〕2号)

经国务院批准,财政部、国家税务总局决定从2008年9月19日起,调整证券(股票)交易印花税征收方式,将现行的对买卖、继承、赠与所书立的A股、B股股权转让书据按千分之一的税率对双方当事人征收证券(股票)交易印花税,调整为单边征税,即对买卖、继承、赠与所书立的A股、B股股权转让书据的出让方按千分之一的税率征收证券(股票)交易印花税,对受让方不再征税。

10.《中华人民共和国增值税法》(中华人民共和国主席令第四十一号)

第四条 在境内发生应税交易,是指下列情形:

(一)销售货物的,货物的起运地或者所在地在境内;

(二)销售或者租赁不动产、转让自然资源使用权的,不动产、自然资源所在地在境内;

（三）销售金融商品的，金融商品在境内发行，或者销售方为境内单位和个人；

（四）除本条第二项、第三项规定外，销售服务、无形资产的，服务、无形资产在境内消费，或者销售方为境内单位和个人。

【风险案例】

经查，云南ZH企业管理有限公司（以下简称"ZH公司"）存在以下违法事实：

一、虚假申报造成多缴增值税及其附加。经查，ZH公司在2019年、2020年实际经营项目为股权投资，应按"金融商品转让"税目缴纳增值税。但是，ZH公司在增值税申报时按"咨询服务"税目进行纳税申报。由于金融商品转让为差额计税，公司在取得减持股票收入后，进行虚假的纳税申报，因此存在多缴增值税及其附加。

根据检查组从申万宏源证券有限公司深圳彩田路证券营业部、华泰证券股份有限公司深圳益田路证券营业部调取的ZH公司证券资金对账单数据，ZH公司持有证券名称为安车检测，证券代码为300572的证券，发生证券交易的具体业务为：2020年1月发生证券卖出3,872,900.00股，交易金额195,813,824.00元；2020年2月发生证券卖出11,400.00股，交易金额582,754.00元；2020年3月发生证券卖出1,925,037.00股，交易金额83,723,316.77元；2020年4月发生托管转出21,193,135.00股，交易金额952,419,486.90元。

在2020年度期间发生的证券交易印花税共计1,232,541.12元，佣金费用共计31,666.14元，交易规费共计15,021.01元。

ZH公司持股安车检测的首次公开发行（IPO）价为13.79元。

根据以上交易信息ZH公司应缴纳税费如下：

2020年1月应缴纳增值税：（195,813,824.00−3,872,900.00×13.79）/

1.06×0.06=8,060,747.15 元；应缴纳城市维护建设税：8,060,747.15×0.05=403,037.36 元；应缴纳教育费附加：8,060,747.15×0.03=241,822.41 元；应缴纳地方教育附加：8,060,747.15×0.02=161,214.94 元。

2020 年 2 月应缴纳增值税：（582,754.00–11,400.00×13.79）/1.06×0.06=24,087.62 元；应缴纳城市维护建设税：24,087.62×0.05=1,204.38 元；应缴纳教育费附加：24,087.62×0.03=722.63 元；应缴纳地方教育附加：24,087.62×0.02=481.75 元。

2020 年 3 月应缴纳增值税：（83,723,316.77–1,925,037.00×13.79）/1.06×0.06=3,236,437.16 元；应缴纳城市维护建设税：3,236,437.16×0.05=161,821.86 元；应缴纳教育费附加：3,236,437.16×0.03=97,093.11 元；应缴纳地方教育附加：3,236,437.16×0.02=64,728.74 元。

2020 年 4 月应缴纳增值税：（952,419,486.90–21,193,135.00×13.79）/1.06×0.06=37,367,895.58 元；应缴纳城市维护建设税：37,367,895.58×0.05=1,868,394.78 元；应缴纳教育费附加：37,367,895.58×0.03=1,121,036.87 元；应缴纳地方教育附加：37,367,895.58×0.02=747,357.91 元。

综上，2020 年 ZH 公司共计应缴纳增值税 48,689,167.51 元，应缴纳城市维护建设税 2,434,458.38 元，应缴纳教育费附加 1,460,675.02 元，应缴纳地方教育附加 973,783.34 元。根据企业申报缴纳情况，ZH 公司 2020 年 3 月属期已缴纳增值税 63,284,558.29 元，城市维护建设税 3,164,227.91 元，教育费附加 1,898,536.75 元，地方教育附加 1,265,691.17 元。2020 年 ZH 公司多缴纳增值税 14,595,390.78 元，城市维护建设税 729,769.53 元，教育费附加 437,861.73 元，地方教育附加 291,907.83 元。

二、虚假申报少缴企业所得税。经查，ZH 公司在实际经营业务为从事股权投资的情况下，将公司经营范围由"股权投资、投资咨询"虚假变更为"企业管理咨询、文化创意策划咨询服务"，并以公司账务不健全成本费用无法正常核算为由申请核定征收，促成税务机关按照 10% 应税所得率核定征收企业所得税的事实，从而进行虚假的纳税申报，造成少缴企业所得税 267,572,039.94 元。

根据《国家税务总局关于企业所得税核定征收有关问题的公告》（国家税务总局公告 2012 第 27 号）第一条"专门从事股权（股票）投资业务的企业，不得核定征收企业所得税"之规定，ZH 公司企业所得税征收方式不得采用核定征收，应予以调整。

ZH 公司 2020 年减持股票 27,002,472.00 股，取得不含增值税收入 1,183,850,214.16（195,813,824.00+582,754.00+83,723,316.77+952,419,486.90-48,689,167.51）元；与证券卖出所取得的收入所对应的成本为 1,500,000.00 元；发生的佣金、交易规费共计 46,687.15 元记入管理费用；发生的印花税 1,232,541.12 元、城市维护建设税 2,434,458.38 元、教育费附加 1,460,675.02 元、地方教育附加 973,783.34 元，共计 6,101,457.86 元记入税金及附加；弥补以前年度亏损额 439,645.57 元。

综上，2020 年应纳税所得额为 1,175,762,423.59 元，2020 年应缴企业所得税额为 293,940,605.90（1,175,762,423.59×25%）元，减去当年已缴所得税 26,368,565.96 元，应补缴 2020 年企业所得税 267,572,039.94 元。

三、未如实申报缴纳印花税。经查，ZH 公司实际经营业务为从事股权投资，2020 年 4 月 24 日发生托管转出—非交易转让之股份过户，成交数量 21,193,135.00 股，交易金额 952,419,486.90 元，由于股票的所有权属发生了改变，应对 ZH 公司按千分之一的税率征收证券（股票）交易印花税，因此 ZH 公司未按规定如实申报缴纳印花税 952,419.49 元。

【风险警示】

限售股减持是上市公司股东资本增值变现的主要途径之一，限售股减持因减持股份的主体、股份性质以及减持股份来源不同，涉及税种、纳税人、纳税地点和纳税时间不尽相同。可以股东名称为对象，与企业各类纳税申报表、财务报表等涉税数据进行比对分析。注意对企业持有的限售股在解禁前已签订协议转让给受让方,但未变更股权登记、仍由企业持有的,企业实际减持该限售股取得的收入,依规定纳税后,其余额转付给受让方的,受让方不再纳税,这种情形,目前政策上没有明确属于代扣代缴范围,限售股转让方企业仍是纳税主体。

【风险名称】

69. 34个海关101个报关单位，出口4亿元

【风险判断】

出口报关中的海关关别与贸易国众多

【政策依据】

《财政部 国家税务总局关于出口货物劳务增值税和消费税政策的通知》（财税〔2012〕39号）第七条第一项第1目

适用增值税征税政策的出口货物劳务，是指出口企业出口或视同出口财政部和国家税务总局根据国务院决定明确的取消出口退（免）税的货物。

【风险案例】

经查，青岛QS进出口有限公司（以下简称"QS公司"）2020年至2022年间报关单申报的进出口收发货人、经营单位名称、货主单位名称均为QS公司，贸易方式多数为一般贸易，美元离岸价合计59,198,376美元，人民币离岸价400,616,371元，出口货物类别多为石墨类制品、镁锭、钢铁类制品，少数为健身器材、

服装类产品、日用品等，申报海关关别为北仑海关、龙邦海关、满洲里车站海关、青岛前湾保税港区口岸作业区、青开发区、瑞丽海关、水口海关、天津东疆保税港区海关（港区）、外港海关、翔安海关、新港海关、洋山海关（港区）等共计34个海关关区，运输方式多为水路运输，少量铁路、航空、公路运输，贸易国别多为越南、印度、英国、印度尼西亚、泰国，少量坦桑尼亚、土耳其、美国、加拿大、斯里兰卡、日本、缅甸等共计68个国家和地区，报关单上的申报单位较多且不集中，共计101个报关单位。上述报关单数据中，部分石墨类、镁锭类、金属硅类等产品出口退税率为0且为"禁止出口或出口不退税"商品。

经对QS公司出口报关单上申报单位名称为某某等7个报关行进行取证，QS公司报关出口的货物，实际出口货物的货主并非公司自己，而是其他公司借QS公司的名义操作完成。QS公司以自营名义出口，通过上述7个报关行合计报关出口货物离岸价33,160,259美元，人民币224,881,088元，其出口业务实质上是由QS公司以外的单位或个人借QS公司名义操作完成的，对上述出口货物应适用增值税征税政策。

除上述7个报关行外，QS公司还通过其他94个报关行报关出口货物。对QS公司经其他94个报关行报关出口的出口退税率为0且为"禁止出口或出口不退税"的出口商品合计离岸价23,312,142美元，人民币157,188,911元，应适用增值税征税政策。应补缴2020年增值税合计2,716,583.25元；应补缴2021年增值税合计776,558.63元；应补缴2022年增值税合计294,325.19元。

【风险警示】

纳税人经营业务具有购销"两头在外"和舍近求远"异地报关"等特征的。财务人员应对企业生产场地、运营状况、产供销信息等实施比对分析，核实厂房面积、设备、生产人员，以及水、电等耗用是否与其申报产能相符。还要梳理所出口的货物，报关地是不是货物离境的地区。正常来说，出于成本的考虑，选择就近港口出口，运输成本较低，但也有例外，就是订舱时不同港口离境国际运费存在较大差异，也符合商业逻辑，还有一种舍近求远的出口是特殊货物只能从特定口岸出口。

日常，对出口企业提供相关的报关公司、货代公司，以及运输企业名称、联系方式等信息，海关等部门会通过联网数据审核、部门协查等方式，对企业货运提单等信息的真实性进行分析核查，对存在疑点的单证和企业及时查处。

【风险名称】

70. 注销的合伙企业 错用基金核算政策

【风险判断】

合伙制投资企业单一投资基金核算方式备案表

【政策依据】

1.《财政部 国家发展和改革委员会 国家税务总局 中国证券监督管理委员会关于创业投资企业个人合伙人所得税政策问题的通知》(财税〔2019〕8号)第一条

创投企业可以选择按单一投资基金核算或者按创投企业年度所得整体核算两种方式之一,对其个人合伙人来源于创投企业的所得计算个人所得税应纳税额。

本通知所称创投企业,是指符合《创业投资企业管理暂行办法》(发展改革委等10部门令第39号)或者《私募投资基金监督管理暂行办法》(证监会令第105号)关于创业投资企业(基金)的有关规定,并按照上述规定完成备案且规范运作的合伙制创业投资企业（基金）。

2.《财政部 国家发展和改革委员会 国家税务总局 中国证券监督管理委员会关于创业投资企业个人合伙人所得税政策问题的通知》（财税〔2019〕8号）第二条

创投企业选择按单一投资基金核算的，其个人合伙人从该基金应分得的股权转让所得和股息红利所得，按照20%税率计算缴纳个人所得税。

创投企业选择按年度所得整体核算的，其个人合伙人应从创投企业取得的所得，按照"经营所得"项目、5%~35%的超额累进税率计算缴纳个人所得税。

【风险案例】

傅某霞（身份证号码：352221********0048），作为合伙人参与投资设立的福州市马尾区HFGS股权投资合伙企业（有限合伙）为非创业投资基金，不适用创投企业单一投资基金核算政策，2020年至2021年从该企业获得的所得申报时适用个人所得税品目有误。2020年至2021年从该企业获得的股权转让所得需要据实更正为经营所得品目进行个人所得税申报并相应补税。

【风险警示】

创业企业单一投资基金核算政策，仅适用于计算创投企业个人合伙人的应纳税额，一经选择，3年内不得调整。满3年需要调整的，应在满3年的次年1月31日前，重新向税务机关备案，未按规定备案的，视同选择创投企业整体核算。

选择单一投资基金核算政策的，在创业投资基金层面，股权转让所得与股息红利所得分开核算，不能混合抵扣，单一投资基金发生的投资基金管理人的管理费和业绩报酬等在内的支出，不得在核算时扣除。同一纳税年度、不同项目投资盈亏混合抵扣后。出现亏损不得跨年抵扣。

创投企业个人合伙人对应投资额的70%抵扣其应从基金年度股权转让所得中分得的份额后再计算其应纳税额,当期不足抵扣的,不得向以后年度结转,相当于降低了税收优惠力度。

基金业协会与发改委备案并不冲突,如果在基金业协会已经备案为私募股权投资基金,也可以在发改委进行创业投资企业备案。实践中存在投资中晚期项目的股权投资基金在投资期届满或存续期即将届满时,变更名称及经营范围为"创业投资"并在发改委办理创投企业备案。

【风险名称】

71. 当洼地碰到审计署

【风险判断】

1. 企业主要从事股权、股票等权益性投资

2. 按年度查询电子税务局数字账户成本费用发票合计数占申报的营业成本费用的 50% 或以下

【政策依据】

1.《关于个人独资企业和合伙企业投资者征收个人所得税的规定》(财税〔2000〕91号) 第四条第一项

个人独资企业和合伙企业（以下简称"企业"）每一纳税年度的收入总额减除成本、费用以及损失后的余额，作为投资者个人的生产经营所得，比照个人所得税法的"个体工商户的生产经营所得"应税项目，适用 5%~35% 的五级超额累进税率，计算征收个人所得税。

2.《财政部 国家税务总局关于合伙企业合伙人所得税问题的通知》(财

税〔2008〕159号)第三条

合伙企业生产经营所得和其他所得采取"先分后税"的原则。

3.《国家税务总局关于切实加强高收入者个人所得税征管的通知》(国税发〔2011〕50号)第二条第三款第二项

对个人独资企业和合伙企业从事股权(票)、期货、基金、债券、外汇、贵重金属、资源开采权及其他投资品交易取得的所得,应全部纳入生产经营所得,依法征收个人所得税。

4.《财政部 国家税务总局关于权益性投资经营所得个人所得税征收管理的公告》(财政部 国家税务总局公告2021年第41号)第一条

持有股权、股票、合伙企业财产份额等权益性投资的个人独资企业、合伙企业(以下简称独资合伙企业),一律适用查账征收方式计征个人所得税。

【风险案例】

湖南省永州R贸易合伙企业(有限合伙),系某县政府招商引资企业,将原合伙企业迁入该县。执行事务的普通合伙人均为张某,其余合伙人均为自然人(有限合伙人)。2015年,该企业通过购买合计持有某上市公司股票4,166,700股,合计购买成本6,544,446元。2017年,该上市公司在深交所上市,2020年该企业持股限售期结束。2021年5—6月期间,该企业通过证券市场交易及非交易股权转让方式将上述股票全部转让,取得收入约44,120,070元。企业存续期间仅从事了股权转让交易,各合伙人按生产经营所得已申报缴纳个人所得税231万余元。合伙企业税收申报为招商引资人员办理。

该案是审计署某特派办转办案件涉及税收管理风险事项的企业,经开展调查核实,并于3月14日正式立案检查。涉案企业税务注册时间为2021年3月12日,为小规模纳税人,个人所得税征收方式为查账征收。2021年6月17日向主管税务机关申报增值税应税收入约7,900万元,入库增值税约

79万元，各合伙人通过经营所得个人所得税月（季）度申报（ITS）模块共计申报入库个人所得税经营所得约262万元。2021年6月18日申请办理简易注销。

因涉案企业已注销，检查组要求该企业普通合伙人张某提供案件涉税资料，张某委托他人处理该案件涉税事宜，并提供了纳税申报表、完税凭证、记账凭证、公证书等涉税资料。检查组查阅了该单位部分记账凭证及原始凭证，就该企业原生产经营地的房屋使用情况等向该县工业集中区管理委员会、城市建设投资有限公司等单位进行了查证。检查过程中，该单位积极配合，态度较好，因此，检查组未采取任何强制措施。

该合伙企业各自然人合伙人已于2022年3月31日前汇总申报补缴个人所得税经营所得12,658,567.36元，分红所得75,000.6元，已缴清全部税款。

【风险警示】

股权领域，双高人群不能因跨省市迁移前后税务机关信息不对等、不可利用合伙企业多层嵌套等天然的税务机关信息壁垒，更不能因政府招商引资，有恃无恐在申报企业所得税或经营所得个税时，未发生真实业务、未取得合规发票的情况下，采取"明查暗核"方式，按照收入的一定比例，倒算成本费用填报，粗暴地达到与核定征收相近或略高于核定征收的税负。

上述行为已引起社会和有关部门高度重视，认为通常伴有税务人员的管理问题，危害极大，可能会启动一案双查和双向倒查。

诉讼案例篇

【案例名称】

1. 无效的政府允诺

【上诉人】某矿业投资有限公司、北京某公司
【被上诉人】内蒙古自治区某人民政府、国家税务总局某税务局
【案审法院】最高人民法院、内蒙古自治区高级人民法院

【案 情】

北京某公司为实现股权转让收益享受西部大开发减按 15% 税率计征企业所得税的税收优惠，同时达到某政府提出"税留当地"目的。为此，某政府多次召开协调会，北京某公司基于协调会上某政府的承诺，又专门去函某税务局咨询新设企业企业所得税适用税率相关问题，在某税务局函复同意北京某公司可以减按 15% 税率征收企业所得税的前提下，北京某御公司于 2016 年 11 月 30 日设立的全资子公司 A，后北京某公司将涉案股权转让给 A 公司，A 公司又将部分涉案股权予以转让。

2017 年 1 月 12 日，A 公司转让股权给九公司或九公司指定的公司，已

按 15% 税率向某税务局缴纳股权交易项下的企业所得税 4,743 万元。且股权转让时仅持有探矿权，并未开始矿山经营活动，主营业务收入在股权转让时根本无法达到营业收入的 70%；如由北京某公司直接在北京市完税，可以在税前弥补历年亏损，实际缴纳的所得税不会达到法定的 25%。

2018 年 6 月 1 日，某国家税务局作出国税通〔2018〕6 号税务事项通知书，责令 A 公司于 2018 年 6 月 15 日前缴纳 2017 年 1 月 1 日至 12 月 31 日的应缴纳税款 3,162 万元。

一、上诉人请求

主要诉求：判令某政府、某税务局依法履行已作出的行政允诺，准予 A 公司转让股权按 15% 优惠税率申报缴纳企业所得税。

二、某政府答辩称

1. 答辩人作为当地政府，对于应该将当地的税收资源留在当地，有权利也有义务依法提出要求，不允许其擅自流失，但税收是否应当征缴、如何征缴，是否享受优惠政策，是由税务机关依法办理的，答辩人既没有权利也不可能向任何人作出关于税收方面优惠减免政策的行政允诺；

2. 北京某公司是根据其向某税务局发出的《关于在某新设企业征收企业所得税的咨询函》后开始申报纳税，与答辩人无关；

3. 某税务局要求某御公司缴纳税款符合法律规定，以所谓行政允诺为由拖延缴纳税款的行为是一种严重的违法行为，损害了国家利益；

4. A 公司要求答辩人承担损失没有事实和法律依据。

三、某税务局答辩称

1. 答辩人针对北京某公司的咨询所作的答复仅表述为"同意你单位根据西部大开发企业所得税优惠政策的规定，可申请享受 15% 的优惠税率"，并未明确承诺其享受该优惠，该答复仅为针对纳税咨询的政策性解答，不是行政允诺；

2. 答辩人要求 A 公司缴纳税款符合法律规定，上诉人以所谓行政允诺为由拖延缴纳税款的行为是一种严重的违法行为，损害了国家利益；

3.依法纳税是上诉人的法定义务，上诉人也并非适用15%企业所得税的优惠主体，答辩人无权对法定的税收比例通过某种协议或允诺的方式进行优惠，否则是违法行政；

4.上诉人以其在北京纳税可享受减免的说法，无事实法律依据，其要求赔偿损失不能成立。

【法院审理】

根据《中华人民共和国税收征收管理法》第三条规定："税收的开征、停征以及减税、免税、退税、补税，依照法律的规定执行；法律授权国务院规定的，依照国务院制定的行政法规的规定执行。任何机关、单位和个人不得违反法律、行政法规的规定，擅自作出税收开征、停征以及减税、免税、退税、补税和其他同税收法律、行政法规相抵触的决定。"据此，再审申请人起诉所指向的"行政允诺"并非可以允诺的事项，其是否能够按照15%优惠税率申报缴纳企业所得税，取决于是否符合相关法律法规规定。请求判令某政府和某税务局依法履行准予A公司转让股权按15%优惠税率申报缴纳企业所得税的行政允诺及请求确认某政府和某税务局不履行该行政允诺违法的诉讼请求缺乏合法性基础。

上诉人在起诉和上诉时提到，上诉人对行政机关有基本信赖，某政府和某税务局应当依法履行行政允诺的义务，保护上诉人对政府的信赖利益。对此法院认为，行政机关作出的行政允诺、行政协议等行为必须建立在依法行政的前提下，即行政机关作出的允诺必须在其具有裁量权的处置范围内，且不违反法律的强制性规定，不会损害国家利益、社会公共利益，不能将信赖利益原则置于依法行政之前。上诉人以保护信赖利益为由要求履行该允诺的诉讼请求亦不能成立。上诉人若认为基于对某政府和某税务局的行政允诺的信赖对其造成损失，可另循法律途径解决。

【案例名称】

2. 复议不应以政策理解不当为前提

【上诉人】牛某
【被上诉人】国家税务总局某某市税务局
【案审法院】最高人民法院、西藏自治区高级人民法院

【案　情】

2012年10月18日，拉萨某合伙企业注册成立，合伙人为温某明与牛某。2014年9月至2015年4月，拉萨某合伙企业作为代扣代缴义务人，分三次代温某明、牛某向税务一分局缴纳个人所得税，品目名称为"股息、利息、红利"，共缴纳税款75,607,592元，其中温某明缴纳税款52,925,314.12元，牛某缴纳税款22,682,277.88元。

牛某认为拉萨某合伙企业于2014年9月至2015年4月按支付"股息"代扣代缴合伙人个人所得税75,607,592.92元无事实和法律依据，涉案收入系证券投资基金收益，系从证券投资基金分配所得，暂不征收个人所得税，代扣代缴款依法应全额退还。

2017年12月26日，付某（温某明配偶，财产共有人和遗产继承人）、牛某委托律师向税务一分局递交《关于拉萨某合伙企业"证券投资基金分配

收入"按国家规定暂不征收所得税、代扣代缴税款应全额退还的申请》，要求税务一分局向付某、牛某全额退还拉萨某合伙企业代扣代缴的个人所得税款。2018年12月19日，税务一分局以拉萨某合伙企业为告知对象，作出拉税一分税通二〔2018〕701号《税务事项通知书》，结论为"我局认为你公司申请退税的业务不适用财税字〔1998〕55号和财税字〔2002〕128号文件的相关规定，你公司在该投资中所取得的收益所缴纳的个人所得税不予退税"。

2019年1月28日，拉萨某合伙企业与付某、牛某共同向某市税务局提出复议申请，要求撤销拉税一分税通二〔2018〕701号《税务事项通知书》，退还拉萨某泰合伙企业错误以股息、红利代扣代缴温某明、牛某个人所得税共计75,607,592元。

2019年2月20日，某市税务局受理复议申请，经批准延期，2019年5月19日，某市税务局作出拉税复决字〔2019〕第1号《行政复议决定书》，结论为："申请人的涉税业务应当适用个人所得税（个体工商户的生产、经营所得）的税目征税，不适用财税字〔2002〕128号和财税字〔1998〕55号文件关于免征个人所得税的规定。被申请人作出的不退税的决定适用依据错误，根据《中华人民共和国行政复议法》第二十八条第三款的规定，本机关决定撤销被申请人作出的拉税一分税通二〔2018〕701号税务事项通知书，责令被申请人在30个工作日内重新作出具体行政行为。"

税务一分局送达〔2019〕45号《税务事项通知书》，要求牛某在30日内补征税款66,335,171.62元，按日万分之五加收滞纳金，合计税款达124,179,441元。

一、上诉人请求

某市税务局复议决定既有维持，又有改变原行政行为的内容，且作出对牛某更为不利的决定，不仅不予退税，反补征巨额税款，违背禁止不利变更原则，要求自我纠错，撤销被上诉人税务一分局作出的不予退税决定。

二、某市税务局辩称

1.某市税务局依法作出拉税复决字〔2019〕第1号《行政复议决定书》，

程序合法，不存在《中华人民共和国行政诉讼法》第七十条规定的可撤销情形；

2. 复议决定撤销税务一分局作出的行政行为，并责令 30 日内重新作出行政行为，复议决定既未维持原行政行为，亦未改变原行政行为，而是依据《中华人民共和国行政复议法》第二十八条第三款规定，经全面审查后认定适用依据错误，依法作出的撤销决定；

3. 某市税务局作出的行政复议决定撤销了原行政行为，在原行政行为被撤销的情况下牛某将税务一分局作为共同被告无法律根据；

4. 复议决定撤销原行政行为后，决定内容未对牛某合法权益产生实际影响，且税务一分局作出新的行政行为后，牛某可针对新的行政行为提起诉讼，并未剥夺其权利和救济途径。《税务行政复议规则》第七十六条规定，"行政复议机关责令被申请人重新作出具体行政行为的，被申请人不得作出对申请人更为不利的决定；但是行政复议机关以原具体行政行为主要事实不清、证据不足或适用依据错误决定撤销的，被申请人重新作出具体行政行为的除外"。故某某市税务局作出的复议决定、税务一分局重新作出的具体行政行为符合规范性文件的要求。

【法院审理】

根据《中华人民共和国行政诉讼法》第二十六条的规定，"公民、法人或者其他组织直接向人民法院提起诉讼的，作出行政行为的行政机关是被告。经复议的案件，复议机关决定维持原行政行为的，作出原行政行为的行政机关和复议机关是共同被告；复议机关改变原行政行为的，复议机关是被告"。1号复议决定系撤销701号通知，构成对原行政行为的改变。因此，作出1号复议决定的某市税务局为本案适格被告，1号复议决定对牛某的权利产生了实际影响。

复议决定本身并无不利于申请人权益的变更内容，即使重新作出的具体行政行为对申请人的权利义务将产生实际影响，亦可通过复议、诉讼程序依法寻求救济。事实上牛某已对重新作出的行政行为提起复议、诉讼。

【案例名称】

3. 承租权买断金，也是租赁收入

【上诉人】青海东部某批发市场有限公司（以下简称"A公司"）

【被上诉人】国家税务总局某市税务局稽查局（以下简称"某市稽查局"）

【案审法院】青海省西宁市中级人民法院

【案 情】

2019年1月3日，某市稽查局选案股收到该局举报中心《举报案件检举事项转办单》，转交国家税务总局青海省税务稽查局转来的关于A公司2008年1月至2018年12月因承租权买断金未按照租赁申报纳税，涉嫌少缴税款问题。

某市稽查局于2021年11月12日作出《税务行政处罚决定书》（宁税稽罚〔2021〕第64号），认定：A公司2008年至2018年合计少缴营业税15,086,531.84元，增值税278,004.58元，城市维护建设税1,075,980.85元，教育费附加461,134.64元，地方教育附加239,246.55元，印花税104,652.90元，城镇土地使用税827,080.06元，房产

税 5,704,547.20 元，企业所得税 1,831,894.48 元，属偷税行为。2011 年至 2016 年未代扣代缴个人所得税 18,354,300.00 元。根据《中华人民共和国税收征收管理法》第六十三条第一款、第八十六条之规定，对该企业 2014 年至 2018 年少缴的税款处百分之五十的罚款，以上应缴款项共计 3,517,327.80 元。

一、上诉人请求

承租权买断押金不是租赁收入，一是税法没有明文规定承租权买断押金属于租赁收入。二是承租权买断押金不属于租赁收入，上诉人与商户签订的租赁合同已有明确约定，承租权买断押金实质是为了担保取得长期租赁权的保障。

上诉人不存在偷税行为，没有偷税的目的及故意，认定上诉人存在偷税行为的理由不充分，不应定性为偷税，不应征收滞纳金。

二、某市稽查局辩称

关于承租权买断金征税没有规定的理由不能成立。上诉人开发建设 B 市场，与承租商户签订《商铺租赁合同》，收取承租权买断金并将商铺交付给承租人使用，承租人成为租赁商铺唯一和排他的承租权人，并获得商铺经营收益权、续租权、转租权及承租权的转让权。上诉人向承租人收取承租权买断金是基于双方建立的长期租赁关系，承租人缴纳此部分款项亦是为了取得约定时间内商铺稳定的承租权及租金价格。上诉人收取商铺的承租权买断金，符合营业税、增值税中租赁收入的性质，即在约定的时间内将场地等交予他人使用的业务，应当按照相关法律规定申报缴纳营业税、增值税及附加税费。

上诉人收取具有租赁收入性质的商铺承租权买断金后，应当依法及时足额申报缴纳营业税、增值税、城市维护建设税、企业所得税及从租计征方式计算的房产税，但上诉人仅在 2013 年至 2015 年度对收取的部分承租权买断金按照租赁收入申报缴纳了营业税及附加，对收取的其他承租权买断金既未确认收入也未依法足额申报纳税。除此，上诉人还存在未足额申报缴纳其他经营收入产生的营业税、增值税、城市维护建设税,未足额申报缴纳印花税、城镇土地使用税等行为。上诉人未依照税法规定在账簿上确认收入,属于"在账簿上不列、少列收入";各税种未依法足额申报,属于"进行虚假的纳税申报",并已经造成"不缴、少缴应纳税款"的结果,上诉人的行为可推定其具有不缴少缴税款的主观故意,应当按偷税处理。

【法院审理】

本案中,某市稽查局2019年1月3日作出《举报案件检举事项转办单》,但在该单中,因失误将收到举报时间"2018年12月26日"误写为"2019年12月26日",造成处理时间早于举报时间。同时,在《税务稽查立案审批表》中将检查所属时间"2008年1月1日"误写为"2018年1月1日"属于瑕疵问题,西宁市稽查局应在今后的工作中加以注意。

关于"承租权买断金"是否是租赁收入的问题。《营业税税目注释》(国税发〔1993〕第149号)第七条第六项规定,租赁业是指在约定的时间内将场地、房屋、物品、设备或设施等转让他人使用的业务。同时《营业税改征增值税试点实施办法》规定,经营租赁服务是指在约定时间内将有形动产或者不动产转让他人使用且租赁物所有权不变更的业务活动。本案中,上诉人与承租商户签订的《商铺租赁合同》中就"承租人权利""出租人的保证""承租人的保证"以及附则条款有关"承租权""承租权买断金""承租权转让"等合同词语释明可知,承租权买断金实质是承租商户向上诉人交付"承租权买断金"后,上诉人按照合同约定交付商铺并由承租商户占有使用该商铺,承租商户因此对租赁商铺获得了经营收益权、续租权、转租权等,在固定期限内对租赁商铺享有唯一和排他的承租权,符合上述法律中有关经营租赁的规定。另外,合同中对"承租权买断金"的摊销也有相关约定,即承租权买断金根据实际使用年限退还余额而非全部退还,该约定进一步印证了"承租权买断金"本质上具有租赁收入性质,应按租赁收入缴纳相应的税。关于上诉人认为"承租权买断金"征收营业税没有法律依据的主张，如前所述，"承租权买断金"符合租赁收入性质，实践中存在很多新的经营方式，税收立法不可能对经济生活中的全部经营方式进行穷尽式列举，被上诉人结合上诉人与承租商户之间的合同约定及其他佐证材料，理性谨慎地对"承租权买断金"作出实质判断符合法律规定。

《中华人民共和国税收征收管理法》第四条规定，法律、行政法规规定负有纳税义务的单位和个人为纳税人。法律、行政法规规定负有代扣代缴、代收代缴税款义务的单位和个人为扣缴义务人。纳税人、扣缴义务人必须依照法律、行政法规的规定缴纳税款、代扣代缴、代收代缴税款。第六十三条第一款规定，纳税人伪造、变造、隐匿、擅自销毁账簿、记账凭证，或者在账簿上多列支出或者不列、少列收入，或者经税务机关通知申报而拒不申报或者进行虚假的纳税申报，不缴或者少缴应纳税款的，是偷税。对纳税人偷税的，由税务机关追缴其不缴或者少缴的税款、滞纳金，并处不缴或者少缴的税款50%以上五倍以下的罚款；构成犯罪的，依法追究刑事责任。本案中，上诉人取得商铺承租权买断金收入及其他经营收入应申报而未足额申报，仅就部分收入申报纳税，造成了少缴税款的结果。上诉人的行为属于在账簿上不列、少列收入、进行虚假纳税申报的偷税行为。

对上诉人少缴的营业税、增值税、城市维护建设税、印花税、城镇土地使用税、房产税、企业所得税的税款决定处以百分之五十的罚款，对于教育费附加及地方教育附加因系费而非税不予罚款的处理决定正确，适用法律正确。

【案例名称】

4. 实事求是自我纠正不违反禁止不利变更原则

【上诉人】厦门市 QX 彩钢结构有限公司（以下简称"QX 公司"）

【被上诉人】国家税务总局某市税务局稽查局（以下简称"稽查局"）

【案审法院】福建省高级人民法院、厦门市中级人民法院

【案 情】

2016 年 2 月 19 日，稽查局向 QX 公司送达厦国税稽检通〔2016〕0101 号《税务检查通知书》，对该公司在 1997 年 11 月 15 日至 2016 年 2 月 18 日期间涉税情况进行检查。出纳在笔录中确认，2015 年 7 月 1 日至 8 月 17 日虽然一览表名为"厦门 QX 辊压机械有限公司"，但实际记录的是 QX 公司的销售收入。

2017 年 5 月 5 日，稽查局作出厦国税稽处〔2017〕33 号税务处理决定，认定公司在销售彩钢设备及彩板货物等应税商品时，采取设置两套账、利用个人银行卡收取货款等手段，在账簿上少列收入，少申报增值税应税销售收入共计 41,012,017.71 元（不含税，下同），少缴增值税

税款计 6,972,043.01 元。具体明细如下：（一）"费用一览表"（电子证据）记录该司 2012 年 1 月至 2014 年 2 月期间少申报增值税应税销售收入 23,620,921.24 元，少缴增值税税款 4,015,556.61 元；（二）"费用一览表"（纸质证据）记录了该司 2015 年 4 月、7 月期间少申报增值税应税销售收入 6,572,503.35 元，少缴增值税税款 1,117,325.57 元；（三）"现金日记账"记录该司 2015 年 8 月 1 日至 17 日期间少申报增值税应税销售收入 1,510,229.06 元，少缴增值税税款 256,738.94 元；（四）"内部对账单"记录该司 2015 年 3 月、5 月、6 月期间少申报增值税应税销售收入 8,445,001.71 元，少缴增值税税款 1,435,650.29 元；（五）"个人卡银行记录"记录了该司少申报增值税应税销售收入 790,324.76 元，少缴增值税税款 134,355.21 元；（六）"营业外收入表"记录该司少申报增值税应税销售收入 73,037.59 元，少缴增值税税款 12,416.39 元。根据《中华人民共和国增值税暂行条例》第一条、第四条、第五条、第八条及第十九条的规定，决定追缴 QX 彩钢公司 2012 年 1 月至 2015 年 12 月期间少缴纳的增值税税款 6,972,043.01 元，并根据《中华人民共和国税收征收管理法》第三十二条、《中华人民共和国税收征收管理法实施细则》第七十五条规定，从滞纳税款之日起按日加收万分之五的滞纳金。

2017 年 7 月 5 日，QX 公司向原厦门市国家税务局（以下简称"原市国税局"）申请行政复议。

2017 年 10 月 11 日，原市国税局作出厦国税复决字〔2017〕1 号行政复议决定，认为稽查局作出的税务处理决定，认定事实清楚，适用依据正确，程序合法且内容适当，决定予以维持。

2021 年 2 月 5 日，后承继稽查局职责的某税务局经审查，发现〔2017〕11 号处罚决定认定的申请人偷税数额有误，决定撤销〔2017〕11 号处罚决定，并于作出厦税稽罚〔2021〕4 号税务行政处罚决定书（以下简称"〔2021〕4 号处罚决定"）。

一、上诉人请求

电子证据"厦门 QX 辊压机械有限公司 2012 年至 2014 年 2 月逐月费用一览表",该表的真实性、关联性与合法性无法确认。

2017 年 5 月 5 日,稽查局还作出厦国税稽罚处〔2017〕11 号税务行政处罚决定,认定 2012 年 1 月至 2015 年 12 月期间,QX 公司在销售彩钢设备及彩板货物等应税商品时,采取设置两套账、利用个人银行卡收取货款等手段,在账簿上少列收入,少缴增值税税款 3,584,713.32 元,并处 0.5 倍罚款共 1,792,356.66 元。QX 公司未就该行政处罚决定申请行政复议或提起行政诉讼。

从处罚结果上看,〔2021〕4 号处罚决定较之〔2017〕11 号处罚决定,对 QX 公司的处罚更重,其中单就少缴增值税部分的处罚,就比原税务处罚决定更重。违反禁止不利变更原则及相关法律规定,明显有误,依法应当予以撤销。

2021 年 1 月 19 日,发现的 2012 年 1 月至 2014 年 2 月期间存在少申报应税收入及少缴税费的违法行为已经超过五年,依据《中华人民共和国税收征收管理法》第八十六条的规定,不应给予行政处罚。

二、稽查局、某市税务局辩称

2017 年 5 月 5 日,稽查局分别对 QX 公司作出税务处理决定及税务行政处罚决定,两个税务决定认定的 2012 年 1 月至 2015 年 12 月期间 QX 公司少缴增值税税款分别为 6,972,043.01 元、3,584,713.32 元。具体而言,两个税务决定所认定 QX 公司少缴增值税税款均由 6 个项目构成,其中 4 个项目认定的少缴增值税金额一致。两个税务决定所认定金额不一致的原因在于税务行政处罚决定在第 1 项"费用一览表"(电子证据)、第 5 项"个人卡银行记录"中认定的少缴增值税款金额少于税务处理决定。

【法院审理】

出纳在调查笔录中没有明确提及费用一览表实际记录的是 QX 彩钢公司的

销售收入。

公司法定代表人在询问笔录中称QX公司日常的资金进出账由出纳通过日记账方式记录。因不希望被人知道公司实际经营状况，采取销毁实际账册的手段来保证公司经营情况不外泄。出纳在笔录中述称，其在担任出纳期间每月终了将该月的现金日记账账页撕开，交给公司法定代表人处理。查获的2015年4月、7月"厦门市QX辊压机械有限公司费用一览表"反映的是QX公司的销售收入。

原市国税局稽查局在对QX公司进行税务检查过程中，从QX公司副总经理电脑中取得了前述电子费用一览表，其来源和取得过程、转化形成的纸质材料经QX公司确认，符合法定程序。

前述电子费用一览表表头虽名为"厦门QX彩钢辊压机械有限公司"，但实际并不存在"厦门QX辊压机械有限公司"这一商事主体。QX公司法定代表人在调查笔录中述称"QX辊压机械有限公司"名称是用于QX公司、QX机械公司对外招商使用，实际生产、销售都是QX公司、QX机械公司在运作。QX公司确认QX机械公司与QX公司的财务人员不同。且2015年4月、7月的费用一览表与QX公司残存现金日记账能够相互印证。

2012年至2014年2月费用一览表分为"收入"与"费用"两大项，按序时分月每日汇总记录，记载数据内容完整。经核对，该表记载数据与从QX彩钢公司处取得的2013年1月至2014年1月"资金流水记录"、2013年8月至2014年2月"支付借款利息及承包金"、2012年至2014年2月"材料、外协应付账款明细一览表"记载内容能够相互印证；与QX公司出纳人员银行卡流水抽查比对一致，又对QX公司客户调查笔录予以佐证，反映了QX公司2012年至2014年2月期间真实营业收支情况。

在QX公司无法提供相反证据的情况下，稽查局以该费用一览表作为认定QX公司2012年至2014年2月期间营业收入的依据，并无不当。仅以该费用一览表不能与公司出纳人员银行卡流水完全对应为由，尚不足以否定该一览表的真实性、有效性。

关于案涉税务处理决定与税务处罚决定认定少缴增值税税款金额不一致的问题。行政处罚是对当事人处以一种额外的或者附加的义务，这种额外或附加的义务，主要是为了保证原来规定的行政义务的履行，如警告、罚款、没收、吊销营业执照与许可证等，而行政处理是让当事人履行原来该有的法定义务或不是附加的额外义务。

本案中，税务处理决定和税务处罚决定系针对同一违法行为作出的两个行政行为，二者关系紧密，在少缴税款认定上具有极高的共通性。差别主要体现在前者不要求行为人有主观故意，因行为人计算错误等失误导致的少缴税款应予以追缴，但免于行政处罚；后者在事实认定上必须有主观故意这一构成要件，即采取了偷税的手段。案涉《税务处理决定书》是因为发现QX公司少缴增值税，故税务机关要求QX公司把少缴的税补缴，实质上是让企业履行原来该有的义务，而没有增加新义务。通常情况下，行政处罚决定标准高于行政处理决定，如纳税人存在因误解政策或计算错误原因等少缴税款的非主观故意行为，通常不予行政处罚，因此可能会出现处罚决定书认定的金额可以低于处理决定的情形。

但经审查，案涉税务处理决定认定的少缴增值税税款中不存在QX公司计算错误等失误导致的少缴税款的类似情形。税务机关也未能举证证明，其认定的QX公司何种少缴增值税行为应科以行政处理而不应科以行政处罚，故税务机关针对QX公司的同一少缴税款的行为，在同一日作出两种不同标准、不同金额的认定，进而作出不同的行政处理决定和行政处罚决定的行为，属于认定事实不清、适用法律错误。

〔2021〕4号处罚决定是在补充调查的基础上作出的，系行政机关基于实事求是原则作出的自我纠正行为，不属于基于同一事实和理由重新作出的与原行政行为基本相同的行政行为，亦未违反禁止不利变更原则。

QX公司偷税等违法行为发生在2011年9月至2015年12月，稽查局在2016年3月检查中已经发现，〔2021〕4号处罚决定是补充调查后依法作出的处罚决定，未超过《中华人民共和国税收征收管理法》第八十六条规定的5年时效。

【案例名称】

5. 税务处罚可强制执行

【申请人】国家税务总局阿克苏地区税务局（以下简称"阿克苏税务局"）
【被申请人】某公司
【案审法院】新疆维吾尔自治区阿克苏市人民法院

【案 情】

对某公司拒不履行阿克苏税务局的税务处理决定书（阿克苏税稽处〔2023〕24号）予以强制执行，追缴税款3,110,204.26元、未及时转出增值税及城市维护建设税税款相应的滞纳金35,024.48元、滞纳金（对少缴纳的税款3,110,204.26元从滞纳税款之日起至实际缴纳或者解缴税款之日止，按日加收滞纳税款万分之五的滞纳金）。

某公司申辩称：

阿克苏税务局的申请事项是依据阿克苏税稽处〔2023〕24号税务处理决定书，适用的法条是《中华人民共和国税收征收管理法》第八十八条，只有第三款是具有执行的法律规定，其中表述为，当事人对税务机关的处罚决定，逾期不申请行政复议，也

不向人民法院起诉,又不履行的,作出处罚决定的税务机关可以采取本法第四十条规定的强制执行措施,或者申请人民法院强制执行。其中的表述为处罚决定,而申请人的是税务处理决定,我们认为申请人的强制执行于法无据,不应当得到支持。

【法院审理】

《中华人民共和国行政强制法》第五十三条规定已经明确了向人民法院申请强制执行的主体是没有行政强制执行权的行政机关。另,根据《中华人民共和国税收征收管理法》第八十八条第三款规定:"当事人对税务机关的处罚决定逾期不申请行政复议也不向人民法院起诉、又不履行的,作出处罚决定的税务机关可以采取本法第四十条规定的强制执行措施,或者申请人民法院强制执行。"据此,税务机关只有作出处罚决定才可以申请人民法院强制执行,向人民法院申请强制执行所依据的是行政法规明确规定的行政处罚决定书,而非税务处理决定书,故被申请执行的行政行为明显缺乏法律、法规依据,因此,阿克苏税务局向本院提出强制执行阿克苏税稽处〔2023〕24号税务处理决定的申请不符合我国法律规定的条件,该强制执行申请程序不当,应当依法裁定不予准许强制执行该行政处理决定。

【案例名称】

6. 追溯资产评估报告效力不足

【申请人】海南 GR 投资开发有限公司（以下简称"GR 公司"）

【被申请人】国家税务总局海南省税务局稽查局、国家税务总局海南省税务局

【案审法院】海南省高级人民法院

【案　情】

2009 年，GR 公司的唯一股东海南 HD 临空产业集团有限公司（以下简称"HD 公司"）以土地作价增资，委托评估的《土地估价报告》，采用的市场比较法基准地价修正法，评价价值 416,869,243 元。GR 公司未对以土地作价增资提出异议。

2023 年，GR 公司委托的海南 RH 资产评估土地房地产估价有限公司是海南省高级人民法院公布的专业评估机构，其所作的《土地咨询报告》按照实际情况设定土地用途，且详细说明了参考的交易案例、系数修正办法，评估价值 530,973,500 元。

争议焦点是 GR 公司于 2023 年委托评估的《土地咨询报告》评估出的土地价值 530,973,500 元能否作为企业所得税税前扣除成本的问题。

一、申请人称

无异议的土地价值不等于市场公允价值。根据《国家税务总局关于企业股权投资业务若干所得税问题的通知》（国税发〔2000〕118 号）、《财政部关于印发〈企业会计准则第 39 号——公允价值计量〉的通知》（财会〔2014〕6 号）、《企业会计准则第 36 号——关联方披露》（财会〔2006〕3 号）的规定，只有非关联企业之间按公平交易原则和经营常规自愿进行的资产交换价值才是公允价值。根据《国家税务总局关于印发〈房地产开发经营业务企业所得税处理办法〉的通知》（国税发〔2009〕31 号）的规定，依法应按涉案土地的市场公允价值和土地使用权转移过程中应支付的税费，而不是按照具有关联关系的 HD 公司与 GR 公司协商的金额来计算 GR 公司取得土地的成本，否则可能导致所得税扣除成本奇高奇低，甚至税收流失。

根据《最高人民法院关于行政诉讼证据若干问题的规定》第六十二条第一款第三项的规定，HD 公司委托评估的结果不能作为认定涉案土地市场价值的依据。

二、海南省税务稽查局答辩称

（一）GR 公司以协议方式自愿以土地评估价投资入股，《土地估价报告》没有明显偏离当时的基准地价，且不违反相关法律法规。

（二）涉案土地成本已按评估价 416,869,243 元全额入账，且符合《企业会计准则》的相关规定。

（三）GR 公司向 HD 公司购买 GR 公司股权的行为，未改变账上土地成本价格，不影响 GR 公司企业所得税土地成本的计算。

（四）公允价值只是土地交易时的一个参考指标，并不是最终认定结果。根据《最高人民法院关于印发〈全国法院贯彻实施民法典工作会议纪要〉的通知》（法〔2021〕94 号）第 9 条第 2 款"转让价格达不到交易时交易地指导价或者市场交易价百分之七十的，一般可以视为明显不合理的低价；对转让价格高于当地指导价或者市场交易价百分之三十的，一般视为明显不合理的高价"的规定，只要交易价格未偏离正常市场价格的±30%，即为市场和税务机关认可的公允价格，不需要进行纳税调整。

GR公司的主张不足以推翻其与HD公司协议约定的土地价格。无论参照基准地价，还是参照《土地咨询报告》评估的530,973,500元，GR公司取得土地成本416,869,243元均未偏离市场价值的±30%，属于税务机关认可的交易价格。

三、海南省税务局答辩称

GR公司与HD公司对土地价格416,869,243元均无异议，并以土地成本入账，省税务稽查局将其作为企业所得税税前扣除成本合理合法。

省税务局受理复议申请后，作出《受理行政复议申请通知书》《行政复议答复通知书》分别送达GR公司和省税务稽查局，在省税务稽查局提交证据材料后，经书面审查，于法定期限内作出了21号复议决定，并予以送达。综上所述，省税务局作出21号复议决定认定事实清楚、适用法律依据正确、符合法定程序。

【法院审理】

土地评估系评估人员利用自己的专业技能，通过采用适当的方法，经对影响土地价值的法律法规、政策和经济社会发展现状及潜力、房地产市场价格及走势、土地区位及基础设施建设情况等诸多因素综合分析后，确定被评估对象价值的一种"估价"方式。虽然评估具有很强的科学性和合理性，但是毕竟还是一种主观评价结果，评估人员基于自身的认知对影响土地价值的因素、对各因素的具体情况及其在所有被考虑因素中的权重等会有不同的选择和感知，如2009年的《土地估价报告》将宗地外的基础设施因素表述为"已达到'五通一平'开发程度"，而2023年的《土地咨询报告》则表述为

"达到'五通'高配置",这些不同主观选择和感知均会直接影响到最终评估结果,导致同一时期不同鉴定人员、不同鉴定机构的评估结果均会不同,不同时期的评估结果更会不同,所以只要不是过高过低,就不应用一个评估结果来否定另一个评估结果。

涉案土地尽管在两次评估时被确认的时点、土地现状及宗地外基础设施等条件一致,但是在2009年评估之后,海南省先于2010年开始推进国际旅游岛建设,又于2020年启动自由贸易港建设,经济社会和涉案土地周边的开发情况等在10多年的时间内都发生了根本性变化,影响土地价值的因素及相同各因素的具体情况亦随之发生了变化,再于2023年以追溯的方式对土地价值予以评估,评估结果无疑会与2009年评估结果不一致。而且,涉案五宗土地证载用途均为"商业用地",GR公司于2023年单方委托评估时将其中四宗土地设定为"城镇住宅用地",土地用途与登记用途不符,评估出的土地价值530,973,500.00元不能作为涉案土地在作价入股时的价值。

【案例名称】

7. 契税不以办证时间确定适用优惠税率

【申请人】蔡某辉
【被申请人】国家税务总局某县税务局第一税务分局
【案审法院】河南省高级人民法院

【案 情】

一、蔡某辉称

本人名下有三套房，一套房（某县某府小区住宅）已经缴纳契税并办证，剩下两套房没有缴纳契税和办证。2022年8月，申请人对名下没有缴纳契税和办证的某县某园房屋和某县某源房屋同时向某县行政服务中心请求缴纳契税和办理不动产权证。

> 契税法第九条规定契税纳税义务自购房合同签订时产生，蔡某辉购买某园房屋时因其已有两套房，按第三套住房标准3%征收契税，符合规定

某县行政服务中心对某县某园房屋办证申请正常办理，对某县某源房屋办证申请不予受理。蔡某辉只能先办理某县某园房屋的不动产权证，在缴纳契税时，某县税务局第一税务分局对某县某园房屋直接按照第三套房屋的契税税率3%标准来征收契税，而不是按照第二套房屋的契税税率2%标准来

征收契税。

某县税务局第一税务分局没有房屋用途，无视某源房屋不能办证客观事实，仅凭"某源1-H××号楼××.23平方米"没有备案时间，认定某源房屋是第二套房，认定某园房屋是第三套房，强行把某源房屋认定为第二套房契税税率2%，把某园房屋认定为第三套房契税税率3%。

二、第一分局答辩称

认定某园房屋为第三套房屋并于2023年8月26日对其征收契税，依据某县不动产登记中心于2022年8月25日出具关于蔡某辉的房屋登记信息查询结果证明，载明："序号1项目名称某府××号楼××单元房号201，备案时间2021-10-08，房屋性质商品房，面积119.17平方米，房屋用途住宅同，备注：某源1-H 6号楼面积58.23平方米。"虽然对某源房屋的记录比较简单，但并没有对第三套某园房屋的任何记载，可以证明办理某园房屋之前已经有两套房屋，可以证明某源房屋备案时间早于某园房屋，蔡某辉也自认其购买某源房屋的时间是2018年，根据《中华人民共和国契税法》第九条规定，契税的纳税义务发生时间，为纳税人签订土地、房屋权属转移合同的当日，或者纳税人取得其他具有土地、房屋权属转移合同性质凭证的当日。

三、某县税务局答辩称

蔡某辉在某县三套房的购买顺序为：2016年8月15日备案的某府××号楼××单元××为首套住房、2018年10月24日备案的某源1-H 6号为第二套住房、2022年10月24日登记的某园房屋为第三套住房。从事实状态来看，蔡某辉购买的第三套住房为某园房屋。

【法院审理】

《中华人民共和国契税法》第九条规定，申请人每套房屋契税的纳税义务发生时间应为其购买每套房屋所签订房屋买卖合同的当日。契税缴纳义务自房屋买卖合同签订即产生，并非房屋权属变更登记时产生。

根据《财政部 国家税务总局住房城乡建设部关于调整房地产交易环节契税营业税优惠政策的通知》(财税〔2016〕23号)"纳税人申请享受税收优惠的,由购房所在地的房地产主管部门出具纳税人家庭住房情况书面查询结果,并将查询结果和相关住房信息及时传递给税务机关"规定,在蔡某辉缴纳某园房屋契税时,经不动产登记中心查询,蔡某辉已有某府小区和某源小区的2套住房,某园房屋属于第三套住房,应按照3%的标准征收契税,符合事实和法律规定。

结合本案事实与前述法律规定,申请人并不能选择以哪套房作为第二套或第三套进行申报缴税,而应该以真实情况据实申报缴税。

【案例名称】

8. 视频证据未调取，不影响合法权益

【申请人】贾某

【被申请人】国家税务总局某某市税务局第一稽查局、国家税务总局某某市税务局

【案审法院】天津市高级人民法院

【案 情】

申请人称

本人于 2020 年 8 月 27 日在第一稽查局处沟通的视频、2021 年 12 月 15 日在第一稽查局处就奖金产生争执的视频（录音），某某市税务局第一稽查局一审时当庭播放，但拒绝作为证据提交，一审法官未质证；向二审法院申请调取被拒绝。

第一稽查局作出的津税一稽处〔2021〕143 号《税务处理决定书》调查时间范围与再审申请人举报的时间不一致。

【法院审理】

《税务处理决定书》调查时间范围与举报的时间不一致的问题，贾某举报的是雪佛龙（天津）润滑油有限公司2014年底结案的3本手册违规抵扣税款的问题，第一稽查局对雪佛龙（天津）润滑油有限公司2007年1月1日至2015年12月31日的纳税情况进行了检查，包含了再审申请人的举报期间。

关于2020年8月27日在第一稽查局处沟通的视频以及2021年12月15日就奖金产生争执的视频，二审法院未同意调取证据的问题。根据《最高人民法院关于行政诉讼证据若干问题的规定》第七条、第二十四条的规定，贾某申请调取证据时已经超过举证期限，不符合证据调取条件。

且第一稽查局并未否认2020年8月27日曾告知贾某实际追缴金额为16,307,709.9元的事实，并在案涉《行政复议决定书》中的答辩部分对举报中心工作人员的误读及后续沟通情况进行了解释说明，二审法院根据《最高人民法院关于适用〈中华人民共和国行政诉讼法〉的解释》第三十九条的规定决定不予调取，不影响对案件事实的查明及贾某权益的保护。

关于2021年12月15日再审申请人在被申请人第一稽查局处就奖金产生争执的录音，一审时当庭播放，被申请人市税务局拒绝认可，一审法院未质证的主张。该录音系一审时某某市税务局提供，一审法院在2022年9月9日开庭时对该录音当庭播放并进行了质证，贾某该项主张没有事实依据。

【案例名称】

9. 诉国家税务总局包庇,败诉

【上诉人】刘某

【被上诉人】国家税务总局

【案审法院】北京市高级人民法院

【案 情】

2023年8月11日,国家税务总局作出税复驳字〔2023〕5号《驳回行政复议申请决定书》(以下简称被诉决定)认为:根据《中华人民共和国行政复议法》(以下简称行政复议法)第六条规定,认为行政机关的具体行政行为侵犯其合法权益的,可以申请行政复议。

（刘某提起本案诉讼,不符合法定起诉条件,一审法院裁定驳回其起诉正确,本院应予维持）

《中华人民共和国行政复议法实施条例》(以下简称"复议法实施条例")第二十八条规定,行政复议申请符合下列规定的,应当予以受理:(五)属于行政复议法规定的行政复议范围。《中华人民共和国政府信息公开条例》(以下简称政府信息公开条例)第二条规定,本条例所称政府信息,是指行政机关在履行行政管理职能过程中制作或者获取的,以一定形式记录、保存的信息。

刘某作为举报人申请公开"适用某某公司的企业所得税核定征收管理办法及适用的法律条文",实质上是通过政府信息公开渠道对江苏省南通地方税务局稽查局对某某公司作出的《税务处理决定书》中的法律适用质疑,其目的是要求国家税务总局对法律适用问题作进一步的解释,其所申请的内容不属于政府信息公开条例的调整范畴。针对刘某的该项申请,国家税务总局没有进行政府信息公开申请答复的法定职责。

国家税务总局基于便民原则所作出的相应解释,不对刘某的权利义务产生实际影响,不属于行政复议法规定的可复议的具体行政行为,刘某的复议请求不属于行政复议法规定的行政复议范围,应当予以驳回。综上,根据复议法实施条例第四十八条第一款第二项规定,国家税务总局决定驳回刘某的行政复议申请。

上诉人刘某称

1. 国家税务总局作出税总公开复〔2023〕37号《政府信息公开答复书》(以下简称37号答复)答复"相关信息不属于本机关负责公开"是错误的,应先答复申请公开的信息是否存在,然后答复是否公开、由谁负责公开,对于国家税务总局制定的《企业所得税核定征收管理办法》及适用的法律条文应当由国家税务总局负责公开,且应当主动公开,并告知获取途径。

2. 37号答复中"建议向国家税务总局南通市税务局了解该信息"是错误的,刘某向南通市税务局进行了了解,南通市税务局答复《企业所得税核定征收管理办法》及适用的法律条文应该由国家税务总局制作并公开。国家税务总局对《企业所得税核定征收管理办法》的制定负有解释权,应主动解释法律法规问题,而不是一味推给下级处理。

3. 国家税务总局将举报件转给被举报人违法。

4. 南通市税务局胡乱执法及江苏省税务局监管不力导致刘某无法获得应得的举报奖励,侵犯刘某合法权益,国家税务总局作出被诉决定是一种不负责任的表现。

5.被上诉人作出的37号答复中写明"如对本答复不服，可在收到本答复书之日起60日内向国家税务总局申请行政复议，或者在6个月内向北京市第一中级人民法院提起行政诉讼"，现被上诉人驳回复议申请，其目的就是不愿公开适用某某公司的《企业所得税核定征收管理办法》及适用的法律条文，包庇下级税务部门，偷逃国家巨额税款。

【法院审理】

2023年3月23日国家税务总局收到刘某提交的政府信息公开申请，申请公开"现向国家税务总局申请公开适用某某公司的企业所得税核定征收管理办法及适用的法律条文"。同年4月17日，国家税务总局作出37号答复，告知刘某：相关信息不属于本机关负责公开。根据政府信息公开条例第十条、第三十六条第五项的规定，建议刘某向国家税务总局南通市税务局了解该信息，地址：南通市工农南路158号，邮政编码：226000，联系电话：0513-8158****。刘某不服向国家税务总局申请行政复议，请求撤销37号答复，责令公开刘某申请公开的信息。同年8月11日，国家税务总局作出被诉决定。

根据《最高人民法院关于适用〈中华人民共和国行政诉讼法〉的解释》第六十九条第一款第八项、第十项规定，被诉的行政行为对公民、法人或其他组织的合法权益明显不产生实际影响，以及其他不符合法定起诉条件的情形，已经立案的，应当裁定驳回起诉。政府信息公开条例第二条规定，本条例所称政府信息，是指行政机关在履行行政管理职能过程中制作或者获取的，以一定形式记录、保存的信息。

刘某向国家税务总局提出的政府信息公开申请，实质上是就税务机关对某某公司税务稽查应适用的法律依据进行咨询，并非政府信息公开条例所调整的范围。国家税务总局针对该申请作出的37号答复，属于对公民、法人或者其他组织权利义务不产生实际影响的行为，明显不属于行政复议及行政诉讼的受理范围。故国家税务总局作出的被诉决定并未影响刘某依据行政复议法享有的行政复议权利。刘某提起诉讼，不符合法定起诉条件，依照《最高人民法院关于适用〈中华人民共和国行政诉讼法〉的解释》第六十九条第一款第十项的规定，裁定驳回刘某的起诉。

《最高人民法院关于适用〈中华人民共和国行政诉讼法〉的解释》第六十九条第三款规定，人民法院经过阅卷、调查或者询问当事人，认为不需要开庭审理的，可以径行裁定驳回起诉。本案中，一审法院未开庭审理本案不违反上述法律规定。

综上，刘某提起本案诉讼，不符合法定起诉条件，一审法院裁定驳回其起诉正确，本院应予维持。刘某的上诉理由依据不足，其全部上诉请求，本院均不予支持。

【案例名称】

10. 因刑事案件中止行政复议

【申请人】三明市 FX 化工运输有限公司
【被申请人】国家税务总局福建省税务局
【案审法院】福建省高级人民法院

【案 情】

申请人称：税务行政处理不以刑事案件结果为依据，福建省税务局中止审理案涉行政复议案件的理由不成立。税务处理是税务机关履行国家征税权力，不涉及对纳税人的处罚，税务处理与刑事案件处理平行，刑事案件结果如何均与税务处理无关。

福建省税务局作出的闽税复中字〔2021〕6号《中止行政复议通知书》（以下简称《中止通知书》）对申请人产生了实际影响，已完全剥夺了申请人获得有力证据的可能性，具有可诉性；根据最高人民法院指导案例69号"但如果该程序性行政行为具有终局性，对相对人权利义务产生实质影响，并且无法通过提起针对相关的实体性行政行为的诉讼获得救济的，则属于可

诉行政行为，相对人提起行政诉讼的，属于人民法院行政诉讼受案范围"的裁判观点，被诉《中止通知书》应当接受司法审查。原一、二审裁定错误，请求撤销原一、二审裁定，指令一审法院立案受理。

【法院审理】

依照《最高人民法院关于适用〈中华人民共和国行政诉讼法〉的解释》第一条第二款第十项的规定，对公民、法人或者其他组织权利义务不产生实际影响的行为不属于行政诉讼受案范围。福建省税务局于2021年11月5日作出《中止通知书》，载明"因司法机关对某某公司及相关人员涉嫌虚开发票犯罪案仍处于刑事诉讼阶段，根据《中华人民共和国行政复议法实施条例》第四十一条第一款第七项之规定，现决定自2021年11月5日起中止行政复议案件的审理。行政复议中止原因消除后，本机关将恢复审理。"

案涉《中止通知书》仅表明福建省税务局认为有客观法定情形需要中止行政复议案件的审理，并告知再审申请人中止原因消除后将恢复审理，故《中止通知书》属于程序性行政行为，不涉及终局性问题，对再审申请人的权利义务不产生实际影响，不属于行政诉讼受案范围。

因《中止通知书》并不是终局性行政行为，故本案与最高人民法院指导案例69号的相关情形并不相同。综上，原审法院裁定并无不当，再审申请人某某公司的再审申请理由不能成立，其再审申请不符合《中华人民共和国行政诉讼法》第九十一条规定的情形。

【案例名称】

11. 虽为夫妻，未缴税款也不能诉讼

【上诉人】李某
【被上诉人】国家税务总局绍兴市税务局
【案审法院】浙江省绍兴市中级人民法院

【案　情】

　　国家税务总局绍兴市税务局第一稽查局（以下简称"第一稽查局"）对洪某（李某的配偶）作出绍税一稽处〔2023〕91号行政处理决定书，该行政处理决定作出对洪某追缴营业税×元、增值税×元、城建税×元、教育费附加×元、地方教育附加×元、个人所得税×元、城镇土地使用税×元、房产税×元，并要求洪某从滞纳税款之日起按日加收滞纳税款万分之五的滞纳金的处理决定。

　　洪某因不能在绍税一稽处〔2023〕91号行政处理决定书规定的15日期限内缴清税款与滞纳金或提供担保，故丧失了向绍兴市税务局就绍税一稽处〔2023〕91号行政处理决定书提起行政复议的救济权利。

　　李某作为洪某的配偶

决定作为利害关系人就绍税一稽处〔2023〕91号行政处理决定书向国家税务总局绍兴市税务局申请行政复议。2023年11月3日收到作出的《不予受理行政复议申请决定书》（绍税复不受字〔2023〕12号），认为李某不具备申请行政复议的主体资格，决定不予受理。

李某认为绍税复不受字〔2023〕12号认定事实错误，适用法律错误。

一、李某起诉称

根据《税务行政复议规则》第二十三条之规定，第三人在行政复议中具有独立的法律地位，不依附于申请人或被申请人，享有与申请人基本相同的复议权利。据此可以认为，既然利害关系人参加到已经开始的行政复议中去后享有与申请人同样的复议权利，那么，当行政相对人不申请复议时（洪某没有申请行政复议且无法申请行政复议），利害关系人同样可以单独提起行政复议，享有与申请人基本相同的复议权利。

对洪某的行政处理决定系对李某与洪某共同财产的财产权利的剥夺、限制或者被赋予义务。（1）对洪某追缴税款系对李某与洪某共同财产的所有权、使用权进行了剥夺。（2）对洪某追缴税款系对李某与洪某共同共有的财产进行了限制。对洪某追缴税款势必要处分和分割李某与洪某的共同财产，这对夫妻未离婚前财产属于共同财产，而对洪某的行政处理必然对共同财产进行限制。（3）夫妻关系存续期间债务属于共同债务，对洪某追缴税款系对李某赋予了义务。

行政处理决定书认定洪某偷税系其出借资金涉及的利息收益应缴纳的所得税和营业税、增值税和租赁土地涉及的房产税未缴纳税款，但洪某出借资金涉及的利息收益和租赁土地的收益系在洪某与李某夫妻关系存续期间，其收益亦是夫妻共同财产的部分，故李某与行政处理认定洪某偷税行为最终影响的也是李某与洪某的共同财产，从这点看洪某与李某之间也有直接的利害关系。

洪某收到绍税一稽处〔2023〕91号行政处理决定书时间为2023年8月

31 日，李某提起行政复议时间为 2023 年 10 月 28 日，在行政复议期限 60 日内，利害关系人提起的行政复议在行政复议期限内。

鉴于涉税争议的行政复议前置，而税务处理决定书要求 15 日内缴清税款和滞纳金或提供担保，否则就可能在行政复议中不予受理。现有的税收征管法的规定可能阻碍权利受到损害的纳税人依法申请权利救济，建议作为配偶可以基于夫妻共同财产以直接利害关系人提起行政复议，通过司法判决探索并完善涉税争议解决途径，无须以被行政处理对象缴清税款为前提。

二、绍兴市税务局答辩称

根据《中华人民共和国行政诉讼法》第二十五条第一款、第四十九条第一项的规定，第一稽查局作出的绍税一稽处〔2023〕91 号税务处理决定，确定税务行政相对人为洪某，李某与税务处理决定没有利害关系。

国家税务总局绍兴市税务局作出的复议决定，事实清楚、证据确凿、适用依据正确、程序合法。李某请求撤销被申请人第一稽查局作出的绍税一稽处〔2023〕91 号税务处理决定，2023 年 10 月 28 日收到行政复议申请，因该复议申请错列被申请人，李某于 2023 年 11 月 1 日作了补正。2023 年 11 月 3 日，依据《中华人民共和国行政复议法》（2017 修正）第二条、第十七条、《中华人民共和国行政复议法实施条例》第二十八条第二项、《税务行政复议规则》第四十五条第一款的规定，作出绍税复不受字〔2023〕12 号不予受理复议决定，并将复议决定书送达李某。

【法院审理】

《中华人民共和国税收征收管理法》第八十八条第一款、第二款规定："纳税人、扣缴义务人、纳税担保人同税务机关在纳税上发生争议时，必须先依照税务机关的纳税决定缴纳或者解缴税款及滞纳金或者提供相应的担保，然后可以依法申请行政复议；对行政复议决定不服的，可以依法向人民法院起诉。当事人对税务机关的处罚决定、强制执行措施或者税收保全措施不服的，可以依法申请行政复议，也可以依法向人民法院起诉。"本案中，绍税一稽处〔2023〕91号税务处理决定书的行政相对人洪某未在限期内缴纳或者解缴税款及滞纳金或者提供相应的担保，故洪某本人无权申请行政复议。

《中华人民共和国行政诉讼法》第二十五条第一款规定："行政行为的相对人以及其他与行政行为有利害关系的公民、法人或者其他组织，有权提起诉讼。"正如李某诉称，利害关系是指行政机关在作出行政行为时，负有考量和保护起诉人相关权利的义务，起诉人的相关权益有可能因为行政机关未尽上述义务而受到侵害。

本案中，尽管李某与行政相对人洪某是夫妻关系，且基于夫妻关系也存在夫妻财产共有关系，但在作出案涉绍税一稽处〔2023〕91号税务处理决定书时，无须考量上诉人的权利义务，案涉绍税一稽处〔2023〕91号税务处理决定书也没有直接侵害李某的权益，故李某与具体行政行为之间无利害关系。

12. 股权转让 需谨慎

【上诉人】张某

【被申请人】国家税务总局辽阳市税务局稽查局

【案审法院】辽宁省辽阳市中级人民法院

【案 情】

2015年9月6日，张某以承接债务、股权转让的方式承接辽宁某皮革城有限公司90%的股权。

一、上诉人辩称

2018年3月12日，辽宁某皮革城有限公司因装修改造与沈阳农商银行股份有限公司和平支行签订借款合同约定借款金额为人民币1.3亿元，实际提款额为人民币1.2亿元。（2020）辽01民初1435号民事判决书，法院明确判决金某、张某、李某等被告银行借款的本息合计120,992,018.27元。其依据的事实与理由就是某公司与沈阳农商银行股份有限公司和平支

行签订的借款合同。国家税务总局辽阳市税务局稽查局明知借款事实存在，未听取陈述与申辩，对提出的事实、理由及证据材料不予以审查参考，且对于股权转让时公司的资产与负债情况也未进行彻底的清查即直接作出行政行为。根据《中华人民共和国行政处罚法》第四十五条规定，国家税务总局辽阳市税务局稽查局在作出行政行为时事实不清、证据不足，未保护原告的合法权益。

2022年7月19日的执行裁定中某公司名下15000平方米土地使用权、总面积为29959平方米的房产以及两处无产籍面积合计830平方米在强制执行拍卖时流拍，最终以145,397,006元的价格抵偿债务。法院最后的执行结果，反映了某公司房产土地评估的真实价值，也充分证明了某公司账面上实际贷款1.2亿元的存在。法院最后执行的评估价145,397,006元，抵偿债务120,992,018.27元（本息合计），再考虑到某公司的实收资本55,400,000.00元，股权转让的行为并无所得，并不存在偷逃个人所得税的情形。被上诉人在辽市税稽罚〔2023〕7号《税务行政处罚决定书》中对于上诉人股权转让所得的计算并无事实依据。

二、国家税务总局辽阳市税务局稽查局辩称

在税务案件检查过程中认真审查了辽宁某皮革城有限公司提供的资产负债表、明细分类账，结合《股权转让协议》《房地产抵押估价报告》《价格认定结论书》《询问笔录》等一系列证据材料查清案件事实，不存在适用错误证据材料的情况。作出处罚决定所依据的证据充分、案件事实清晰。

对张某作出辽市税稽处〔2023〕4号《税务处理决定书》，该处罚决定认定的违法事实为：2018年5月，将持有的辽宁某皮革城有限公司的股权转让给自然人金某。转让股权时该公司房地产占总资产的金额超过20%，需对其公允价值进行评估，根据《辽宁省涉税财物价格认定管理办法》，国家税务总局辽阳市税务局委托辽阳市价格认证中心对其公司资产价格进行认证，经认证，辽宁某皮革城有限公司房地产公允价值136,915,800.00元，另有货币资金85,299.83元,则该公司资产价值137,001,099.80元;负债总额42,312,906.83元;实收资本50,000,000.00元;股权原值55,440,000.00元。你应缴未缴股权转让个人所得税5,944,790.74元。处0.5倍的罚款,金额为2,972,395.37元。

张某在股权转让时向原灯塔市地方税务局提交的《股权转让协议》约定股权转让价格人民币5,540万元,而交易双方并未按照协议约定支付股权转让价款,获得的实际资产远超约定转让价格,且股权转让时公司资产价值和实际最终获得的资产对价也远远高于申报金额,张某行为属于虚假纳税申报,依据法律规定应被认定为偷税。

另查,2018年3月12日,辽宁某皮革城有限公司与沈阳农商银行股份有限公司和平支行签署《借款合同》,借款金额为130,000,000.00元。

【法院审理】

国家税务总局辽阳市税务局稽查局作出的处罚决定认定2018年5月张某转让股权时辽宁某皮革城有限公司房地产公允价值136,915,800.00元,另有货币资金85,299.83元。未对辽宁某皮革城有限公司向沈阳农商银行股份有限公司借款的事实予以查明,并综合判定股份转让时公司的实际资产价值,属事实不清。

【案例名称】

13. 拒绝纳税担保程序要适当

【上诉人】云南 GX 建筑工程集团有限公司（以下简称"GX 公司"）

【被上诉人】国家税务总局某市税务局第二稽查局（以下简称"第二稽查局"）

【案审法院】云南省某某市沾益区人民法院

【案 情】

GX 公司不服被告第二稽查局于 2022 年 3 月 29 日作出的曲税二稽通〔2022〕1003 号《税务事项通知书》不予办理纳税担保确认事项行为，于 2022 年 6 月 6 日向本院提起行政诉讼。

一、GX 公司诉称

2020 年 7 月 29 日，第二稽查局作出曲税二稽处〔2020〕9 号《税务处理决定书》。公司收到《税务处理决定书》后，积极与被告沟通，想办法缴纳税款及提供纳税担保，但由于公司原法定代表人宁德贵涉刑，所有财产均被司法机关冻结查封，且原告被主管税务机关西宁税务管理分局限制开

> 责令被告对原告云南 GX 建筑工程集团有限公司提出的纳税担保申请重新作出行政行为

具发票，导致原告无法按时缴纳税款及提供纳税担保。直至 2021 年 11 月 25 日西宁税务管理分局解除发票限制同意原告开具工程款发票，原告才收回部分工程款用于缴纳税款，但仍无力缴纳《税务处理决定书》规定的滞纳金。

经与各司法机关协商，2021 年 12 月 24 日同意解除宣威市振兴北路酒店限制交易，仅用于公司进行税务行政复议的纳税担保。公司先后 3 次申请纳税担保（2020 年 9 月 3 日、2021 年 3 月 29 日、2021 年 12 月 29 日），第二稽查局于 2022 年 1 月 5 日同意以上述酒店进行纳税担保，并且与原告签订了《纳税担保书》和《纳税担保财产清单》。公司随后去办理抵押登记时被不动产登记机构告知需要双方到场方可办理，经公司要求后，第二稽查局拒绝配合办理抵押登记，且于 2022 年 1 月 7 日在未提前告知原告要撤销确认行为的情况下即收回了《纳税担保书》和《纳税担保财产清单》原件。

经行政复议，复议机关国家税务总局某市税务局于 2022 年 3 月 21 日作出曲税复决字〔2022〕1 号《行政复议决定书》，确认第二稽查局于 2022 年 1 月 7 日收回《纳税担保书》和《纳税担保财产清单》的具体行政行为违法，并责令第二稽查局对担保人提供的纳税担保进行审查并作出具体行政行为。

2022 年 3 月 25 日，第二稽查局作出曲税二稽通〔2022〕1002 号《税务事项通知书》，撤销第二稽查局于 2022 年 1 月 5 日以《纳税担保书》（编号：2022-001）及《纳税担保财产清单》（编号：2022-001）作出的纳税担保确认行为。2022 年 3 月 29 日，被告作出曲税二稽通〔2022〕1003 号《税务事项通知书》，认为原告 2022 年 1 月 5 日提交的纳税担保申请，未在确定的期限内提出，第二稽查局依法不予办理纳税担保确认事项。

公司认为提交的纳税担保标的物符合《纳税担保试行办法》规定，并且之前第二稽查局已经审查确认。纳税担保期限目前无法律明确规定，第二稽查局也未在曲税二稽通〔2022〕1003 号《税务事项通知书》中列明具体援引法律规定，不符合行政法相关规定。此外，公司系由于司法机关查封冻结原告及其法定代表人全部财产，才导致无法按期提供纳税担保并缴纳税款，存在正当理由，依法应当延长原告提供纳税担保期限。综上，第二稽查局不确认公司的纳税担保行为违反法律规定，应当予以撤销。

二、第二稽查局辩称

因纳税争议申请行政复议的，《中华人民共和国税收征收管理法》第八十八条第一款、《税务行政复议规则》第三十三条第二款有明确的规定，行政相对人提供相应的担保应当在税务机关根据法律、法规确定的期限内提出，第二稽查局根据《中华人民共和国税收征收管理法实施细则》第七十三条"责令缴纳或者解缴税款的最长期限不得超过15日"的规定，在2020年7月29日送达给GX公司的曲税二稽处〔2020〕9号《税务处理决定书》中，依法确定了15日的缴纳或者解缴税款及滞纳金或者提供相应担保的期限，并告知了GX公司。

2022年1月5日，GX公司才向第二稽查局提交《纳税担保申请》和《纳税担保财产承诺书》，早已超过税务机关根据法律法规确定提供相应担保的期限。曲税二稽通〔2022〕1003号《税务事项通知书》，证据确凿，适用法律、法规正确，符合法定程序。公司在《纳税担保申请》《纳税担保财产承诺书》中明确提供纳税担保的原因是纳税争议，为了申请税务行政复议，其纳税担保必须在被告2020年7月29日送达《税务处理决定书》之日起15日内提出。

GX公司提出公司及宁德贵财产被限制，属于"正当理由"，在适用纳税担保期限时应当考虑予以延长。但现行有效的法律、法规没有中止、中断、延长纳税担保期限的规定，税务机关应当依法行政。《纳税担保试行办法》规定了纳税人自己、其他自然人、其他法人、其他经济组织等四种纳税担保来源，还规定了保证、抵押、质押等三种纳税担保方式，故原告的主张不能成立。

《纳税担保书》《纳税担保财产清单》存在填写的主体错误、填写的内容错误，第二稽查局依法纠正错误，依法不予办理相关纳税担保事项，证据确凿，适用法律、法规正确，符合法定程序。第二稽查局委托代理人马良红提出代理意见：被告是法定的税务机构，其税收征收管理的主体资格合法，且具有自我纠错的权力和职责，当发现本机关作出的具有行政确认效力的行政行为确有错误时，采取撤销的方式予以纠正，其具体行政行为合法。对原告提交且不符合法定条件的纳税担保申请作出"不予办理纳税担保确认"的行政行为，不具有《中华人民共和国行政诉讼法》第七十条规定的应当撤销或部分撤销的法定情形，原告的诉请不能成立，应当判决驳回原告的诉讼请求。

【法院审理】

根据《中华人民共和国税收征收管理法》第三十一条第一款规定，纳税人、扣缴义务人按照法律、行政法规规定或者税务机关依照法律、行政法规的规定确定的期限，缴纳或者解缴税款。《中华人民共和国税收征收管理法实施细则》第七十三条规定，从事生产、经营的纳税人、扣缴义务人未按照规定的期限缴纳或者解缴税款的，纳税担保人未按照规定的期限缴纳所担保的税款的，由税务机关发出限期缴纳税款通知书，责令缴纳或者解缴税款的最长期限不得超过15日。依上述规定，税务机关有权依照法律、行政法规的规定来确定缴纳或者解缴税款的期限，且在实施细则中有不得超过15日的规定，但对提供纳税担保的时间，法律并未作出明确规定。

本案中，第二稽查局于2020年7月29日对GX公司作出曲税二稽处〔2020〕9号《税务处理决定书》，限GX公司自收到本决定书之日起15日内到国家税务总局某市税务局将少缴的税费及滞纳金缴纳入库，并按照规定进行相关账务调整。并告知"你公司若同我局在纳税上有争议，必须先依照本决定的期限缴纳税款及滞纳金或者提供相应的担保，然后可自上述款项缴清或者提供相应担保被税务机关确认之日起60日内，依法向国家税务总局云南省税务局申请行政复议。"

可见，第二稽查局确定缴纳税款或者解缴税款，以及提供相应纳税担保的期限是收到《税务处理决定书》后的15日内。GX公司委托的工作人员于2020年7月29日收到曲税二稽处〔2020〕9号《税务处理决定书》，在送达回证上签字并加盖公章，已明知缴纳税款，解缴税款及提供担保的期限及申请行政复议的权利、机关、期限。GX公司在税务机关确定的15日期限内没有缴纳税款，也未提供相应的担保。

之后因GX公司法定代表人涉刑事案件财产被查封，其委托的律师多次与第二稽查局工作人员协商纳税担保事宜，第二稽查局并未明确表示拒绝受理纳税担保申请。2022年1月4日原告缴清税款，2022年1月5日，GX公司又提出纳税担保申请，虽是在第二稽查局确定的时限之后，但从税务机关工作人员予以签字加盖公章等行为来看，第二稽查局对GX公司2022年1月5日提出的纳税担保申请是受理的，应当对GX公司的纳税担保申请及所提供材料进行审查并作出处理。

第二稽查局作出的曲税二稽通〔2022〕1003号《税务事项通知书》，仅以GX公司2022年1月5日提交的纳税担保申请，未在第二稽查局确定的期限内提出为由，依法不予办理纳税担保确认事项为由，不对GX公司的纳税担保申请及所提供材料进行审查并作出处理，适用有关行政复议前置条件的法律法规，对原告不予办理纳税担保确认事项，属于适用法律错误，对其作出的《税务事项通知书》应予撤销。

根据《中华人民共和国税收征收管理法》第三十八条、《中华人民共和国税收征收管理法实施细则》第六十一条、《纳税担保试行办法》第二条、第二十五条的规定，纳税担保是在法定前提条件下，可以由税务机关责成纳税人提供，或经税务机关同意、确认、认可的行为，并非依申请就能成立，税务机关在是否同意、确认、认可方面具有主动审查的职权。纳税担保的目的在于保证应缴税款的实现，因此决定了担保财产应当能够变现，具有可执行性。国家税务总局《纳税担保试行办法》第十条规定，纳税保证人同意为纳税人提供纳税担保的，应当填写纳税担保书。根据《中华人民共和国税收征收管理法实施细则（2016年修订）》第六十二条规定，纳税担保人同意为纳税人提供纳税担保的，应当填写纳税担保书，写明担保对象、担保范围、担保期限和担保责任以及其他有关事项。担保书须经纳税人、纳税担保人签字盖章并经税务机关同意，方为有效。《纳税担保试行办法》第十一条规定，纳税担保书须经纳税人、纳税保证人签字盖章并经税务机关签字盖章同意方为有效。由"应当"可知，正确填写纳税担保书的责任主体在于纳税保证人，而非税务机关。《纳税担保试行办法》第十四条规定，纳税抵押，是指纳税人或纳税担保人不转移对本办法第十五条所列财产的占有，将该财产作为税款及滞纳金的担保。纳税人逾期未缴清税款及滞纳金的，税务机关有权依法处置该财产以抵缴税款及滞纳金。前款规定的纳税人或者纳税担保人为抵押人，税务机关为抵押权人，提供担保的财产为抵押物。《纳税担保试行办法》第二十条规定："纳税抵押财产应当办理抵押物登记。纳税抵押自抵押物登记之日起生效。纳税人应向税务机关提供由以下部门出具的抵押登记的证明及其复印件。"在本案的纳税担保中，纳税担保人宁德贵作为抵押人，应当按照上述法律、法规的规定办理纳税担保事项，宁德贵未在《纳税担保书》和《纳税担保财产清单》上签字或签章，且抵押人提供不动产担保，没有依法办理不动产抵押登记，直接导致《纳税担保合同》不成立。

GX公司主张担保人未签字是第二稽查局许可的，没有事实依据和法律依据。其主张第二稽查局不配合办理抵押登记责任的理由不能成立，纳税担保是在法定前提条件下，经税务机关对担保财产予以同意、确认、认可的情况下才能成立，并非依申请就能成立，在抵押担保的情形下，税务机关作为抵押权人，若同意抵押担保，则有义务配合抵押人依法办理抵押登记，本案未作抵押登记，原、被告双方均有责任。能否办理纳税担保对行政相对人的行政复议救济权的行使起决定性作用，进而对税务处理决定能否接受行政复议及行政诉讼的审查以及对相对人实体权益产生决定性影响，为依法保护行政相对人行使救济权利，第二稽查局应当对纳税担保申请及所提供的材料进行审查并作出处理，对纳税担保提供材料不齐全的，应当予以释明并限期补正，抵押财产符合纳税担保条件的，同意纳税担保的，应当依法予以确认。对不同意申请人纳税担保的，应当说明理由依法进行处理。

综上所述，撤销被告第二稽查局于 2022 年 3 月 29 日作出曲税二稽通〔2022〕1003 号《税务事项通知书》，责令被告对原告 GX 公司提出的纳税担保申请重新作出行政行为。

【案例名称】

14. 公安机关收取的税款不是税款

【起诉人】陈某新

【被起诉人】国家税务总局乌拉特前旗税务局

【案审法院】内蒙古自治区乌拉特前旗人民法院

【案 情】

2005年,陈某新在股权转让过程中,实际收入300万元,并不是320万元。按照《中华人民共和国个人所得税法》第一条、第二条、第三条、第六条、第八条之规定应缴纳个人所得税(收入300万元减去投资成本250万元)乘以20%税款应当是10万元,并不是141,360元。2007年巴彦淖尔市公安局因该股权转让涉税事项传唤原告陈某新调查情况(询问笔录有记载),在查明案情后,原告按照巴彦淖尔市公安局的要求已补交税款10万元,并且出具了收到税款的收款凭证。

起诉人称

根据我国法律规定,一个涉税事项只能做出一次处理结果,该涉税事项已经巴彦淖尔市公安局作出处理结果，并且已缴纳税款10万元，如果乌拉特前旗税务局再次进行处理，属于对当事人的同一行为重复处理，不同行政机关根据同一事实和同一理由对当事人进行重复处罚的，违反了《中华人民共和国行政处罚法》第二十四条之规定，对当事人的同一违法行为，不得给予两次以上的行政处罚（即"一事不再罚"的原则）。

根据国家税务总局乌拉特前旗作出的乌前税处〔2019〕3号税务处理决定书，得知该违法事实是2005年9月21日发生的，处理决定书是2019年作出的，违法事实距今长达近18年。根据《行政处罚法》第二十九条规定，违法行为在2年内未被发现的，不再给予行政处罚。法律另有规定的除外。又根据《中华人民共和国税收征收管理法》第八十六条违反税收法律、行政法规应当给予行政处罚的行为，在五年内未被发现的，不再给予行政处罚。所以陈某新的行为已经远远超过了诉讼时效，不应当再进行处罚。

根据内蒙古自治区乌拉特前旗人民法院作出的（2019）内0823执异103号《执行裁定书》已经查明2007年12月7日巴彦淖尔市公安局向申请人出具收到10万元税款的收据，收款人为侯燕敏，经办人是王志军的事实，乌拉特前旗税务局认为对此知情，但不认为是税款，陈某新缴纳白纸黑字写的税款的收据并且有行政机关加盖的公章的证据不能足以证明其缴纳的是税款，不足以排除法院的强制执行，陈某新无法理解。

【法院审理】

根据《中华人民共和国行政诉讼法》第四十六条第一款规定："公民、法人或者其他组织直接向人民法院提起诉讼，应当自知道或者应当知道作出行政行为之日起6个月内提出。"本案中，国家税务总局乌拉特前旗税务局于2019年3月1日作出乌前税处〔2019〕3号《税务处理决定书》，现起诉人陈某新提起行政诉讼已经超过六个月的起诉期限。

【案例名称】

15. 过程性税务文书不属于行政诉讼受案范围

【原告】某公司
【被告】国家税务总局北京市某区税务局（以下简称"某税务局"）
【案审法院】北京市平谷区人民法院

【案　情】

2023年2月21日，公司收到国家税务总局北京市某区税务所（以下简称"第二税务所"）通过快递邮寄送达的共计4份通知书，分别为落款日期为2022年11月30日的《土地增值税四项成本核定通知书》（京某税清税〔核〕〔2022〕6号）（以下简称6号通知）、落款日期为2022年12月19日的《土地增值税核定征收通知书》（京某税〔核〕〔2022〕8号）（以下简称8号通知）、落款日期为2022年12月19日的《税务事项

通知书（土地增值税清算核定）》（京某税通〔2022〕15140号）（以下简称15140号通知）、落款日期为2022年12月20日的《税务事项通知书》（京某二税通〔2022〕101号）（以下简称101号通知）。其中，6号通知、8号通知中，均载明如对通知中内容不服的，可依法申请行政复议，对复议决定不服的可以提起行政诉讼。

一、某公司诉称

本公司在2023年2月21日得知前述具体行政行为后，依法于2023年4月17日就6号通知，申请行政复议，被驳回，主要理由：6号通知仅为税务机关作出最终行政行为（8号通知）之前的阶段性、过程性行为，并非对原告权益产生确定效力的具体行为，因此，不属于行政复议的受理范围，不符合行政复议的受理条件。

对于前述理由，本公司无法接受，具体理由如下：

（一）6号通知所载明的内容，实际赋予行政复议、行政诉讼的救济机会，现被通知不在复议受理范围内为由驳回，属于自相矛盾，存在严重的程序瑕疵。依据《中华人民共和国行政复议法实施条例》第十七条、《最高人民法院关于适用〈中华人民共和国行政诉讼法〉的解释》第六十四条的规定，行政机关作出行政行为时，应当告知复议/诉讼的权利、受理机关和期限。本公司于同日收到的4份通知中，6号通知和8号通知均载明权利救济途径，另2份通知为相关数据的披露与告知，未载明可单独进行权利救济的途径。如对另外2份未载明可复议且仅为数据披露的通知提起复议，则这一理由尚存在一定合理性。但目前公司已对于有具体文号、明确救济途径的6号通知提起行政复议、诉讼，并无不当。

（二）6号通知符合具体行政行为的全部构成要件，是与8号通知处于同等地位、具有同等效力的文件。二者是内容存在关联，但相互独立的具体行政行为。具体行政行为是指行政机关行使行政权力，对特定的公民、法人和其他组织作出的有关其权利义务的单方行为。涉案的6号通知同时具备具体行政行为的四个要素：(1)作出6号通知的主体是第二税务所，是行政机关实施的行为，已具备具体行政行为的主体要素。(2)涉案的6号通知是行使行政权力所为的单方行为，仅由行政机关单方即可决定，且决定后如不服从的，仅能依法进行复议及/或诉讼进行申诉，已具备具体行政行为的成立要素。(3)涉案的6号通知是对行政相对人这一特定的法人主体作出的，已具备具体行政行为的对象要素。(4)涉案的6号通知中确定的金额、理由、计算依据等直接关系到最终原告需要交纳的税费，与行政相对人切身利益有直接的利害关系，是作出有关特定公民、法人或者其他组织的权利义务的行为。

即使如被告所述，6号通知仅为8号通知的这一最终行政行为作出前的过程性文件，则6号通知依然是8号通知作出的依据。如果6号通知这一决定最终结果的文件已然存在瑕疵，那么与其为"一体"的8号通知的最终结果，则必然存在问题。换言之，税务局自认8号通知为最终行政行为，且6号通知为其过程性文件之时，则已经间接认可了6号通知的效力，同时也认可了其内容能够影响原告切身损益程度的重要性，因此6号通知已具备具体行政行为的内容要素。

二、某税务局辩称

某税务局作出的被诉复议决定认定事实清楚、证据充分、法律适用准确、程序合法。

2023年4月18日，某税务局收到某公司邮寄的行政复议申请资料，某公司不服第二税务所作出的6号通知，申请行政复议。2023年4月23日，某税务局作出《行政复议申请受理通知书》(京某税复受字〔2023〕001号)，决定自收到某公司的行政复议申请之日起予以受理。2023年4月25日，行政复议被申请人第二税务所收到某税务局作出的《行政复议答复通知书》(京某税复答字〔2023〕001号)。2023年5月4日，第二税务所提交《行政复议答复书》及相关证据、法律依据等有关材料。经查，某公司开发建设的北京市某区"六铺炕某某号楼项目（某某嘉园）"（以下简称"某某项目"）符合土地增值税清算条件。第二税务所 2021 年 12 月 17 日向某公司邮寄送达《土地增值税清算通知书》（某税清税第二〔审〕〔2020〕9 号），某公司未办理清算手续。第二税务所 2022 年 7 月 6 日向某公司邮寄送达《责令限期改正通知书》（平二税限改〔2022〕4 号），某公司经税务机关责令限期清算逾期仍不清算。第二税务所决定对某某项目进行核定征收，于 2022 年 11 月 30 日作出 6 号通知，告知某公司对某某项目的四项成本进行核定；于 2022 年 12 月 19 作出 8 号通知，告知某公司对某某项目土地增值税的核定结果为：应缴土地增值税 103,286,760.27 元，已预缴土地增值税 5,491,190.20 元，应补缴土地增值税 97,795,570.07 元。第二税务所向某公司邮寄送达前述法律文书，某公司于 2023 年 2 月 19 日签收。

某税务局认为 6 号通知属于过程性行为，并非对某公司的权益产生确定效力的具体行政行为，某公司对 6 号通知不服提起的行政复议不符合行政复议的受理条件。

行政复议审查的对象应是对公民、法人或其他组织的权益产生确定效力的行政行为，行政机关在作出行政行为之前的预备性或阶段性行为，不属于行政复议的受理范围。对于 6 号通知是否是可复议诉讼的具体行政行为，不应仅看通知书上是否告知了救济权利，而是要对该通知书的实质内容及行为性质进行判断。

依据《北京市地方税务局土地增值税清算管理规程》（北京市地方税务局公告 2016 年第 7 号）第三十五条"主管税务机关对四项成本核定扣除的，应向纳税人开具《土地增值税四项成本核定通知书》"的规定，第二税务所在对某某项目进行核定征收时，因没有开发成本核算资料，需对前期工程费、基础设施费、建筑安装工程费、开发间接费用（以下简称"四项成本"）进行核定扣除并作出 6 号通知。

四项成本核定扣除，仅是第二税务所对某某项目土地增值税进行核定征收时开展的一项工作，除此，还需对某某项目的收入及其他允许扣除的土地征用及拆迁补偿费、房地产开发费用等项目金额进行调查核实及核定。据此，四项成本核定扣除及第二税务所作出的6号通知，仅是土地增值税核定征收工作中的过程性行为。

此后，第二税务所根据《中华人民共和国土地增值税暂行条例实施细则》第十六条，《国家税务总局关于房地产开发企业土地增值税清算管理有关问题的通知》（国税发〔2006〕187号）第七条第四项，《国家税务总局关于印发〈土地增值税清算管理规程〉的通知》（国税发〔2009〕91号）第三十三条、第三十四条第四项、第三十五条及《北京市地方税务局土地增值税清算管理规程》（北京市地方税务局公告2016年第7号）第四十二条等规定作出8号通知，告知某公司应补缴土地增值税，该通知才是对申请人权利义务产生实际影响的税务文书。6号通知与8号通知相关联，但并非相互独立的两个具体行政行为。6号通知是告知某公司在土地增值税清算审核过程中计算增值额时所应用的成本核定扣除方法，是第二税务所作出8号通知之前的阶段性、过程性行为，6号通知并非对某公司权益产生确定效力的具体行政行为，因此不属于行政复议受理范围。

【法院审理】

经查，2022年11月30日，第二税务所向某公司作出6号通知，主要内容为：

根据《中华人民共和国税收征收管理法》及实施细则、《国家税务总局关于房地产开发企业土地增值税清算管理有关问题的通知》的有关规定，税务机关决定对你单位某某项目房地产开发成本中前期工程费、建筑安装工程费、基础设施费、开发间接费按核定标准扣除，其中高层住宅19,995.61平方米，核定四项成本59,926,843.17元，每平方米2,997元。核定扣除的理由如下：根据国税发〔2009〕91号第三十四条"在土地增值税清算中符合以下条件之一的，可实行核定征收。（一）依照法律、行政法规的规定应当设置但未设置账簿的；（二）擅自销毁账簿或者拒不提供纳税资料的；（三）虽设置账簿，但账目混乱或者成本资料、收入凭证、费用凭证残缺不全，难以确定转让收入或扣除项目金额的；（四）符合土地增值税清算条件，企业未按照规定的期限办理清算手续，经税务机关责令限期清算，逾期仍不清算的；（五）申报的计税依据明显偏低，又无正当理由的。"由于该项目符合土地增值税清算条件，但你单位未按照规定的期限办理清算手续，经税务机关责令限期清算，逾期仍不清算，因此对你单位某某项目进行土地增值税核定征收。

2022年12月19日，第二税务所向某公司作出8号通知，主要内容为：

根据《中华人民共和国土地增值税暂行条例实施细则》《国家税务总局关于房地产开发企业土地增值税清算管理有关问题的通知》（国税发〔2006〕187号）、《国家税务总局关于印发〈土地增值税清算管理规程〉的通知》（国税发〔2009〕91号）的有关规定，税务机关对你单位某某项目土地增值税进行核定征收，核定结果如下：（1）该项目房地产转让收入为46,3162,534.94元。（2）核定征收率为22.30%。（3）经核定该项目应缴土地增值税103,286,760.27元，已预缴土地增值税5,491,190.20元，应补缴土地增值税97,795,570.07元。你单位应于接到本通知三个工作日内申报缴纳税款。

公民、法人或者其他组织提起行政诉讼，应当符合法定的起诉条件，属于人民法院的受案范围；不符合法定起诉条件，已经立案的，应当裁定驳回起诉。本案中，6号通知系对土地增值税清算审核过程中计算增值额时成本核定扣除方法的告知，属于作出核定征收结果前的告知性、过程性行为，不具备成熟性、终局性，对原告某公司的合法权益不产生实际影响，不属于行政诉讼受案范围。

【案例名称】

16. 诉司法协助行为，败

【原告】周某

【被告】国家税务总局上海市某新区税务局、国家税务总局上海市某某新区保税区税务局（以下简称"某保税局"）

【案审法院】上海市静安区人民法院

【案 情】

2022年8月30日，某某局作出（2022）沪0115执异523号《委托调查函》，委托被告某保税局协助调查原告与BL（上海）国际贸易有限公司（以下简称"BL公司"）执行异议纠纷案中，BL公司作为代扣代缴义务人为原告缴纳税款56,378.98元有关事项。同年9月13日，某保税局作出被诉复函，对法院委托调查事项予以回复，认为BL公司为原告代扣代缴税额56,378.98元符合法律规定。

一、周某诉称

2022年9月，被告某保税局向人民法院作出《关于委托调查相关涉税问题的复函》（以下简称"被诉复函"），违反程序正当、依法行政、行政合理性的行政法基本原则，未提供相关法律依据，导致法院生效判决未全额执行，某某税务局作出维持被诉复函的沪税浦复决〔2023〕3号税务行政复议决定（以下简称"被诉复议决定"）亦不正确，请求法院撤销被诉复函及被诉复议决定。

二、某某保税局辩称

根据《上海市某新区人民法院委托调查函》[（2022）沪0115执异523号]，某保税局于2022年9月13日作出被诉复函，该复函适用法律法规准确，符合法定程序，系行政机关应人民法院来函要求而作出的政策释明，不具有可诉性，不属于行政诉讼的受案范围。

三、某某税务局辩称

被诉复议决定事实清楚、证据确凿、适用法律法规正确、符合法定程序。

【法院审理】

公民、法人或者其他组织认为行政机关的行政行为侵犯其合法权益，有权向人民法院提起行政诉讼，但起诉应当符合法定起诉条件。本案中，被诉复函系行政机关根据人民法院在司法诉讼活动中的委托调查函所作的回复，供法院办案使用，属于司法协助行为，未对原告设立新的权利义务，不属于人民法院行政诉讼受案范围，原告就此提起行政诉讼，不符合起诉条件。原告就被诉复函申请行政复议，被诉复议决定亦不对原告的权利义务产生实际影响。

【案例名称】

17. 行政复议不支持赔偿精神损失费

【原告】杨某柱
【被告】国家税务总局湖北省税务局
【案审法院】武汉铁路运输法院

【案 情】

一、杨某柱诉称

杨某柱持有上市公司某某控股股份有限公司（以下简称"某某控股"）股票。2022年7月6日，某某控股向中国证监会北京监管局出具《关于北京证监局问询函的回复》："经与武汉市政府积极沟通、协商，某某公司已支付部分税款，武汉市税务局已将上述被查封房产的司法拍卖撤销，并已解除对上述房产的查封措施。"某某控股称武汉市税务局对欠税进行协调。杨某柱向武汉市税务局申请公开信息，武汉市税务局作出答复，告知原告申请公开的部分信息属于其请示报告不公开、部分信息向江汉区税务局申请公开，不合法。武汉市税务局行为给原告造成精神损失，

应当赔偿。杨某柱申请行政复议，2023年6月1日，国家税务总局湖北省税务局作出复议决定，撤销武汉市税务局作出的武税公开复〔2023〕6号《政府信息公开申请答复书》，责令武汉市税务局重新作出政府信息公开申请答复，对申请人提出赔偿精神损失费的请求不予支持。

二、湖北省税务局辩称

1.行政复议决定程序合法。杨某柱不服武汉市税务局作出的武税公开复〔2023〕6号《政府信息公开申请答复书》，于2023年4月6日申请行政复议。2023年4月11日，作出鄂税复受字〔2023〕17号《受理行政复议申请通知书》，决定于2023年4月6日予以受理，并通过中国邮政EMS（快递单号103831991****）将受理通知书寄送杨某柱签收；同日作出鄂税复答字〔2023〕17号《行政复议答复通知书》并依法送达武汉市税务局。

经审理，2023年6月1日，作出鄂税复决字〔2023〕28号《行政复议决定书》，并通过中国邮政EMS（快递单号103831960****）寄送杨某柱签收。在该行政复议案件中，严格遵守了《行政复议法》的有关规定，行政复议程序合法。

2.行政复议决定事实认定清楚。针对杨某柱提出的复议申请，根据武汉市税务局提交的答复书及有关证据资料，并依据《行政复议法》《政府信息公开条例》《税务行政复议规则》等有关法律法规的规定，对武汉市税务局作出的政府信息公开行为进行了全面审理。基于查明事实，认为：

杨某柱关于公开"武汉某某商务区股份有限公司、武汉某某广场开发有限公司要求武汉市人民政府就欠税被税务局强制执行进行沟通、协调，武汉市人民政府向武汉市税务局进行沟通、协调出具的文件"的申请中所称"武汉市人民政府向武汉市税务局进行沟通、协调出具的文件"，该信息产生的主体是武汉市人民政府，并非武汉市税务局在武税公开复〔2023〕6号答复中所称"属于本机关在履行行政管理职能过程中形成的"，且该"沟通、协调出具的文件"也不是武汉市税务局答复所称的"请示报告"。

武汉市税务局在武税公开复〔2023〕6号答复中关于"该政府信息属于本机关在履行行政管理职能过程中形成的请示报告"的答复，对于该信息的产生主体和信息性质均认定错误，属于事实认定错误。

3. 复议决定适用法律依据正确，被告根据《中华人民共和国行政复议法》第二十八条第一款第三项、《税务行政复议规则》第七十五条第三项和第八十三条的规定，作出了鄂税复决字〔2023〕28号复议决定，撤销武汉市税务局作出的武税公开复〔2023〕6号《政府信息公开申请答复书》，并责令武汉市税务局在收到复议决定之日起30日内重新作出政府信息公开申请答复。对于杨某柱要求武汉市税务局"赔偿申请人精神损失费人民币1元"的复议请求，因其未提供证据证明武汉市税务局的信息公开答复行为给其造成了精神损失，且精神损失费不属于《中华人民共和国国家赔偿法》规定的赔偿范围，该项复议请求没有事实和法律依据，故被告根据《中华人民共和国国家赔偿法》第三条、第四条的规定，对该项复议请求不予支持。

【法院审理】

本案审查的对象为被告作出的鄂税复决字〔2023〕28号《行政复议决定书》的合法性问题。根据《中华人民共和国行政复议法》第二十八条、《中华人民共和国行政复议法实施条例》第四十五条的规定，行政复议机关对被申请人作出的具体行政行为进行审查，发现具体行政行为存在主要事实不清、证据不足情形的，决定撤销、变更或者确认该具体行政行为违法，可以责令被申请人在一定期限内重新作出具体行政行为。

本案中，被告在行政复议程序中查明，杨某柱申请公开"武汉某某商务区股份有限公司、武汉某某广场开发有限公司要求武汉市人民政府就欠税被税务局强制执行进行沟通、协调，武汉市人民政府向武汉市税务局进行沟通、协调出具的文件"，该信息产生的主体是武汉市人民政府，并非武汉市税务局在武税公开复〔2023〕6号答复中所称"属于本机关在履行行政管理职能过程中形成的",且该"沟通、协调出具的文件"也不是武汉市税务局答复所称的"请示报告",武汉市税务局在武税公开复〔2023〕6号答复中关于"该政府信息属于本机关在履行行政管理职能过程中形成的请示报告"的答复,对于该信息的产生主体和信息性质均认定错误,属于事实认定错误,遂以武汉市税务局的答复主要事实不清为由决定撤销武税公开复〔2023〕6号答复书,并责令武汉市税务局重新作出政府信息公开申请答复。根据《中华人民共和国国家赔偿法》第三条、第四条规定的赔偿范围,杨某柱请求赔偿于法无据,被告对杨某柱的精神损失赔偿申请不予支持并无不当。根据《税务行政复议规则》第八十三条"行政复议机关应当自受理申请之日起60日内作出行政复议决定"的规定,被告于2023年4月11日受理杨某柱的行政复议申请,于2023年6月1日作出行政复议决定并送达,符合法律规定。综上,被告作出的鄂税复决字〔2023〕28号行政复议决定事实清楚,证据确凿,适用法律、法规正确,符合法定程序。原告杨某柱诉请撤销鄂税复决字〔2023〕28号行政复议决定的理由不能成立,本院依法不予支持。

【案例名称】

18. 分公司注销，总公司涉税诉讼也要复议前置

【原告】无棣县 HRT 基建设备有限公司（以下简称"HRT 公司"）
【被告】国家税务总局某安县税务局
【案审法院】吉林省松原市某安县人民法院

【案 情】

2018 年 8 月 27 日，HRT 公司某安县分公司成立并依法登记，2019 年 10 月 18 日注销登记。

2019 年 4 月 22 日，某安县自然资源局作出乾自然资执罚〔2018〕117 号行政处罚决定书，处罚决定内容：HRT 公司某安县分公司对违法占用的 91,544.69 平方米土地进行复垦，达到种植条件。

2022 年 1 月 21 日，某安县税务局向纳税人 HRT 公司作出乾税通〔2022〕0001 号税务事项通知书，通知内容："根据乾自然资执罚〔2018〕

117号行政处罚决定书，你单位于2018年11月未经批准，擅自占用某安县大遐畜牧场身字分场西南侧、鳞字园区鳞字村土地占地取土，占地面积为91,544.69平方米，地类为一般耕地。HRT公司某安县分公司已发生耕地占用税纳税义务，限你单位在15日内办理HRT公司某安县分公司欠缴耕地占用税1,693,576.77元涉税事项。因HRT公司某安县分公司已于2019年9月29日在某安县税务局办理注销，特送达HRT公司办理相关税务事项"。

2022年7月19日，某安县税务局向HRT公司作出乾税通〔2022〕001号税务事项通知书，通知内容："在接到本《税务事项通知书》之日起三日内办理以下事项：1.恢复HRT公司某安县分公司（社会信用代码91220723MA150P1T54）税务登记；2.申报缴纳耕地占用税1,693,576.77元及滞纳金。"

2022年8月4日，HRT公司为HRT公司某安县分公司办理缴纳耕地占用税款1,693,576.77元。

2022年8月8日，某安县税务局向HRT公司某安县分公司作出乾税通〔2022〕1935号税务事项通知书，通知HRT公司某安县分公司在2022年8月23日前缴纳滞纳金1,121,994.61元。

2022年9月27日，缴款单位HRT公司某安县分公司缴纳税款滞纳金1,121,994.61元。

2022年9月27日，HRT公司某安县分公司向国家税务总局松原市税务局提起行政复议申请。2022年9月30日，国家税务总局松原市税务局作出松税复补字〔2022〕1号行政复议申请补正通知书，2022年10月13日，国家税务总局松原市税务局出具松税复不受字〔2022〕2号不予受理行政复议申请决定书。

一、HRT公司诉讼请求

将HRT公司某安县分公司作为征税主体征收耕地占用税1,693,576.77元、滞纳金1,121,994.61元是错误的。HRT公司某安县分公司的登记注册已经于 2019 年经某安县市场监督管理局批准予以注销，同年，也办理了税务登记注销。某安县税务局在该公司登记注册及税务登记均已注销的情况下，仍然以该公司为征税主体进行税款及滞纳金的征收，这显然是不合适的。根据《中华人民共和国行政处罚法》《中华人民共和国行政强制法》及行政法律的基本原则，行政处罚具有相对性。只有 HRT 公司某安县分公司以被处罚的主体方能行使权利救济途径。

为此，我司以 HRT 公司某安县分公司为主体，根据《中华人民共和国行政复议法》，向国家税务总局松原市税务局申请行政复议，该局以"申请人申请复议前，已经在某安县市场监督管理局办理了注销登记，法人的民事权利能力和民事行为能力因终止而消灭，申请人的主体资格不符合《中华人民共和国行政复议法》第十条第二款的相关规定"为由，对行政复议申请不予受理。因此认为，某安县税务局在作出《税务事项通知书》（乾税通〔2022〕001 号）、《税务事项通知书》（乾税通〔2022〕1935 号）中，未详细调查被处罚主体是否已经注销，明确被处罚主体是否适格的情况下，就对已经办理登记注销主体进行行政处罚的行为属于一种错误。

二、某安县税务局辩称

1. 根据《中华人民共和国民法典》第七十四条规定：法人可以依法设立分支机构，分支机构以自己的名义从事民事活动，产生的民事责任由法人承担。《中华人民共和国公司法》第十四条规定：公司可以设立分公司。设立分公司，应当向公司登记机关申请登记，领取营业执照。分公司不具有企业法人资格，其民事责任由公司承担。关于分公司与总公司之间的关系以及分公司的法律地位问题，有关行政法律、法规对此并未作出具体规定，在此情况下，可依照"行政参照民事"这一法律适用规则，即对于分公司在经营期间应缴税款，在其注销后，应当由总公司承担缴税义务。

2. 根据《税务行政复议规则》第十四条第一项规定的：行政复议机关受理申请人对税务机关征税行为不服提出行政复议，征税行为包括确认纳税主体、征税对象、征税范围、减税、免税、退税、抵扣税款、适用税率、计税依据、纳税环节、纳税期限、纳税地点和税款征收方式等具体行政行为，征收税款、加收滞纳金，扣缴义务人、受税务机关委托的单位和个人作出的代扣代缴、代收代缴、代征行为等。《税务行政复议规则》第三十三条第一款、第二款规定：申请人对本规则第十四条第一项规定的行为不服的，应当先向行政复议机关申请行政复议；对行政复议决定不服的，可以向人民法院提起行政诉讼。申请人按照前款规定申请行政复议的，必须依照税务机关根据法律、法规确定的税额、期限，先行缴纳或者解缴税款和滞纳金，或者提供相应的担保，才可以在缴清税款和滞纳金以后或者所提供的担保得到作出具体行政行为的税务机关确认之日起60日内提出行政复议申请。《中华人民共和国税收征收管理法》第八十八条规定：纳税人、扣缴义务人、纳税担保人同税务机关在纳税上发生争议时，必须先依照税务机关的纳税决定缴纳或者解缴税款及滞纳金或者提供相应的担保，然后可以依法申请行政复议；对行政复议决定不服的，可以依法向人民法院起诉。根据上述法律规定可以确定我国法律针对纳税争议实行复议前置程序，即针对案涉纳税争议，必须先申请行政复议，对行政复议决定不服后，才可以向人民法院提起诉讼。HRT公司对2022年7月19日作出的《税务事项通知书》（乾税通〔2022〕001号）及2022年8月8日作出的《税务事项通知书》（乾税税通〔2022〕1935号）没有提出过行政复议，则依法在没有先行提出行政复议的情况下，其无权直接提起案涉行政诉讼。

3. HRT公司某安县分公司针对下发的催缴滞纳金的税务通知书没有在确定的期限内缴纳滞纳金或提供担保，其所提出的复议申请不符合《税务行政复议规则》第三十三条第二款规定：申请人按照前款规定申请行政复议的，必须依照税务机关根据法律、法规确定的税额、期限，先行缴纳或者解缴税款和滞纳金，或者提供相应的担保才可以在缴清税款和滞纳金以后或者所提供的担保得到作出具体行政行为的税务机关确认之日起60日内提出行政复议申请，所以不论其是否具备主体资格，因其没有按照法定程序缴纳滞纳金或提供相应担保，其所提出的复议申请均不符合纳税纠纷提起行政复议的程序性规定，故复议机关不予受理是正确的。

【法院审理】

根据《中华人民共和国税收征收管理法》第八十八条第一款规定："纳税人、扣缴义务人、纳税担保人同税务机关在纳税上发生争议时，必须先依照税务机关的纳税决定缴纳或者解缴税款及滞纳金或者提供相应的担保，然后可以依法申请行政复议；对复议决定不服的，可以依法向人民法院起诉。"根据税收缴款书，缴款单位HRT公司某安县分公司已经缴纳了税款及滞纳金，其主体资格注销后，仍作为行政复议申请人申请行政复议，国家税务总局松原市税务局对HRT公司某安县分公司提交的行政复议申请不予受理。根据《中华人民共和国公司法》第十四条规定："公司可以设立分公司。设立分公司，应当向公司登记机关申请登记，领取营业执照。分公司不具有法人资格，其民事责任由公司承担。"HRT公司某安县分公司系HRT公司设立的分公司。HRT公司作为HRT公司某安县分公司的权利义务承继主体在提起行政诉讼前应先对纳税争议申请行政复议，本案中，并无证据证明HRT公司已先申请行政复议，故应驳回其起诉。

【案例名称】

19. 撤诉的土增清算争议

【原告】HJHP地产（成都）温江有限公司（以下简称"HJHP公司"）

【被告】国家税务总局成都市某某区税务局第三税务所（以下简称"第三税务所"）、国家税务总局成都市某区税务局（以下简称"某区税务局"）

【案审法院】四川省成都市郫都区人民法院

【案　情】

2022年5月25日，第三税务所作出土地增值税清算初审意见通知《税务事项通知书》〔2022〕286号，对HJHP公司提交的自行清算内容的收入、成本、房地产开发费用中利息据实扣除、幼儿园、会所作为公共配套设施费成本分摊方式等十项调整内容进行告知，并于2022年5月30日向HJHP公司送达。

2022年6月24日，HJHP公司提交《关于"彩叠园"项目土地增值税清算的回复函》，表示不同意该调整意见。

2022年7月4日，第三税务所向HJHP公司送达《税务事项通知书》温税三税通〔2022〕440号，要求HJHP公司补报超容率缴费凭证等土地增值税手续。HJHP公司于2022年7月26日提交《关于"彩叠园"项目土地增值税清算的回复函》，对土地成本分摊、房地产开发费用中利息费用据实扣除等七项问题回复了意见。2022年8月24日，经负责人批准，清算期限延长60日。

2022年10月27日，第三税务所向HJHP公司作出《税务事项通知书》（温税三税通〔2022〕740号），告知土地增值税清算结论，该通知书载明你（单位）的开发的"彩叠园商住楼项目1B商业部分"项目，截至本次清算时间2022年7月31日，现已清算审核完毕，该项目共应缴土地增值税13,846,639.06元，已预缴土地增值税2,860,889.63元，应补土地增值税10,985,749.44元。

其中，HJHP公司分别与汇丰银行（中国）有限公司上海分行、招商银行股份有限公司上海分行等签订委托贷款借款合同或相关协议，通过委托贷款方式向其关联公司借款7.5亿元，产生委托贷款利息支出81,432,500.07元，取得金融机构出具的委托贷款证明材料。第三税务所对该部分利息的计税方式为（房地产开发成本＋取得土地使用权所支付的金额）*10%方式计算扣除。

HJHP公司不服该《税务事项通知书》中"土地成本分摊方法和房地产开发费用中委托贷款产生的利息扣除方式"，遂向温江税务局申请行政复议，2023年4月17日作出温税复决字〔2023〕4号《行政复议决定书》，决定维持第三税务所于2022年10月27日作出的《税务事项通知书》，并于当日将复议决定书送达HJHP公司和第三税务所。HJHP公司不服，遂提起诉讼。

一、HJHP公司向本院诉讼理由

第三税务所和温江税务局对于"金融机构证明"均作出了限缩性解释。根据《中华人民共和国土地增值税暂行条例实施细则》（财法字〔1995〕第

6号）第七条第三款及《四川省关于贯彻〈中华人民共和国土地增值税暂行条例实施细则〉的补充规定》（川财税〔2010〕12号）第一条规定，公司只要能够就相关委贷利息支出的真实性、准确性提供金融机构证明，并能够准确、真实地将利息支出计算并分摊至房地产项目上，该笔委托贷款支出就应当据实扣除。然而上述法规中的"金融机构证明"被狭义地理解为：只有金融机构以自有资金进行借贷后出具的证明方能认定为"金融机构证明"，这显然不符合税法解释的原则。

彩叠园项目土地成本分摊方法所依据的规范性文件与上位法冲突。根据《国家税务总局关于印发〈土地增值税清算管理规程〉的通知》（国税发〔2009〕91号）文件第二十一条第五款规定，故彩叠园项目中的别墅及高层住宅等不同类型房地产在分摊其共同的土地成本时，应按照受益对象，采用合理的分配方法进行分摊。而税务局判定彩叠园项目中不同类型的房地产应按照建筑面积分摊土地成本，系依据《四川省地方税务局关于土地增值税清算单位等有关部门问题的公告》（2015年第5号）和《国家税务总局四川省税务局关于土地增值税清算单位等有关问题的公告》（2020年第13号）中的规定，但该规定采取"一刀切"的方式直接规定同一清算单位内不同类型房地产共同的土地成本只能按照建筑面积法进行分摊，剥夺纳税人选择其他合理分配方法的选择权，导致纳税人在土地增值税清算过程中土地成本错配致使其税负加重，一方面与其上位法的规定不相符，另一方面也与国土、房管等相关房地产行业主管政府部门使用的按照土地面积对土地进行分摊定价的方法亦不相符，无法真实体现各类型房地产产品实际对应的土地商业价值。

二、第三税务所辩称

HJHP公司委托贷款部分的利息支出，非银行等金融机构贷款，不符合据实扣除的条件。第三税务所对HJHP公司就同一清算单位内别墅、高层住宅等不同类型房产间含土地成本在内的共同成本的分摊法调整为四川省税务局规定的建筑面积分摊法予以分摊，合法正确，省税务局的规范合法有效。

三、某区税务局辩称

关于委托贷款利息扣除问题,根据《中华人民共和国土地增值税暂行条例实施细则》(财法字〔1995〕6号)第七条第一款第三项及《四川省关于贯彻〈中华人民共和国土地增值税暂行条例实施细则〉的补充规定》(川财税〔2010〕12号)第一条等法律规定,利息据实扣除的条件应为银行等金融机构产生的贷款。HJHP公司通过银行采用委托贷款方式取得资金用于项目开发的,不属于向金融机构贷款的情形,不符合财务费用中的利息支出允许据实扣除的规定。第三税务所本着"有利于纳税人"原则,调整为按"'取得土地使用权所支付的金额'与'房地产开发成本'金额之和的10%计算扣除"并无不妥。

关于"彩叠园"项目土地成本分摊问题,根据《国家税务总局四川省税务局关于土地增值税清算单位等有关问题的公告》(国家税务总局四川省税务局公告2020年第13号)第二条、第三条,第三税务所土地成本分摊方式符合四川省土地增值税相关规范性文件的要求。

四、国家税务总局四川省税务局

《四川省地方税务局关于土地增值税清算单位等有关问题的公告》(四川省地方税务局2015年第5号公告)、《国家税务总局四川省税务局关于土地增值税清算单位等有关问题的公告》(国家税务总局四川省税务局2020年第13号公告)是对《国家税务总局关于印发〈土地增值税清算管理规程〉的通知》(国税发〔2009〕91号)等作出的具体应用解释,并未违反上位规范。

2023年10月19日开庭审理过程中,案涉规范性文件的制定机关四川省税务局派员出庭对其单位制定的《国家税务总局四川省地方税务局关于土地增值税清算单位等有关问题的公告》(国家税务总局四川省地方税务局公告2015年第5号)、《国家税务总局四川省税务局关于土地增值税清算单位等有关问题的公告》(国家税务总局四川省税务局公告2020年第13号)两项规范性文件进行陈述说明,重点阐述上述规范性文件中涉及的土地成本分摊方法适用建筑面积法相应条款的制定程序、依据、由来和背景等。

【法院审理】

土地增值税历来是房地产企业的重要税种之一，具有税率税负高、计税依据认定多样化、清算持续周期长等特点，亦是地方税收体系的重要组成部分，其作为国家宏观调控房地产市场的税收杠杆之一，对调节房地产开发企业增值收益、规范房地产市场的交易秩序，促进房地产健康发展起着重要作用。但仍需看到，各省市的土地增值税清算政策执行不统一，这虽然在一定程度上满足了因地制宜的要求，但在实操中也出现了地方税务机关间具体实施细则存在差异，执法口径不一致等问题，容易引发税企争议。

本案中，HJHP公司与税务机关即是对《中华人民共和国土地增值税暂行条例实施细则》（财法字〔1995〕6号）第七条第一款第三项及《四川省关于贯彻〈中华人民共和国土地增值税暂行条例实施细则〉的补充规定》（川财税〔2010〕12号）第一条中"金融机构凭证"的理解上出现分歧，同时HJHP公司认为各地对于土地成本分摊方式存在差异，四川税务机关对土地成本分摊适用建筑面积法不合理，从而导致本案纠纷的发生。

通过本案的庭审以及协调过程的进一步释法说理，坦诚沟通，双方最终达成共识，HJHP公司撤回本案诉讼，本案纠纷得到实质化解。为进一步优化营商环境，缓解征纳矛盾，税务总局应一方面加强税收政策宣传，做好政策解读，加强税企沟通，防范税务执法风险，从而增强市场主体对税法的理解度和认可度，提高税务机关的税收管理效率。另一方面，完善相关管理办法和操作规程，查找管理中的薄弱环节与漏洞，不断提高征管质量和精细化管理水平，构建稳健持久发展的国际化一流营商环境。同时，作为纳税人的企业，也可实时保持和税务机关的有效沟通，就土地增值税政策解读、土地增值税风险问题、土地增值税筹划等与税务机关进行沟通，寻求税务机关的指导建议，提高税企沟通的效率，从而减少理解上的分歧，提前进行合理的税务规划和科学的管控。

2023年12月1日，双方当事人达成庭外和解最终方案，HJHP公司自愿向本院提出撤诉申请。

20. 起诉时机尚不成熟

【原告】HL 公司

【被告】国家税务总局某市税务局第一稽查局（以下简称"第一稽查局"）

【案审法院】山西临县人民法院

【案情】

第一稽查局对 HL 公司作出吕税稽一局罚〔2023〕19 号税务行政处罚决定书，同时作出吕税稽一局处〔2023〕31 号《税务处理决定书》。

HL 公司就第一稽查局作出的处罚决定提起本诉之后，又向国家税务总局某市税务局对本案被告作出的吕税稽一局处〔2023〕31 号《税务处理决定书》提起复议。

> 因该处理决定的内容将直接影响到本案的审理，不宜径行作出裁判，故HL公司起诉时机尚不成熟

【法院审理】

国家税务总局某市税务局已经受理 HL 公司对吕税稽一局处〔2023〕31 号《税务处理决定书》提起的复议，现正在审理中，因该处理决定的内容将直接影响到本案的审理，不宜径行作出裁判，故 HL 公司起诉时机尚不成熟，待复议决定作出之后，可一并重新提起诉讼。

【案例名称】

21. 税局程序轻微违法，保留法律效力

【上诉人】敦煌市 XH 文化旅游投资股份有限公司（以下简称"XH 公司"）

【被上诉人】国家税务总局某市税务局第二税务分局（以下简称"第二税务分局"）

【案审法院】甘肃省酒泉市中级人民法院

【案 情】

2015 年 11 月 14 日敦煌市人民政府与 XH 公司签订《敦煌国际会展中心（含敦煌大剧院）项目后期建设框架协议》一份，约定将敦煌国际会展中心、敦煌大剧院及文化中心广场三个与文博会直接相关的工程项目交由敦煌市人民政府建设。

2016 年 6 月 6 日中审华寅五洲会计师事务所甘肃分所审计作出《敦煌国际会展中心（含敦煌大剧院）项目在建工程专项审计报告》，报告中项目基本建设支出为 1,146,525,510.17 元。2017 年 1 月 11 日中审华寅五洲会计师事务所出具补充说明一份，将审计总金额增加 74,281,823.65 元。

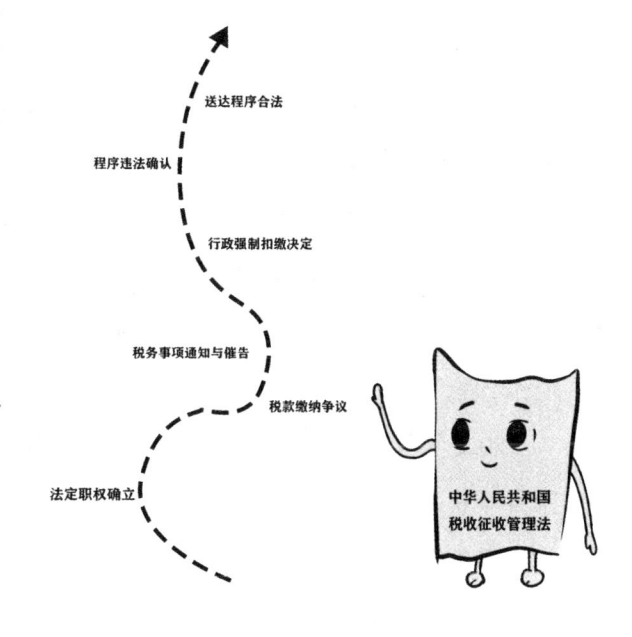

2017年1月26日敦煌市人民政府出具授权委托书一份,委托敦煌文化产业示范园区管理委员会(以下简称文管会)代表敦煌市人民政府与XH公司签订《敦煌国际会展中心(含敦煌大剧院)项目XH公司投资部分接盘协议》一份,甲方为文管会,乙方为XH公司。协议约定的接盘内容为:

1. 乙方投入资金建设的所有工程,包括会展中心主体工程、广场硬化绿化及室外管网工程、原敦煌大剧院的桩基工程及双方认可的剩余建筑材料等。

2. 项目开发所取得的国有土地850亩。协议第二条约定的接盘价格为1,220,807,333.82元,包含但不限于乙方建筑安装工程投资、乙方已缴纳的土地出让金及其他费用、资本化利息等所有内容。协议第七条还约定XH公司在项目接盘前产生的各项规费、税费等,由XH公司按相关规定在项目接盘手续交接前缴清。

2019年3月6日第二税务分局向XH公司发出敦煌税二询通〔2019〕3号询问通知书,要求XH公司财务人员于2019年6月6日10时到第二税务分局就涉税事项接受询问,XH公司会计祁玉玲于当日接受询问,第二税务分局告知祁玉玲尽快与公司负责人沟通申报接盘协议涉及的各项税款。

2019年3月13日XH公司针对敦税事项通〔2019〕301号向某某市税务局出具情况说明书一份,认为接盘协议不产生税收,接盘协议也未对税收进行约定和处理,正在协调处理税收问题,请求暂缓通知书当中涉及的税收申报。

2022年4月2日第二税务分局作出敦煌税二通〔2022〕58号《税务事项通知书》通知XH公司截至2017年4月16日应缴纳税款164,547,388.49元,限2022年4月16日前缴纳,该通知书后附的表格中列明了税种、税目、税款所属期、金额等情况,其中销售不动产的增值税、企业所得税、土地增值税,增值税附征的城市维护建设税、增值税教育费附加、增值税地方教育附加及产权转移的印花税;该通知书的文尾还写明若有争议,必须先依照本通知的期限缴纳税款及滞纳金或者提供相应的担保,然后可自上述款项缴清或者提供相应担保被税务机关确认之日起60日内依法向国家税务总局某市税务局申请行政复议，该份通知书于2022年4月11日送达XH公司法定代表人周某。

2022年4月12日XH公司针对敦煌税二通〔2022〕58号《税务事项通知书》向第二税务分局提交《陈述说明》一份，提出一是《接盘协议》中的款项是分批付款，通知书中申报截止日及滞纳金起算日期均为2017年4月16日，计算基数也相同，与实际收到款项时间及金额存在较大误差，需重新核算；二是通知中的企业所得税和土地增值税的核定税率均不知如何得来；三是关于接盘协议税费承担问题，正在与敦煌市政府及文管会积极沟通协调中。

2022年4月15日第二税务分局制作纳税人欠税确认表，由主管税务机关国家税务总局某市税务局审核，纳税人核实意见处为空白，当日下午第二税务分局工作人员通过微信将该份表格发送给XH公司法定代表人周某。

2022年4月18日XH公司向第二税务分局提交公司情况说明一份，说明其公司的经营情况及税费问题。

2022年4月21日第二税务分局针对XH公司提交的《陈述说明》出具答复书一份，对计算基数、税款缴纳期限、滞纳金计算、企业所得税、土地增值税及文管会支付款项没有税款问题进行回复。同日，第二税务分局经审批作出敦煌税二通〔2022〕59号税务事项通知书，要求XH公司收到通知书之日起十五日内提供2012年至2021年账簿凭证资料。

2022年4月25日第二税务分局作出敦煌税二通〔2022〕60号税务事项通知书，通知XH公司将敦煌税二通〔2022〕58号上的缴款截止日期和滞纳金起算日期更正为：缴款截至日期为2017年4月19日，滞纳金自2017年4月20日起加收。

2022年5月15日第二税务分局作出敦煌税二强催〔2022〕01号《催告书》，催告XH公司在收到催告书10日内履行：（1）申报应缴纳的税款

164,547,388.49元；（2）从税款滞纳之日起至缴纳或者解缴之日止，按日加收滞纳税款万分之五的滞纳金，并与税款一并缴纳；逾期未履行义务将依法强制执行，该份催告书的文尾还告知了XH公司可在收到催告书之日起三日内提出陈述申辩，该份告知书通过微信向XH公司法定代表人进行了送达。

2022年5月13日至5月20日期间第二税务分局经审批对XH公司账户进行了查询。2022年5月17日某市税务局作出敦煌税罚告〔2022〕4号税务行政处罚事项告知书，因XH公司未按期申报2019年1月1日至3月31日的税款，拟决定对XH公司罚款10,000元，并告知XH公司在作出处罚决定前可进行申述申辩。

2022年5月31日经第二税务分局提请审批，某市税务局法制股于2022年6月1日审核，某市税务局于2022年6月7日作出敦煌税罚〔2022〕1号《税务行政处罚决定书》，决定对XH公司罚款10,000元，XH公司已针对该处罚决定向一审法院提起行政诉讼。

2022年6月6日至7日第二税务分局对XH公司银行账户进行冻结。2022年6月15日经审批某市税务局作出敦煌税扣通〔2022〕201号《扣缴税收款项通知书》，通知中国银行敦煌支行扣缴XH公司银行存款41,869,825.39元，并于当日向中国银行敦煌支行送达。同日，某某市税务局针对扣缴的税款出具了税收完税证明。

2022年6月16日第二税务分局作出敦煌税二扣款决〔2022〕202号《扣缴税收款项决定书》，决定2022年6月15日从XH公司中国银行敦煌支行账户扣缴税款41,859,825.39元、罚款10,000元，并告知XH公司有申请行政复议或者提起行政诉讼的权利。

2022年7月22日经审批某市税务局对XH公司的账户解除冻结。

一、XH公司上诉称

扣缴决定的作出主体不适格、扣缴内容错误。《中华人民共和国税收征管法》及实施细则均明确，税收强制措施与执行，须以县以上税务局局长批准才得实施。但本案被诉扣缴决定系由第二税务分局作出，二分局并非县级以上分局，没有权限独立作出扣缴决定。被诉敦煌税二扣款决〔2022〕202号《扣缴税收款项决定书》未说明扣缴税款金额的确定依据，且关于10,000元罚款的扣缴决定错误。

扣缴程序存在多处严重违法。首先案涉扣缴决定未经某市税务局局长批准，程序违法。其次，先行为，后决定，程序违法。案涉敦煌税二扣款决〔2022〕202号《扣缴税收款项决定书》作出于2022年6月16日，但扣缴行为在6月15日已经执行完毕。再次，送达程序不合法。

在案证据显示，被诉扣缴决定上无受送达人签章，而仅有被上诉人工作人员个人的微信聊天记录，作为送达依据。根据《税收征管法》第一百零一条、一百零二条、一百零三条、一百零四条，税务机关送达税务文书，法定的方式应当是直接送达、留置送达、委托送达、邮寄送达、公告送达。而且直接送达方式是首选，只有在直接送达不成的情况下，才能够采取其他送达方式。《税务文书电子送达规定（试行）》第八条规定，"税务处理决定书、税务行政处罚决定书（不含简易程序处罚）、税收保全措施决定书、税收强制执行决定书、阻止出境决定书以及税务稽查、税务行政复议过程中使用的税务文书等暂不适用本规定"。可见，本案采取电子送达方式不符合法律规定。

二、第二税务分局辩称

依据《中华人民共和国税收征收管理法》第十四条之规定，本法所称税务机关是指各级税务局、税务分局、税务所和按照国务院规定设立的并向社会公告的税务机构；依据国家税务总局征收管理司编著的《新税收征收管理法及其实施细则释义》对第十四条的解释，本条是对税务机关包括范围的明确，是对税务执法主体的规定。且第二税务分局拥有甘肃省人民政府颁发的《甘肃省行政执法主体资格证》（甘执法证字第0400388号），该证明确记载其为法定行政机关，执法职权包括：行政许可、行政处罚、行政强制、行政征收及其他具体行政行为。

第二税务分局作出扣缴税收款项的行为，系严格依照《中华人民共和国税收征收管理法》及其实施细则履行法定职责的行为，第二税务分局履行了相关的审批手续后才依法扣缴了案涉税款。《税务行政执法审批表》即为该扣缴决定经县级以上税务局局长批准的证明。

对敦煌税二扣款决〔2022〕202号中未说明扣缴税款金额的确定依据的问题，在2022年4月11日上诉人收到的《税务事项通知书》敦煌税二通〔2022〕58号、《欠税确认表》及2022年4月21日对上诉人提交的《陈述说明》的答复中就已经明确进行了说明，且2022年4月26日对总裁助理席永乾进行约谈时也当面进行了答复所以对于该笔扣缴税款的计算依据，已尽到了完全的告知义务。依据《中华人民共和国税收征收管理法实施细则》第一百零七条之规定，税务文书的格式由国家税务总局制定，该扣缴税收款项决定书系法定格式文书，其上本就没有扣缴税款金额的确定依据的告知事项，仅要求执法主体告知扣缴税款的金额即可。

关于上诉人称以微信聊天方式作为送达依据不合法的说法，是完全于法无据的。通过微信电子送达扣缴税款决定的送达行为系合法有效的送达方式，也切实保障了上诉人的知情权，且电子送达的同时，进行了邮寄送达，充分保障了上诉人的合法权益。且2022年4月至8月，第二税务分局在追缴税款期间，正值我国疫情吃紧的时候，在XH公司人为制造障碍、拒不配合接收相关涉税文书的情况下，局长杨轲同志也曾几次想让相关执法人员赴福建平潭送达文书，但都因疫情原因未能到达福建，故只能采取电子和邮寄方式送达了所有文书，想尽各种办法全力保障了上诉人的权益。

【法院审理】

第二税务分局具有强制扣缴案涉税款的法定职权。根据《中华人民共和国税收征收管理法》第四十条规定"从事生产、经营的纳税人、扣缴义务人未按照规定的期限缴纳或者解缴税款，纳税担保人未按照规定的期限缴纳所担保的税款，由税务机关责令限期缴纳，逾期仍未缴纳的，经县以上税务局（分局）局长批准，税务机关可以采取下列强制执行措施：（一）书面通知其开户银行或者其他金融机构从其存款中扣缴税款"。《中华人民共和国税收征收管理法》第十四条规定"本法所称税务机关是指各级税务局、税务分局、税务所和按照国务院规定设立的并向社会公告的税务机构"。第二税务分局属于《中华人民共和国税收征收管理法》第十四条规定的"税务分局"，具有强制扣缴的行政强制执行权。本案中，第二税务分局所实施的行政强制扣缴，也经过了某市税务局局长的审批。上诉人所提第二税务分局不是适格主体及扣缴决定未经县级以上税务局局长批准的上诉理由，不能成立。

关于第二税务分局实施的行政强制扣缴程序是否合法的问题。案涉《扣缴税收款项决定书》系依据第二税务分局敦煌税二通〔2022〕58号《税务事项通知书》作出的强制扣缴决定，对敦煌税二通〔2022〕58号《税务事项通知书》有异议应先进行行政复议，因上诉人未对敦煌税二通〔2022〕58号《税务事项通知书》提起复议，本案不对《税务事项通知书》进行合法性审查。该《税务事项通知书》对所缴税款的项目及数额进行了详细的核算，并向上诉人送达，故依据《税务事项通知书》作出的《扣缴税收款项决定书》具有合法依据。XH公司未在规定期限内履行税务事项通知书确定的义务，第二税务分局依法进行了催告，并告知XH公司有权进行陈述申辩，XH公司经催告后仍未履行义务，第二税务分局才依法作出《扣缴税收款项决定书》。

但第二税务分局存在作出《扣缴税收款项决定书》前先行扣缴税款的行为，属程序违法，因该程序违法问题对上诉人权利未产生实际影响，系程序轻微违法，判决确认违法，并无不当，故不予撤销，保留法律效力。

关于送达程序是否合法的问题。第二税务分局通过微信向上诉人送达案涉《扣缴税收款项决定书》后，又通过邮寄方式进行了送达，上诉人亦确认签收，且未提出异议，该送达方式为法律规定的合法送达方式，故送达方式不符合法律规定，于法无据。

【案例名称】

22. 自填门卫室签收，实名举报信未送达

【上诉人】钟某

【被上诉人】国家税务总局某县税务局（以下简称"某县税务局"）

【案审法院】南昌铁路运输中级法院

【案　情】

2022年4月1日，钟某以挂号信的形式向某县税务局邮寄履职申请书，举报江西某某大药房有限公司云桥路店涉嫌逃税。中国邮政查询单显示，2022年4月2日，门卫室他人代收，但某县税务局否认收到钟某的举报信。另，某县税务局于2022年6月收到钟某身份证复印件，其工作人员两次询问钟某的目的和诉求，钟某未回复。

一、钟某上诉称

根据日常习惯，由行政机关门卫签收的信件，应当视为该行政机关已签收，且该行政机关亦未作出过禁止门卫签收单位信函的工作制度。至于签收信件的门卫是否将信件交给相关人员，系被某县税务局内部工作制度问题，

并不影响某县税务局已收到举报信这一事实的认定。某县税务局门卫室于2022年10月2日17点03分签收涉案邮政挂号信；投递员：江某某，电话：150×××××××，挂号信查询结果为已签收。该数据查询结果来自中国邮政官方网站查询平台，该结果具有权威性和可靠性。

二、某县税务局答辩称

根据《中华人民共和国邮政法》第四十一条规定，投递挂号信时应当有收件人的签收记录。虽然钟某举证的物流信息系统查询截图显示2022年4月2日门卫室代收，但该查询系统信息系邮政部门单方制作，仅反映的是挂号信传递的途径信息，系统显示"他人代收：门卫室"字样系邮政人员自己输入填写，并不表明收件人最终实际签收。事实上，经与门卫室反复核实，门卫室并未收到邮寄的举报信，也未有其他部门工作人员签收该举报信，且向法庭提交某县邮政局盖章确认的2022年4月2日投递邮件清单，该清单清晰地显示未有收件人签章，可见钟某邮寄的挂号信并未实际送达。

反复询问钟某单独邮寄身份证复印件的诉求和目的，钟某一直不予答复，也未告知其邮寄了举报信或用于案涉检举。

某县税务局在收到法院寄来的钟某检举信后才得知举报事宜，立即展开了核查处理。举报的交易行为已经基本上依法被法院撤销，除19元藿香正气口服液外，其他无须补开发票。就被举报人销售19元藿香正气口服液未开具发票一事，已经责令被举报人补开该笔19元发票并邮寄给举报人。退一步说，即便收到钟某举报，其举报信中仅有履职申请书和一张向被举报人付款的凭证，并未提交居民身份证等有效身份证明复印件，系匿名检举，其起诉要求告知查处结果也缺乏法律依据。

【法院审理】

2021年，钟某向某县人民法院提起民事诉讼，要求案涉被举报人退还购货款及支付货款10倍的赔偿金,某县人民法院经审理,认定上诉人诉请案涉销售除一笔19元藿香正气口服液外均属于经营明知是不符合食品安全标准的食品的行为,作出(2021)赣0124民初712号判决书,判决被举报人江西某某大药房有限公司退货款及支付10倍赔偿金,被举报人已履行该生效判决。后江西某某大药房有限公司已补开该笔19元藿香正气口服液发票并邮寄给钟某。

根据《税收违法行为检举管理办法》第二条第三款、第十三条第二款的规定,检举人可以实名检举,也可以匿名检举,以来信、网络、传真形式实名检举的,检举人应当提供营业执照、居民身份证等有效身份证件的复印件。据此可知,对税收违法行为检举时,检举人可以实名举报,也可以匿名举报,以来信方式实名检举的,应当提供有效身份证件的复印件。《税收违法行为检举管理办法》第三十条规定,实名检举人可以要求答复检举事项的处理情况与查处结果。实名检举人要求答复处理情况时,应当配合核对身份;要求答复查处结果时,应当出示检举时所提供的有效身份证件。因此,实名检举人要求答复处理情况时,应当配合核对身份,出示检举时所提供的有效身份证件。本案中,钟某在举报信中仅留有姓名和电话号码,没有提供有效身份证件,不符合税收违法行为实名举报的法律规定。在案查明的事实可以认定,相关民事纠纷已经判决案涉被举报人退还购货款及支付货款十倍的赔偿金,对于未退还购货款及支付赔偿金的,某县税务局也已责令案涉被举报人补开相应发票,钟某的相关权益已经得到保障。在举报类案件中,举报人的作用是向行政机关提供案件线索,对举报人来说,无论行政机关的处理结果如何,均不影响其合法权益。

【案例名称】

23. 自己虚开却起诉税局

【上诉人】康佳 HJ（大连）环保科技有限公司（以下简称"康佳公司"）

【被上诉人】国家税务总局某市税务局稽查局、国家税务总局某市税务局、内蒙古 BG 钢联股份有限公司（以下简称"BG 钢联公司"）

【案审法院】内蒙古自治区包头市中级人民法院

【案　情】

国家税务总局某市税务局稽查局依据国家税务总局大连市税务局第二稽查局于 2022 年 8 月 18 日作出的《税务处理决定书》（大税二稽处〔2022〕195 号）以及国家税务总局大连市税务局第二稽查局于 2022 年 8 月 29 日向国家税务总局某市税务局稽查局送达的《已证实虚开通知单》。对 BG 钢联公司作出《税务事项通知书》（包税稽通〔2022〕35 号），该通知中事由、依据、通知内容为："康佳公司的增值税专用发票进行进项税额转出补缴税款处理。""你公司 2019 年取得康佳公司虚开的增值税专用发票 50 份，金额合计 39,097,189.49 元，税额合计 5,082,634.61 元。"

一、康佳公司上诉称

《税务事项通知书》（包税稽通〔2022〕35号）相关内容的陈述，都认定公司构成虚开增值税专用发票行为。该通知书直接对公司的发票开具行为作出认定，对公司实体权益的直接侵害，而且是自作出之日即对公司的实体权益即产生的影响，而非一审裁定中所述的事后影响。一审法院对此事实的认定错误。综上，一审裁定认定事实错误、适用法律错误。

二、BG钢联公司辩称

公司与康佳公司之间存在买卖合同关系，合同真实有效并成立，在合同履行过程中是买受方，完全善意且双方交易合法有效，对于康佳公司涉嫌虚开增值税发票罪并不知情，对康佳公司商品来源及交易流程不知情，也无法干涉，但包头税务局下达的通知书要求公司做进项税额转出影响公司合同目的的实现，对公司合法权益造成损失，在合同履行过程中公司不存在过错，希望康佳公司妥善处理该事项并给出合理解决方案。

三、国家税务总局某市税务局稽查局辩称

首先，包税稽通〔2022〕35号《税务事项通知书》的行政相对人很明确为BG钢联公司，康佳公司并非所诉行政行为的行政相对人。

其次，康佳公司并非包税稽通〔2022〕35号《税务事项通知书》的利害关系人。"与具体行政行为有法律上利害关系"是指行政机关的具体行政行为对公民、法人和其他组织的权利义务已经或将会产生实际影响，公民、法人或其他组织的合法权益与行政行为之间存在一种因果关系。本案中，康佳公司为BG钢联公司开具的50份增值税专用发票是否为虚开已经由国家税务总局大连市税务局第二稽查局于2022年8月18日作出的《税务处理决定书》（大税二稽处〔2022〕195号）以及国家税务总局大连市税务局第二稽查局的《已证实虚开通知单》所定性，并非包税稽通〔2022〕35号《税务事项通知书》所定性。

包税稽通〔2022〕35号《税务事项通知书》是依据国家税务总局大连市

税务局第二稽查局的上述《税务处理决定书》作出的，故该《税务事项通知书》不可能影响国家税务总局大连市税务局第二稽查局对康佳公司开具发票的定性。现国家税务总局大连市税务局第二稽查局上述《税务处理决定书》并未被撤销，故康佳公司已被认定的虚开行为并非其"合法权益"，其与第三人之间的民事纠纷也是由于其已被认定的虚开行为导致，与其权益之间不存在因果关系，对其不产生实际影响，康佳公司并非包税稽通〔2022〕35号《税务事项通知书》的利害关系人。

BG钢联公司收到包税稽通〔2022〕35号《税务事项通知书》后，向某某市税务局申请复议。某某市税务局经审查，作出包税复决字〔2023〕1号行政复议决定书，维持了某市税务局稽查局的行政行为。第三人作为具体行政行为相对人并未就税务局的具体行政行为与复议决定提起行政诉讼，该《税务事项通知书》以及包税复决字〔2023〕1号行政复议决定书均已生效。

四、国家税务总局某市税务局称

市稽查局作出的《税务事项通知书》没有直接处分康佳公司的权利义务，康佳公司与该通知书不具有行政法上的利害关系。康佳公司不具有对市稽查局向第三人BG钢联公司作出的《税务事项通知书》提起行政复议的主体资格。而且，第三人BG钢联公司作为纳税人和行政相对人已对市稽查局作出《税务事项通知书》提出过行政复议，该通知书已经过复议程序并被予以维持。所以，对康佳公司提出的行政复议请求，本机关决定不予受理。

2022年8月18日，国家税务总局大连市税务局第二稽查局作出《税务处理决定书》（大税二稽处〔2022〕195号），认定康佳公司利用园区返税政策让园区企业和HJ集团控制的关联企业向其虚开发票，康佳公司利用取得的虚开发票向下游利废企业虚开发票从中赚取利润，并已告知公司可自收到该文书之日起60日内依法向大连市税务局申请行政复议。同时，国家税务总局大连市税务局第二稽查局按照《税收违法案件发票协查管理办法（试行）》有关规定，向市稽查局出具《已证实虚开通知单》。市稽查局开展检查后，向第三人 BG 钢联公司作出《税务事项通知书》，通知就其 2019 年取得的康佳公司虚开的 50 份增值税专用发票及其他公司虚开的增值税专用发票，在 2022 年 11 月 25 日前进行进项税额转出补缴税款。所以，康佳公司人虚开增值税专用发票行为系国家税务总局大连市税务局第二稽查局所认定，并不是康佳公司在上诉状所称由答辩人认定其虚开增值税专用发票。

第三人 BG 钢联公司要求康佳公司赔偿损失支付利息的直接原因是，康佳公司被认定虚开增值税专用发票，导致被要求转出进项税额 5,082,634.61 元，造成损失 5,082,634.61 元。并不是由市稽查局《税务事项通知书》所造成。

【法院审理】

《中华人民共和国行政诉讼法》第二十五条第一款规定，行政行为的相对人以及其他与行政行为有利害关系的公民、法人或者其他组织，有权提起诉讼。本案中，国家税务总局某市税务局稽查局作出的包税稽通〔2022〕35 号《税务事项通知书》及国家税务总局某市税务局作出的包税复决字〔2023〕1 号行政复议决定书的行政相对人均为第三人包钢公司，并非康佳公司，该通知书及复议决定书亦未对上诉人的合法权益产生影响。综上，康佳公司既非案涉行政行为相对人也非利害关系人，不符合提起行政诉讼的主体资格。

【案例名称】

24. 举报律所偷税属实，诉讼对象却错了

【上诉人】丁某

【被上诉人】国家税务总局北京市某区税务局、国家税务总局北京市税务局

【案审法院】北京市第二中级人民法院

【案 情】

2012年11月9日，丁某与某律师事务所签署《聘请法律顾问协议书》并按其代理人马某要求直接转账给马某律师费。丁某发现其代理人为假律师后要求退款，某律师事务所不承认签约事实，声称马某与其无关。丁某被迫向北京市公安局东城分局北京站派出所（京公东〔建〕受案字〔2022〕50546号）报案。

经该案调查某律师事务所早于2013年5月22日收到马某的汇款至今。丁某才知道被欺骗多年，于2022年6月23日向东城税务局实名举报"某律

师事务所"偷税漏税十年，并提交了详细的书面材料，证实"某律师事务所"以及其代理人马某的偷税漏税的事实。

2023年4月14日，东城税务局出具了京东税举查告〔2023〕03号《税收违法行为查处结果告知书》（以下简称"被诉告知"），称"无法得出某律师事务所偷税漏税的情况"。丁某向北京市税务局申请复议。北京市税务局在2023年4月23日受理了丁某的复议申请，于6月17日快递给丁某京税复决字〔2023〕26号《行政复议决定书》（以下简称"被诉复议决定"）"不符合《中华人民共和国行政复议法》的复议范围和规定，本机关不予支持"。

一审法院经审查查明，2023年4月12日，东城税务局作出被诉告知，主要内容为，丁某于2022年6月23日提交被举报人某律师事务所涉嫌未按规定开具发票、涉嫌瞒报收入漏缴税款的检举事项，本机关的国家税务总局北京市某某区税务局和平里税务所（以下简称"和平里税务所"）作为主管税务机关依法对被检举人进行了调查核实。

根据《税收违法行为检举管理办法》第三十条和第三十二条的规定，现将相关查处结果简要告知如下：一、检举主要内容。1.某律师事务所收取法律顾问费未开具发票。2.某律师事务所于2013年漏报营业收入，瞒报漏缴营业税、城市维护建设税、企业所得税，另外未代扣代缴个人所得税（曹某、马某）。二、查处结果。根据和平里税务所调查核实情况……丁某不服该告知书提起复议。北京市税务局于2023年4月17日受理了丁某复议后，于2023年6月16日作出被诉复议决定。

一审法院认为，本案中，针对丁某的举报，东城税务局已经告知丁某"本机关的和平里税务所作为主管税务机关依法对被检举人进行了调查核实"，即告知丁某针对其举报是由和平里税务所作出的行政行为。东城税务局履行的是告知的职责，未对丁某设置权利义务。故东城税务局、北京市税务局的行政行为均对丁某合法权益不产生实际影响。综上，依照《中华人民共和国行政诉讼法》第七十九条、《最高人民法院关于适用〈中华人民共和国行政诉讼法〉的解释》第六十九条第一款第八项、第三款的规定，对公民、法人或者其他组织合法权益不产生实际影响的行政行为，人民法院经过阅卷、调查或者询问当事人，认为不需要开庭审理的，可以径行裁定驳回起诉。

【法院审理】

公民、法人或者其他组织向人民法院提起行政诉讼，应当符合法定起诉条件。起诉不符合法定条件，已经立案的，应当裁定驳回起诉。本案中，在案材料显示针对丁某反映的问题，和平里税务所已于2022年11月作出了调查结果。丁某如不服，可针对该结果进行复议诉讼。东城税务局于2023年4月12日作出的被诉告知，仅转述了和平里税务所的调查结果，未对丁某设置新的权利义务。东城税务局、北京市税务局的行政行为均未对丁某合法权益产生实际影响。丁某对被诉告知及被诉复议决定不服提起行政诉讼，不符合法定起诉条件，对其起诉依法应予驳回。

25. 此保险公司非彼保险公司

【上诉人】北京某公司

【被上诉人】国家税务总局北京市税务局第二稽查局（以下简称"第二稽查局"）、国家税务总局北京市税务局

【案审法院】北京市第二中级人民法院

【案情】

2021年11月3日，第二稽查局对北京某公司作出京税稽二处〔2021〕596号《税务处理决定》（以下简称被诉处理决定），该决定书主要内容如下：我局于2019年2月12日至2021年10月25日对你单位2014年1月1日至2016年12月31日涉税情况进行了检查，违法事实及处理决定如下：

（一）风险准备金税前列支问题。你单位属于保险经纪公司，2014年在主营业务成本科目计提风险准备金14,906,800元并于当年结转损益，上述

风险准备金属于未经核定的准备金支出，在计算应纳税所得额时不得扣除，应调增 2014 年度应纳税所得额 14,906,800 元。2015 年在主营业务成本科目计提风险准备金 21,789,500 元并于当年结转损益，上述风险准备金属于未经核定的准备金支出，在计算应纳税所得额时不得扣除，应调增 2015 年度应纳税所得额 21,789,500 元。2016 年在主营业务成本科目计提风险准备金 13,356,200 元并于当年结转损益，上述风险准备金属于未经核定的准备金支出，在计算当年应纳税所得额时不得扣除，应调增 2016 年度应纳税所得额 13,356,200 元。

（二）外单位票据税前列支问题。2014 年你单位企业所得税税前列支外单位票据 16,284 元。上述票据涉及的业务不是向你单位提供的，票据也不是开具给你单位。因此，上述外单位票据不得在企业所得税税前扣除，应调增 2014 年度企业所得税应纳税所得额 16,284 元。

你单位 2014 年申报的应纳税所得额为 1,982.17 元，就计提的准备金应调增应纳税所得额 14,906,800 元，外单位票据应调增应纳税所得额 16,284 元，弥补以前年度亏损 -572,976.20 元，调整后的应纳税所得额为 14,352,089.97 元，应纳企业所得税为 3,588,022.49 元，已纳企业所得税 495.54 元，实际应补缴企业所得税 3,587,526.95 元。你单位 2015 年原纳税调整后所得 -192,363.58 元，就计提的准备金应调增应纳税所得额 21,789,500 元，调整后的应纳税所得额为 21,597,136.42 元，应纳企业所得税 5,399,284.11 元，已纳企业所得税 0 元，补缴企业所得税 5,399,284.11 元。你单位 2016 年原纳税调整后所得为 -1,520,099.48 元，就计提的准备金应调增应纳税所得额 13,356,200 元，经过调整后的应纳税所得额为 11,836,100.52 元，应纳企业所得税 2,959,025.13 元，已纳企业所得税 0 元，补缴企业所得税 2,959,025.13 元。（二）滞纳金。根据《中华人民共和国税收征收管理法》第三十二条："纳税人未按照规定期限缴纳税款的，扣缴义务人未按照规定期限解缴税款的，税务机关除责令限期缴纳外，从滞纳税款之日起，按日加收滞纳税款万分之五的滞纳金"，《中华人民共和国税收征收管理法实施细则》第七十五条"税收征管法第三十二条规定的加收滞纳金的起止时间，为法律、行政法规规定或者税务机关依照法律、行政法规的规定确定的税款缴纳期限届满次日起至纳税人、扣缴义务人实际缴纳或者解缴税款之日止"的规定，对你单位未按照规定缴纳企业所得税，从滞纳税款之日起，按日加收滞纳税款万分之五的滞纳金。

【法院审理】

首先，本案被诉处理决定认定案件事实的主要依据是北京某公司于2018年4月2日、7月24日向稽查局提供的2014年1月1日至北京2016年12月31日期间账簿和记账凭证，以上账簿均为北京某公司自行提交，且均有某公司盖章并由法定代表人签字予以确认。其中记载的2014年至2016年北京某公司业务收入、营业税金及附加等数据与第二稽查局从北京银保监局调取的业务报表、从北京东审会计师事务所调取的《审计报告》以及金税三期税收管理系统中北京某公司自行申报的相关数据一致，应认定其真实性。

北京某公司提交税务机关的上述账簿和记账凭证显示，该公司存在计提风险准备金并结转成本的行为。根据《中华人民共和国企业所得税法》第八条、第十条、第十八条和《中华人民共和国企业所得税法实施条例》第二十九条、第五十五条之规定，企业实际发生的与取得收入有关的、合理的支出，包括成本、费用、税金、损失和其他支出，准予在计算应纳税所得额时扣除。在计算应纳税所得额时，未经核定的准备金支出不得扣除。《中华人民共和国企业所得税法》第八条所称成本，是指企业在生产经营活动中发生的销售成本、销货成本、业务支出以及其他耗费。《中华人民共和国企业所得税法》第十条第七项所称未经核定的准备金支出，是指不符合国务院财政、税务主管部门规定的各项资产减值准备、风险准备等准备金支出。

北京某公司作为保险经纪公司，不符合《关于保险公司准备金支出企业所得税税前扣除有关政策问题的通知》(财税〔2012〕45号)和《关于保险公司准备金支出企业所得税税前扣除有关政策问题的通知》(财税〔2016〕114号)的相关规定,其在2014年至2016年度计提风险准备金并结转成本,没有法律依据,不得在相应年度的企业所得税前扣除,故被诉处理决定认定北京某公司应当调增相应年度的企业所得税应纳税所得额事实清楚。

第二稽查局作出被诉处理决定前履行了立案、调查、延长办案期限等行政程序,其行政程序符合《税务稽查工作规程》《税务稽查案件办理程序规定》有关税务稽查程序的规定。国家税务总局北京市税务局作出被诉复议决定的行政复议程序亦符合《中华人民共和国行政复议法》有关行政复议程序的规定。北京某公司的诉讼请求缺乏事实和法律依据,本院不予支持。

【案例名称】

26. 记账凭证的篡改危害与关联度

【上诉人】辽阳某建筑工程机械租赁有限公司（以下简称"A 公司"）

【被上诉人】国家税务总局辽阳市税务局稽查局、国家税务总局辽阳市税务局

【案审法院】辽宁省辽阳市中级人民法院

【案 情】

A 公司成立时间为 2019 年 7 月 8 日。国家税务总局辽阳市税务局稽查局于 2022 年 10 月 12 日至 2023 年 9 月 22 日对原告 2020 年 1 月 1 日至 2020 年 12 月 31 日增值税等的情况进行检查。经查，A 公司与辽宁美鲨物联网科技有限公司（以下简称"美鲨公司"）之间不存在真实交易，2020 年 1 月 22 日，美鲨公司转账给辽阳忠俊工程机械租赁有限公司（以下简称"忠俊公司"）10 万元，辽阳忠俊工程机械租赁有限公司将该款转账给孔祥红，孔祥红又将该款转账给杨大栋。2020 年 7 月 7 日，美鲨公司转账给原告 1 万元，原告将该款中的 5,500 元转账给孔祥红，

孔祥红又将其中的 4,500 元转账给汪素春。美鲨公司的法定代表人为顾佳，汪素春系顾佳母亲，杨大栋系顾佳的丈夫。结合合同双方之间资金回流事实，A 公司与美鲨公司之间是不存在真实交易的。

一、A 公司上诉称

2019 年初，通过中间人马田介绍，A 公司与美鲨公司签订工程机械租赁合同，由 A 公司提供挖掘机和装载机从事装载及搬运煤炭业务，作业地点为辽宁、西北、内蒙古等地，具体作业地点以美鲨公司通知为准。由于项目工期长，作业地点距离远，双方约定由美鲨公司先支付预付款作为施工加油费、修理费、拖车费、保养费及司机工资费用等。因异地作业，且作业地地处偏僻，A 公司无法派遣员工在外地长期工作，约定由中间人马田负责留守作业现场，由其垫付现场现金费用，按月结算。现场工作量以现场签证单为依据，由司机和现场工作管理员签字，作为 A 公司与美鲨公司业务结算依据。

2019 年 8 月 10 日，美鲨公司通过中间人马田现金支付 A 公司 10 万元押金，并开具收据。2019 年 9 月美鲨公司在盘锦港和大连长兴岛港开始作业，由 A 公司提供一台挖掘机和一台装载机，挖掘机租赁费 2,600 元/台班，装载机 1,800 元/台班。2020 年美鲨公司要求开具租赁款发票 110,000 元，并于 2020 年 1 月 22 日通过对公账户支付租赁款 100,000 元。因 A 公司财务人员提供账户错误，该笔租赁款汇入由 A 公司法定代表人王庆忠实际控制的忠俊公司，并于当日由忠俊公司转账至孔祥红银行账户中。2020 年 5 月 20 日，王庆忠将该 10 万元租赁款以现金方式交付公司并开具收据。2020 年 5 月 31 日，向美鲨公司开具增值税专用发票 2 组（发票号码：0076258600762588），合计金额 110,000 元。2020 年 7 月 7 日，美鲨公司支付剩余租赁款 10,000 元。A 公司提供的现场签证单、加油票据及工作人员于当地吃饭的餐饮发票足以证明上诉人与美鲨公司存在真实交易，且美鲨公司的业务是真实的，现场作业由相关买煤、卖煤、运煤业务与 A 公司的装煤业务共同协作完成，非编造的真实业务。

A 公司与美鲨公司之间的转款行为并非"资金回流"。因美鲨公司于 2019 年 8 月 10 日以现金方式预付 10 万元设备租赁押金，2020 年 1 月 22 日美鲨公司支付设备租赁费后，孔祥红以私人账户向杨大栋（美鲨公司负责人）返还 10 万元押金。因现场作业均由马田负责管理，施工所需现金费用由其垫付，2020 年 7 月 7 日，孔祥红将马田垫付的 4,500 元费用转账至其提供的"汪素春"账户中。"资金回流"只是资金运动的客观现象，它的出现可能是多种因素造成的，比如企业与企业之间、企业与私人之间存在频繁的借贷关系等等情况。要判断"资金回流"是否系虚开所致，不能仅仅看资金的流动迹象，更应当看每次流动背后的交易实质。被上诉人仅根据"资金回流"与发票金额计算比例，再去套取供述，毫无依据。

根据《中华人民共和国行政处罚法》第四十条，公民、法人或者其他组织违反行政管理秩序的行为，依法应当给予行政处罚的，行政机关必须查明事实；违法事实不清、证据不足的，不得给予行政处罚。《中华人民共和国行政复议法》第四十四条，被申请人对其作出的行政行为的合法性、适当性负有举证责任。《中华人民共和国行政诉讼法》第三十四条，被告对作出的行政行为负有举证责任，应当提供作出该行政行为的证据和所依据的规范性文件。被告不提供或者无正当理由逾期提供证据，视为没有相应证据。综合上述法律规定，税务机关作出行政处罚决定时，必须查明事实；在行政诉讼案件中，被告应对违法事实承担证明责任，否则将承担不利后果。本案中，一审法院认定"被告要求原告提供证据证明原告与美鲨公司之间资金来往是否存在真实的交易关系及资金回流是否与真实交易相符……证明其二者之间存在真实的交易及合理的资金流转与所开增值税发票相符，但原告无法提供相应的证据证明上述事实，故原告应当承担不利的法律后果"。行政诉讼案件中对当事人之间的证明责任有明文规定，应当由被上诉人提供证据并足以证明公司与美鲨公司之间不存在真实交易且存在"资金回流"，一审法院认定由公司承担证明责任并承担不利后果于法无据。

二、国家税务总局辽阳市税务局稽查局辩称

1. A公司与美鲨公司之间不存在真实交易。原审质证时，孔祥红、王庆忠笔录内容可证，A公司与美鲨公司后补签的合同是造假的；庭审时A公司提供的记账凭证与检查阶段向税务机关提供的记账凭证不一致，是虚假材料，即A公司在庭审时提供的证据不但不能证明业务的真实性，反倒可以证明A公司在伪造资料。A公司主张在合同履行过程中产生了加油费、拖车费、修理费、司机工资等费用，但是没有提供能够证明费用实际发生且与案涉业务有关的证据，提供的账簿账面上列支的成本费用与合同之间不具有关联性。原审时，A公司称部分账目丢失，无法提供相应的证据证明业务的真实性，结合合同双方之间资金回流事实，A公司与美鲨公司之间是不存在真实交易的。

2. A公司与美鲨公司之间有资金回流的事实。A公司原审时提供的银行及会计转账凭证证据与答辩人提供的孔祥红银行流水证据，可以证明资金回流的客观事实，对于资金流向这一事实，A公司在上诉状中也是认可的。A公司在上诉状中提出资金回流可以是其他原因造成的，但A公司提供的证据不能证明其观点，A公司对资金回流的解释不符合本案客观事实。所以，A公司虚开增值税专用发票的事实确实存在，一审法院对证据的采纳和对事实的认定符合法律规定。

《中华人民共和国税收征收管理法》第二十一条规定："单位、个人在购销商品、提供或者接受经营服务以及从事其他经营活动中，应当按照规定开具、使用、取得发票。"《中华人民共和国发票管理办法》第二十条规定："不符合规定的发票，不得作为财务报销凭证，任何单位和个人有权拒收。"《中华人民共和国会计法》第三条规定："各单位必须依法设置会计账簿，并保证其真实、完整。"第九条规定："各单位必须根据实际发生的经济业务事项进行会计核算，填制会计凭证，登记会计账簿，编制财务会计报告。任何单位不得以虚假的经济业务事项或者资料进行会计核算。"根据以上条款规定，合同双方存在真实交易的有效证据是合规的票据、账簿等证据。交易过程中产生费用、成本的，票据、账簿等证据也能够证明相关费用、成本的支出是否真实、合法、合理以及与业务是否具有关联性。因票据、账簿等证据是由公司保管的，所以原审法院认为公司应该提供与其业务情况相符的账目等证据证明存在真实的交易，原审法院的认定并无不当。本案诉讼过程中，已向法院提供了充足的证据来证明公司与辽宁美鲨物联网科技有限公司之间存在资金回流、二者之间没有真实的业务往来的事实，同时提供相关证据证明作出处罚决定的程序合法，答辩人已经履行了举证义务，举证行为符合《中华人民共和国行政诉讼法》的相关规定。

三、国家税务总局辽阳市税务局辩称

辽阳市税务局于 2023 年 11 月 23 日作出辽市税复决字〔2023〕4 号《税务行政复议决定书》，于 2023 年 11 月 24 日向 A 公司送达。该《税务行政复议决定书》决定维持《税务行政处罚决定书》（辽市税稽罚〔2023〕13 号），同时告知申请人如对该复议决定不服，可以直接到决定书之日起 15 日内，向人民法院提起行政诉讼。

辽阳市税务局作出案涉《税务行政复议决定书》具备事实依据。经查，A 公司不能提供向美鲨公司开具的与增值税专用发票（发票号码：00762586、00762588）相关联的成本费用证据，并且存在资金回流现象，因此该公司存在虚开增值税专用发票的行为，价税合计金额 110,000.00 元。

辽阳市税务局作出案涉《税务行政复议决定书》具备法律依据。《中华人民共和国发票管理办法》（2019 年修订）第二十二条第一款规定："开具发票应当按照规定的时限、顺序、栏目，全部联次一次性如实开具，并加盖发票专用章。任何单位和个人不得有下列虚开发票行为：（一）为他人、为自己开具与实际经营业务情况不符的发票。"《中华人民共和国发票管理办法》（2019 年修订）第三十七条规定："违反本办法第二十二条第二款的规定虚开发票的，由税务机关没收违法所得；虚开金额在1万元以下的，可以并处5万元以下的罚款；虚开金额超过1万元的，并处5万元以上50万元以下的罚款；构成犯罪的，依法追究刑事责任。"《中华人民共和国行政复议法》第二十八条第一款第一项规定，"行政复议机关负责法制工作的机构应当对被申请人作出的具体行政行为进行审查，提出意见，经行政复议机关的负责人同意或者集体讨论通过后，按照下列规定作出行政复议决定：（一）具体行政行为认定事实清楚，证据确凿，适用依据正确，程序合法，内容适当的，决定维持；"《中华人民共和国行政复议法》第三十一条第二款规定："行政复议机关作出行政复议决定，应当制作行政复议决定书，并加盖印章。"《税收行政复议规则》第七十五条第一项规定："行政复议机构应当对被申请人的具体行政行为提出审查意见，经行政复议机关负责人批准，按照下列规定作出行政复议决定：（一）具体行政行为认定事实清楚，证据确凿，适用依据正确，程序合法，内容适当的，决定维持。"《税收行政复议规则》第八十三条第二款规定："行政复议机关作出行政复议决定，应当制作行政复议决定书，并加盖行政复议机关印章。"

辽阳市税务局作出案涉《税务行政复议决定书》程序合法。辽阳市税务局在处理本案中，严格依据《中华人民共和国行政复议法》《税务行政复议规则》经受理、审理程序，后下达复议决定并送达。

【法院审理】

本院认为，依据《中华人民共和国税收征收管理法》第五条、第十四条、《中华人民共和国税收征收管理法实施细则》第九条之规定，国家税务总局辽阳市税务局稽查局对本案被诉行政行为具有职权依据。依照《中华人民共和国行政复议法》第十二条、《税收行政复议规则》第十六条之规定，国家税务总局辽阳市税务局具有履行行政复议职责的法定职权。本案中，国家税务总局辽阳市税务局稽查局根据《情况说明》《煤炭运输合同》《工程机械租赁合同》、其他应付款明细账、记账凭证、增值税专用发票、《询问（调查）笔录》及账户、银行流水等证据，依据《中华人民共和国发票管理办法》第二十二条第二款第一项、第三十七条及《东北区域税务行政处罚裁量基准》第46条第二项之规定，对A公司作出的辽市税稽罚〔2023〕13号《税务行政处罚决定书》认定事实清楚，证据充分，程序合法，裁量适当。国家税务总局辽阳市税务局作出辽市税复决字〔2023〕4号《税务行政复议决定书》，认定事实清楚，适用法律正确，程序合法，符合法律规定。

A公司的上诉请求无事实和法律依据，本院依法不予支持。综上，原审判决认定事实清楚，适用法律正确，依法应予维持。

【案例名称】

27. 对赌失败不予退税

【上诉人】王某某

【被上诉人】国家税务总局上海市青浦区税务局、国家税务总局上海市税务局

【案审法院】上海市第三中级人民法院

【案 情】

2015年12月至2016年6月，案外人A公司与王某某、案外人袁某某签订《发行股份及支付现金购买资产的协议》（以下简称"购买资产协议"）、《发行股份及支付现金购买资产的利润预测补偿协议》（以下简称"利润预测补偿协议"）、补充协议等，约定B公司资产评估基准日为2015年12月31日。A公司以交易对价115,000万元购买王某某、袁某某各持股50%的B公司股权，支付方式为现金支付及发行股份。王某某出让B公司股权的现金对价为25,000万元，股票对价为32,500万元。王某某、袁

某某承诺A公司2016年至2019年度净利润目标分别不低于一定金额。若B公司未达到承诺净利润数，王某某、袁某某须按照协议约定进行补偿。2016年9月8日，王某某收到A公司的现金对价25,000万元。A公司另向王某某定向发行16,598,569股股票。2016年9月12日，上述股票预登记至王某某名下。同月26日，上述股票最终登记到账，王某某正式列入A公司股东名册。2018年4月25日，A公司实施2017年度权益分派方案"每10股转增10股"，王某某持有股票变为33,197,138股。2017年3月，王某某由B公司作为代其就现金对价款缴纳个人所得税5,000万元。

青浦税务局稽查局于2017年9月13日至11月1日对王某某2015年1月1日至2017年5月31日期间的纳税情况进行了检查，后作出沪地税青稽处（××××）××号《税务处理决定书》（以下简称2018税务处理决定），责令王某某补缴个人所得税6,400万元，告知王某某可自上述款项缴清或者提供相应担保被税务机关确认之日起60日内依法向青浦税务局申请行政复议。王某某实际于2017年11月15日针对前述股票对价部分补缴个人所得税6,400万元，王某某未就2018税务处理决定提起行政复议。

因B公司2018年度、2019年度净利润未达标，A公司发布关于回购B公司未完成业绩承诺对应补偿股份的公告，2018年度王某某补偿20,730,949股股份，2019年度王某某补偿6,717,799股股份。2021年3月8日，A公司发布关于重大资产重组项目涉及补偿股份部分注销完成的公告，已完成2018年度王某某及袁某某业绩补偿股份的回购注销手续。2021年12月17日，A公司发布关于B公司业绩承诺应补偿股票回购注销事项的进展公告，王某某向A公司补偿的6,717,799股股份已于2021年3月4日注销。

2022年10月11日，王某某认为其股权转让交易多申报和缴纳个人所得税53,744,652.18元，向青浦税务局申请退还。青浦税务局于同日受理，经审查于同年11月8日作出沪青税税通〔2022〕1990××号《税务事项通知书》（以下简称"被诉不予退税决定"），认为王某某不符合误收多缴税款应退税情形，决定不予退税，并向王某某送达。

王某某不服，向市税务局申请行政复议。市税务局于 2023 年 1 月 8 日受理，并向王某某、青浦税务局分别送达受理通知书、提出答复通知书。同月 19 日，青浦税务局提交行政复议答复书及相关证据材料。2023 年 2 月 22 日，市税务局作出延期审理通知书，决定延长复议审理期限 30 日，并向王某某、青浦税务局送达。其间王某某提出阅卷申请，市税务局于 2023 年 3 月 1 日收到，联系王某某确认阅卷时间，约定的阅卷当日王某某告知市税务局取消阅卷。2023 年 3 月 16 日，市税务局作出沪税复决字〔××××〕×号《税务行政复议决定书》（以下简称"被诉复议决定"），维持被诉不予退税决定，并向王某某、青浦税务局送达。

一、王某某上诉称

申请退税的实体依据是 2014 年 67 号文第九条。另外，根据《国家税务总局关于纳税人收回转让的股权征收个人所得税问题的批复》（国税函〔2005〕130 号）（以下简称"130 号批复"），如股权转让合同未履行完毕，则股权转让行为没有完成，收入也未完全实现，不应缴纳个人所得税。

A 公司的股份回购行为是对股权转让交易对价的调整行为，并非单独的交易行为。税法法律评价应建立在民事法律评价的基础上，对赌协议的合法性已经在民事法律评价中获得确认。税务机关征税应当充分尊重交易本身的民事安排，本案不具备否定民商事交易的基础。本案中，对赌失败导致退回的股份应当从已经申报的股权转让收入中扣除，相应的，已经缴纳的个人所得税也应当退还。一审法院认为 A 公司回购股份，系发生了新的行政法律关系，属于认定错误；且一审判决认定 A 公司以 1 元每股的价格回购，构成明显的事实认定错误。

申请退税未超过 3 年。2018 税务处理决定没有要求上诉人王某某缴纳滞纳金，说明王某某无论就现金对价部分缴纳的个人所得税还是股票对价部分缴纳的个人所得税，都属于预缴性质，税款结算时点应该是王某某最后一次股份补偿给某某公司的 6,717,799 股股份在 C 公司完成注销的时点，即 2021 年 3 月 4 日。故王某某于 2022 年 10 月申请退税，并没有超过《税收征管法》规定的 3 年期限。此外，本案如不予退税，涉案股权交易的实际税率高达 37.84%，属于暴力征税行为。

二、国家税务局上海市青浦税务局辩称

第一，2014 年 67 号文的第九条，仅针对后续的收入，无法推论出后续亏损应当退税的结论，王某某主张的退税依据是不存在的。

第二，王某某转让 B 公司股权，获得某某公司的股份，A 公司股份登记至上诉人名下时，王某某即完成了与个人所得税纳税义务所对应的股权转让交易，我国税法上对对赌协议的税务处理没有特别安排，针对本案股权转让交易情形，最新的规定是财政部、国家税务总局财税〔2015〕41 号《关于个人非货币性资产投资有关个人所得税政策的通知》（以下简称"财税〔2015〕41 号文"）。

第三，王某某之前缴纳的合计 1,1,400 万元的个人所得税税款不属于预缴性质。税法上规定的"预缴"需由法律明确规定，目前《中华人民共和国个人所得税法》中明确存在预缴加汇算方式缴纳税款的应税所得项目，仅包括针对居民个人的综合所得及个人的经营所得。

综上，青浦税务局作出被诉不予退税决定，主体合法、程序正当、适用法律正确，认定事实清楚，并无不当。

三、国家税务局上海市税务局辩称

市税务局依据《中华人民共和国行政复议法》（2017 年修正）《税务行政复议规则》等规定，依法履职，程序合法正当，认定事实清楚，适用法律正确，上诉人诉讼请求缺乏事实根据和法律依据。

【法院审理】

本院认为，本案争议焦点是，上诉人王某某因 B 公司 2018 年度、2019

年度净利润未达标，补偿A公司股份后是否可以主张个人所得税退税。该争议焦点涉及补偿义务的履行是否影响涉案股权转让所得的确定、个人所得税的退税依据等问题。现分述如下。

一、补偿义务的履行是否影响案涉股权转让所得的确定

本案中，上诉人认为，《购买资产协议》与《利润预测补偿协议》及补充协议等系一揽子关于股权转让交易的协议，《利润预测补偿协议》属于主合同的一部分，属于对股权转让价格的调整，故股权转让所得应当在《利润预测补偿协议》履行完毕后最终确定。两被上诉人认为，《购买资产协议》与《利润预测补偿协议》等协议的履行相互独立，股权转让所得在上诉人获得现金对价和股票对价后确定。原审法院认为，A公司回购并注销上诉人所持有的股份，该情形并未改变应税事实确定，系发生了新的行政法律关系。

本院认为，第一，从民商事交易形态来看，本案补偿股份义务的履行是对B公司经营风险的补偿，并非对交易总对价的调整。案涉《购买资产协议》与《利润预测补偿协议》于同日签订，且《购买资产协议》中明确同时签署《业绩承诺补偿协议》，约定对B公司经营业绩承诺及补偿安排等事项。之后，交易各方又分别签订《购买资产协议》与《利润预测补偿协议》的补充协议，其中，《利润预测补偿协议之补充协议（三）》还将《购买资产协议》约定的锁定期从三期修改为两期。A公司的系列公告也展示，上诉人履行了股份补偿义务，分两次补偿A公司股份20,730,949股、6,717,799股，A公司回购总价均为1元，且上述股份相继在2019年8月15日、2021年3月4日在C公司完成注销登记手续。因此，《购买资产协议》《利润预测补偿协议》以及相关的补充协议、A公司公告等证据，全面展示了B公司原股东王某某与A公司之间就转让B公司股权所完成的交易的整体情况。

从《购买资产协议之补充协议》约定内容来看，以2015年12月31日为基准日，B公司股东全部权益的评估值为115,295万元。以该资产评估值为基础，交易各方确定A公司购买资产需支付的交易总对价为

115,000万元。在《利润预测补偿协议》关于保证责任及盈利预测与承诺中,交易各方约定了B公司各个年度的净利润目标值以及未达目标值需补偿的约定,但该约定并非对交易总对价115,000万元的调整,而是对B公司未来经营业绩的保证和经营风险的补偿安排。2016年6月2日,双方签订《利润预测补偿协议之补充协议(二)》,约定在《利润预测补偿协议》中添加5.5条,主要内容是承诺期限届满后的减值测试及补偿。但之后,《利润预测补偿协议之补充协议(三)》删除承诺期限届满后的减值测试及补偿。因此,交易各方在确定交易总对价为115,000万元后,未对B公司的减值进行测试,未对B公司估值重新进行调整。双方约定的净利润未达标并不意味着B公司估值必然下降。可以说,从本案民商事交易的情况来看,上诉人对A公司补偿股份义务的履行是对B公司经营风险的补偿,并非对案涉股权转让交易总对价115,000万元的调整。

第二,从个税法角度看,上诉人补偿股份义务的履行并不改变税收征管意义上的股权转让所得。根据《中华人民共和国个人所得税法实施条例》第八条第一款第(九)项规定,财产转让所得,是指个人转让有价证券、股权、建筑物、土地使用权、机器设备、车船以及其他财产取得的所得。根据财税〔2015〕41号文第一条、第五条之规定,个人以非货币性资产投资,属于个人转让非货币性资产和投资同时发生。因此,上诉人转让B公司50%股权,获得现金对价和A公司股票对价,应按照财产转让所得项目申报缴纳个人所得税,其中获得A公司股份,属于个人转让非货币性资产和投资同时发生。转让非货币性资产应按评估后的公允价值确认非货币性资产转让收入。本案中,基于2015年12月31日这一时点资产评估的公允价值,交易各方确定标的资产交易总价为115,000万元。根据财税〔2015〕41号文第二条规定,个人以非货币性资产投资,应于非货币性资产转让、取得被投资企业股权时,确认非货币性资产转让收入的实现。2014年67号文第二十条规定,具有下列情形之一的,扣缴义务人、纳税人应当依法在次月15日内向主管税务机关申报纳税：（一）受让方已支付或部分支付股权转让价款的；（二）股权转让协议已签订生效的；（三）受让方已经实际履行股东职责或者享受股东权益的；（四）国家有关部门判决、登记或公告生效的；（五）本办法第三条第四项至第七项行为已完成的；（六）税务机关认定的其他有证据表明股权已发生转移的情形。本案中，就股票对价部分，上诉人应当自2016年9月26日A公司发行的股份登记在上诉人名下时确定纳税义务发生。此前，上诉人取得的现金对价部分已由A公司代扣代缴个人所得税5,000万元。因此，从个税法角度看，上诉人股权转让所得及纳税义务在2016年9月已经最终确定。上诉人认为其缴纳的11,400万元税款属于预缴性质。但从当时有效的《中华人民共和国个人所得税法》来看，财产转让所得不适用预缴制。从现行有效的《中华人民共和国个人所得税法》（2018年修正）第十一条、第十二条规定来看，采用预缴加汇算清缴模式的个人所得税，也仅限于居民个人取得综合所得或经营所得。因此，上诉人分两次补偿A公司股份，共获回购总价2元，该总价虽然与取得股份时的价值存在差额，但无法通过预缴加汇算清缴模式来重新核定应纳税额。

综上，在民商事交易中，上诉人因履行《购买资产协议》《利润预测补偿协议》等一揽子协议而导致股权转让的实际所得减少，但该所得的减少，并非对股权转让交易总对价的调整，而是对经营风险的补偿。同时，由于个税法意义上的个人财产转让所得并不采用预缴加汇算清缴的模式，上诉人补偿A公司股份的行为也不改变税收征管意义上的股权转让所得。

二、补偿义务的履行是否可以成为退税的理由

如前所述，上诉人无法通过预缴加汇算清缴模式调整针对股权转让所得所缴的税款，那么，上诉人是否可以利润补偿赔付股份后造成个人实际最终获益减少为由，申请退税。

对此，上诉人认为，2014年67号文第九条规定，纳税人按照合同约定，在满足约定条件后取得的后续收入，应当作为股权转让收入。因此，在

满足约定条件后承担的亏损,也应当从股权转让收入中扣除,继而所征收的个人所得税也应当退还。两被上诉人认为,2014年67号文第九条仅针对后续的收入,不能引申出后续亏损应当如何结算个人所得税的结论。上诉人股权转让的实际获益减少,系在纳税义务发生后,基于相应经济目的履行另行达成的协议约定,不对交易价格产生影响,上诉人不存在多缴纳税款的情形,故不符合退税条件。原审法院认为,根据《中华人民共和国税收征收管理法》第五十一条规定,纳税人自结算缴纳税款之日起3年内发现的,可以向税务机关要求退还多缴的税款。本案中,上诉人于2017年11月缴纳股票对价部分的个人所得税6,400万元,于2022年10月向税务机关申请退税,超过了可以申请退税的期限。

本院认为,第一,《中华人民共和国税收征收管理法》第五十一条仅适用于超过应纳税额缴纳的税款的退还,本案并不存在多缴纳税款的情形。个人转让股权,以股权转让收入减除股权原值和合理费用后的余额为应纳税所得额,按财产转让所得适用比例税率20%申报缴纳个人所得税。本案中,税务机关针对上诉人57,500万元的股权转让所得,扣除500万元原值后,适用比例税率20%合计征收11,400万元税款,不存在超过应纳税额缴纳的税款,故青浦税务局无法依据《中华人民共和国税收征收管理法》第五十一条为王某某办理退税。第二,对于《利润预测补偿协议》约定的补偿行为,目前个税法领域并无相应的退税规定。上诉人认为,《中华人民共和国税收征收管理法》第五十一条是程序性规定,不适用于本案,本案应当参照2014年67号文第九条规定和130号批复精神进行退税。本院认为,2014年67号文第九条是对股权转让收入的确认,并非关于退税的规定。根据130号批复,如股权转让合同未履行完毕,则股权转让行为没有完成,收入也未完全实现,不应缴纳个人所得税。但本案中,A公司定向发行的股份于2016年9月登记至上诉人名下,上诉人转让B公司股权所得已确定,股权转让行为已经完成,上诉人不存在不应当缴纳个人所得税的情形。可以说,虽然上诉人股权转让的实际获益最终随着《购买资产协议》《利润预测补偿协议》等一揽子协议整体履行完毕而确定，但是，在税收领域，目前尚未针对此类交易模式设计专门的税收征管安排。第三，上诉人在没有退税依据的情形下，不存在超过退税申请期限之情形。《中华人民共和国税收征收管理法》第五十一条规定，纳税人自结算缴纳税款之日起3年内发现多缴税款的，可以向税务机关要求退还。被上诉人认为，上诉人于2017年11月15日缴纳股票对价个人所得税6,400万元，于2022年向税务机关申请退税，超过了上述纳税人可以申请退税的期限。但如前所述，本案不存在多缴纳税款的情形，无法依据第五十一条办理退税，故超过退税申请期限之说无法成立。

综上，虽然上诉人王某某与案外人A公司签订并履行《购买资产协议》《利润预测补偿协议》以及补充协议等，可以被交易各方看作整体交易，交易各方可以认为案涉股权转让的实际收益在上述一揽子协议履行完毕后最终确定。但在个人所得税征管领域，个人股权转让所得属于财产转让所得，不适用预缴加汇算清缴模式，而是按照20%的比例税率按月或按次征收个人所得税。上诉人主张根据第二笔补偿股份回购注销登记时点即2021年3月4日最终确定股权转让所得，继而确定应缴纳的个人所得税，多收取的部分应当退还，但目前尚未有相应的税收法律法规或政策文件可以支持该观点。针对本案的情形，目前沿用的仍是2014年67号文所指的股权转让所得个人所得税管理办法及财税〔2015〕41号文所指的关于个人非货币性资产投资有关个人所得税政策。简言之，因履行补偿义务而导致股权转让所得实际减少的情形，个人所得税征管领域的法律法规政策文件等尚未作出相应的退税规定。故被上诉人青浦税务局根据现行法律法规及政策文件，对上诉人王某某的退税申请经审核后决定不予退税，并无不当。被上诉人市税务局受理复议申请后，经审查作出被诉复议决定，维持被诉不予退税决定，亦无不当。

需要指出的是，本案所涉的股权转让和利润预测补偿模式，呈现了投融资各方为解决对目标公司未来发展不确定性而设计的交易新形态。案涉一揽子协议的合法有效履行，有助于提升市场活力。为了营造更加规范有序、更显法治公平的税收营商环境，建议税务部门积极调整相关政策，持续优化税收征管服务举措，为经济新业态提供更合理更精准的税收规则，健全有利于高质量发展、社会公平、市场统一的税收制度。

【案例名称】

28. 税收征收行为是债权得以实现的前提

【上诉人】浙江嘉兴诚通湖岸一号投资合伙企业（有限合伙）（以下简称"嘉兴某某企业"）

【被上诉人】国家税务总局昆明市税务局

【案审法院】云南省昆明市中级人民法院

【案　情】

嘉兴某某企业为某某房地产公司的债权人之一。嘉兴某某企业从深圳某某管理有限公司、某某银行股份有限公司昆明东风路支行、某某银行股份有限公司受让某某房地产公司的债权，成为昆明某某运输中级法院涉某某房地产公司执行案件中的两个执行案件的申请执行人。昆明铁路运输中级法院于2020年11月11日依法对某某房地产公司名下的三宗国有土地使用权及建筑物、附着物进行网络司法拍卖，昆明某某房地产开发有限公司以2,196,485,840元的最高价竞得并已支付全部价款。因拍卖款项不足以清偿全部债务，截至2020年11月27日，被执行人某某房地

> 本案系嘉兴某某企业不服昆明市税务局行政复议决定而起诉撤销的行政诉讼。一审判决驳回上诉人嘉兴某某企业不符条件的复议，二审应维持

产公司的债权人向昆明铁路运输中级法院申请参与分配。

2021年5月27日，昆明铁路运输中级法院对涉及的（2017）云71执6号、（2020）云71执1号、（2021）云71执7号执行案件作出《执行财产分配方案》，该《执行财产分配方案》载明嘉兴某某企业为债权人（申请执行人），同时列为债权人的还有：某甲建设集团有限公司、某乙建设集团有限公司、云南某某工程有限公司、某某设计（院）股份有限公司、青海某某酒店有限公司、青海某甲房地产开发有限公司；列明的被执行人为：某某房地产公司、青海某某建工贸（集团）有限责任公司、青海某乙房地产开发有限公司、青海某某国际饭店有限公司、韩兴旺、马海景、韩兴录、韩兴龙。

由于昆明铁路运输中级法院在某某房地产开发有限责任公司的相关执行案件中处置了某某房地产公司名下的财产，官渡区税务局分别向昆明铁路运输中级法院提交了五份《国家税务总局昆明市官渡区税务局关于协助扣缴税款的函》，具体为：1. 官渡区税务局于2021年10月20日向昆明铁路运输中级法院提交官税函〔2021〕2072403号《国家税务总局昆明市官渡区税务局关于协助扣缴税款的函》；2. 官渡区税务局于2021年11月2日向昆明铁路运输中级法院提交官税函〔2021〕2072404号《国家税务总局昆明市官渡区税务局关于协助扣缴税款的函》；3. 官渡区税务局于2021年11月8日向昆明铁路运输中级法院提交官税函〔2021〕2072405号《国家税务总局昆明市官渡区税务局关于协助扣缴税款的函》；4. 官渡区税务局于2021年12月21日向昆明铁路运输中级法院提交官税函〔2021〕2122401号《国家税务总局昆明市官渡区税务局关于协助扣缴税款的函》；5. 官渡区税务局于2022年4月21日向昆明铁路运输中级法院提交官税函〔2022〕2042401号《国家税务总局昆明市官渡区税务局关于协助扣缴税款的函》。以上协助扣缴税款的函的内容为：要求昆明铁路运输中级法院协助将已完成拍卖的某某房地产公司位于昆明市官渡区小板桥街道办事处三宗国有土地使用权及地上附着物A3地块（昆国有〔2011〕第00338号）；A4地块（昆国有〔2011〕第00339号）；A5

地块（昆国有〔2011〕第 00340 号）涉及的税款进行协助扣缴。

昆明铁路运输中级法院在作出的《执行财产分配方案》中查明"嘉兴诚通湖岸一号投资合伙企业（有限合伙）对昆明铁路运输中级法院拍卖的三宗土地享有抵押权，其对（2020）云 71 执 1 号案件的债权金额 1,012,586,132.10 元和（2017）云 71 执 6 号案件的债权金额 745,449,481.52 元享有优先受偿权"。该《执行财产分配方案》中同时载明，"……国家税务总局昆明市官渡区税务局向一审法院发函，请求协助征收被执行人云南某某房地产开发有限责任公司应缴税款共计 1,060,065,170.53 元。其中，增值税 98,998,135.24 元、城市维护建设税 6,929,869.46 元、教育费附加 2,969,944.06 元、地方教育附加 1,979,962.71 元、印花税 1,098,242.8 元、土地增值税 948,089,016.26 元。"

昆明铁路运输中级法院认为，"本案土地使用权拍卖所得款项 2,196,485,840 元应先配合税务机关缴纳税费 1,060,065,170.53 元并扣除案件执行费 1,391,175.3 元、评估费 1,008,400 元、网络司法拍卖辅助费用 300,000 元后，再对剩余款项 1,133,721,094.17 元进行分配"。

2023 年 4 月 25 日，嘉兴某某企业向昆明市税务局提出行政复议申请，请求撤销官渡区税务局从 A3、A4、A5 三地块土地拍卖款中扣缴税款的行政行为；将官渡区税务局扣缴的税款退回昆明铁路运输中级法院。2023 年 4 月 26 日，昆明市税务局作出《行政复议补正通知书》，告知嘉兴某某企业需补正：1. 你单位知道被申请人作出具体行政行为之日的证明材料；2. 你单位与具体行政行为有利害关系的证明材料。该《行政复议补正通知书》于 2023 年 5 月 8 日由嘉兴某某企业代理人签收。2023 年 5 月 19 日，嘉兴某某企业作出行政复议申请补正说明，之后向市税务局进行了提交。2023 年 5 月 22 日，嘉兴某某企业作出行政复议申请关于利害关系的补充说明，之后向税务局进行了提交。同日，昆明市税务局作出《行政复议受理通知书》，予以受理。2023 年 5 月 29 日，市税务局作出《行政复议中止审理通知书》，以"该案审理需要以其他案件的审理结果为依据，而其他案件尚未审结"为由决定自 2023 年 5 月 29 日起中止该行政复议案件的审理。该通知书作出后，向官渡区税务局及嘉兴某某企业进行了送达。2023 年 10 月 25 日，昆明市税务局作出昆税恢复审字〔2023〕1 号《行政复议恢复审理通知书》，说明中止原因已消除，即日起恢复该行政复议案件的审理。送达回证显示，官渡区税务局签收该通知书的时间为 2023 年 10 月 27 日，嘉兴某某企业代理人签收该通知书的时间为 2023 年 11 月 27 日。2023 年 11 月 23 日，昆明市税务局作出昆税复决字〔2023〕20 号《行政复议决定书》，认为"……官渡区税务局的扣缴税款行为与申请人无行政法上的利害关系，申请人的复议申请不属于行政复议受理范围"，故驳回了嘉兴某某企业的行政复议申请。2023 年 11 月 30 日，嘉兴某某企业代理人向昆明市税务局邮寄行政复议代理意见及听证申请书。2023 年 11 月 24 日，官渡区税务局对《行政复议决定书》进行了签收。2023 年 12 月 4 日，嘉兴某某企业代理人对《行政复议决定书》进行了签收。

一、嘉兴诚通湖岸一号投资合伙企业（有限合伙）称

嘉兴某某企业对抵押物的拍卖款享有优先受偿权，且该优先受偿权优先于税务机关的税收债权，官渡区税务局从拍卖款中先行强制划扣税费的具体行政行为侵害了上诉人基于抵押权所享有的优先受偿权，因此上诉人与官渡区税务局的具体行政行为之间存在行政法上的利害关系。并非仅有行政行为相对人才能被认定为与具体行政行为之间存在利害关系，嘉兴某某企业作为"权利直接被具体行政行为所剥夺、限制的法人"，系可以单独申请行政复议的适格主体，一审判决第 20 页第 5 行以"原告并非官渡区税务局实施征税行为的相对人"为由，认定不存在利害关系，不符合行政复议申请条件系事实认定不清、适用法律错误。本案中，原告并非官渡区税务局实施征税行为的相对人，与征税行政行为不具有利害关系。因此，"原告提起行政复议不符合申请条件"错误的认定仅有行政行为的相对人才与行政行为存在利害关系，该认定与《税务行政复议规则》第二十四条等法律规定相违背，属于严

重的事实认定不清及法律适用错误。

被上诉人已经认可上诉人与官渡区税务局的征税行为存在利害关系。被上诉人事实上系在上诉人提交了关于利害关系的补正后认可上诉人与官渡区税务局的征税行为存在利害关系的情况下，对上诉人的行政复议申请予以受理，如被上诉人不认可被上诉人与具体行政行为存在利害关系，则在上诉人提交关于利害关系的补正后直接决定不予受理即可，无须予以受理并进入审理阶段。

被上诉人作出案涉《行政复议决定书》的程序严重违法，剥夺上诉人陈述、申辩与听证的法定权利。本案中，作为申请人的上诉人书面提交了相关陈述、申辩意见，但被上诉人未予听取，其作出案涉《行政复议决定书》的程序严重违法，完全剥夺了上诉人陈述、申辩的权利。一审判决第20页中"但本院认为，中止或恢复审理系程序问题，《行政复议恢复审理通知书》上已载明'即日起恢复'，故行政复议程序从2023年10月25日即恢复审理，迟延送达通知书不会对恢复审理造成障碍"系严重错误的认定，并且违反了法律规定。

综上所述，一审判决认定事实不清，适用法律错误，请求二审法院依法改判，撤销一审判决并支持上诉人的全部诉讼请求。

二、国家税务总局昆明市税务局辩称

（一）答辩人具有作出昆税复决字〔2023〕20号《行政复议决定书》的法定职权，且作出的被诉复议决定符合法定程序，认定事实清楚，适用法律正确。（1）答辩人具有作出昆税复决字〔2023〕20号《行政复议决定书》的法定职权；（2）答辩人作出昆税复决字〔2023〕20号《行政复议决定书》符合法定程序；（3）答辩人作出的昆税复决字〔2023〕20号《行政复议决定书》认定事实清楚，适用法律依据正确。

（二）嘉兴某某企业的上诉理由不能成立。（1）嘉兴某某企业并非案涉税收征收管理行为的相对人，与国家税务总局昆明市官渡区税务局（以下简称官渡区税务局）向某某房地产公司征收税款的行政行为无法律上的利害关系；（2）本案实质是嘉兴某某企业对案涉拍卖款项分配有异议，其应另寻救济途径，而非提起行政复议申请或行政诉讼；（3）接收嘉兴某某企业提交的补正材料并受理行政复议，是基于严谨审慎的执法原则，并非认可嘉兴某某企业与案涉征税行为存在利害关系，受理后发现复议申请不符合受理条件驳回其复议申请符合法律规定；（4）及时告知了嘉兴某某企业恢复行政复议审理的决定，且并未对嘉兴某某企业的权益产生损害。

【法院审理】

本案系上诉人嘉兴某某企业不服被上诉人昆明市税务局作出的昆税复决字〔2023〕20号《行政复议决定书》而起诉请求撤销的行政诉讼。本案争议焦点为：嘉兴某某企业与其向市税务局提出行政复议申请事项是否具有利害关系，即其申请是否属于行政复议受理范围。经审查，根据《中华人民共和国行政诉讼法》第二十五条第一款及第二十六条第一款之规定，上诉人嘉兴某某企业及被上诉人市税务局均系本案适格的诉讼主体，本案属于行政诉讼受案范围且属于一、二审人民法院管辖范围，符合法定受理条件。

关于被诉《行政复议决定书》的合法性审查。《中华人民共和国行政复议法》第六条规定："有下列情形之一的，公民、法人或者其他组织可以依照本法申请行政复议……（十一）认为行政机关的其他具体行政行为侵犯其合法权益的。"《中华人民共和国行政复议法实施条例》第二十八条规定："行政复议申请符合下列规定的，应当予以受理：（一）有明确的申请人和符合规定的被申请人；（二）申请人与具体行政行为有利害关系；（三）有具体的行政复议请求和理由；（四）在法定申请期限内提出；（五）属于行政复议法规定的行政复议范围；（六）属于收到行政复议申请的行政复议机构的职责范围；（七）其他行政复议机关尚未受理同一行政复议申请，人民法院尚未受理同一主体就同一事实提起的行政诉讼。"根据上述规定，申请人申请行政复议应当符合行政复议的受理条件，其中应包括"认为行政行为侵犯其合法权益"及"与行政行为具有利害关系"。

本案经审理查明，昆明铁路运输中级法院就案外人某某房地产公司拍卖案涉土地及地上建构物、附着物的执行案件中，因拍卖成交发生交易而产生增值税等应缴税款，官渡区税务局依法向某某房地产公司征收案涉应缴税款并发函给昆明铁路运输中级法院请求协助扣缴税款；上诉人系某某房地产公司的债权人并对案涉土地享有抵押权，故其不服官渡区税务局的征税行为而向被上诉人市税务局申请行政复议。根据《中华人民共和国税收征收管理法》第四十五条之规定，对案涉土地的拍卖所得款项享有优先权且优先于税务机关的税收征收。对此本院认为：

首先，官渡区税务局的案涉征税行为中，被征收人即纳税主体系某某房地产公司，上诉人并非税收征收行为的相对人，其与官渡区税务局的征税行政行为无直接的利害关系。

其次，官渡区税务局本案征收行为，系针对案涉土地及地上建构物、附着物因拍卖成交发生交易而产生的增值税等应缴税款，对拍卖交易行为进行税收征收行为是整个拍卖交易行为的一部分，也系上诉人债权能得以实现的前提。

根据上述规定，虽上诉人认为案涉征收行为侵犯了其对某某房地产公司享有优先的债权，但根据上述分析，上诉人并非案涉征收行为的相对人，案涉征收行为与上诉人所享有债权并不具有行政法律关系上的利害关系，故上诉人向被上诉人所提本案行政复议申请不符合申请条件。被上诉人在受理上诉人所提行政复议申请后，经审查认为上诉人所提申请不符合申请行政复议的条件，依据《中华人民共和国行政复议法实施条例》第四十八条之规定作出驳回行政复议申请的决定并无不当。对于上诉人认为被上诉人作出行政复议决定程序违法的问题，经审查并未对上诉人实体权利造成实际影响，一审判决对此认定正确且说理详细、充分，本院予以确认。

【案例名称】

29. 不因信访会议纪要突破法律法规

【上诉人】某公司
【被上诉人】国家税务总局上海市青浦区税务局
【案审法院】上海市第一中级人民法院

【案情】

某公司成立于2002年，法定代表人为孙某。2003年9月3日，孙某（乙方）与上海市青浦区某某镇人民政府（甲方）签订《协议书》，约定相关土地及房屋全部出售给孙某，协议签订后，孙某依约缴纳了购买费用和手续费，但过户手续却迟迟没有办理。为此，孙某多次找到相关部门要求处理，均遭推诿搪塞。后来在某某政府信访办（以下简称"青浦区信访办"）的主持下，达成了《关于华某残疾儿童某某院房地办证问题协调会会议纪要》（以下简称"案涉会议纪要"），其中载明："2015年12月1日下午，区信访办召集区法制办、区规土局、区房管局、区教育局、区税务局、某某

镇，就华某残疾儿童某院院长孙某多次来信要求办理产证问题，进行研究会商……会议主要就办证可能性及有关流程进行了会商，形成如下意见：

一、原则同意华某残疾儿童某院办理房地产权证，办证主体为华某残疾儿童某院，办证土地范围为现有该院实际用地范围内面积，办证房屋仅限于原有房屋产证上登记的实有房屋面积，对已拆除、变更部分不予确认，具体请区规土局与区房管局测绘确认；

二、同意由某某镇资产公司与华某残疾儿童某院办理有关房屋出售等立证办理手续，请区教体局对涉及校产变更情况出具有关书面说明；

三、请区税务局、区房管局对房产办证涉及税收、手续等给予协助，原则同意按原协议约定购房总价进行计税等，如涉及违建，建议办理限制交易手续……"

2016年1月8日，青浦区信访办作出《情况说明》，其中最后一段明确："因此，在孙某本人作出书面承诺，愿意将该部分资产依然用于公共事业的基础上，同意将房地产权证办理至某公司（法定代表人为孙某）。"

2016年1月8日，原某局作出的《关于上海华某残疾儿童某院办理相关产权证的情况说明》中明确了"根据2015年12月2日区信访办整理的案涉会议纪要意见及区信访办《情况说明》，同意在孙某本人作出书面承诺，愿意将部分资产依然用于公共事业的基础上，将房地产权证办理至某公司（法定代表人为孙某）"。同日，孙某作出《承诺书》，承诺："由我出资购买的房屋资产（现由华某残疾儿童某院使用）将永久性用于公共事业的发展。"但是，时至今日（2024年2月6日），相关部门并未履行涉案会议纪要确定的职责义务，产权证依然没有办理完成。

为此，某公司于2023年4月22日向国家税务总局上海市青浦区税务局（以下简称"青浦区税务局"）邮寄了《履行法定职责申请书》，但青浦区税务局至今未予答复。

某公司认为，案涉会议纪要的内容为青浦区税务局设定了具体的法定职责，青浦区税务局具有履行被申请事项的法定职权，但青浦区税务局迟迟不履行的行为已经构成行政不作为。故诉至原审法院，请求法院判决确认青浦区税务局不履行案涉会议纪要确定的法定职责的行政行为违法，并责令青浦区税务局履行法定职责。

【法院审理】

原审上海市闵行区人民法院认为，当事人提起行政诉讼应当符合法定起诉条件，讼争事项应属于人民法院行政诉讼的受案范围。根据《最高人民法院关于适用〈中华人民共和国行政诉讼法〉的解释》第一条第二款第（十）项之规定，对公民、法人或者其他组织权利义务不产生实际影响的行为，不属于人民法院行政诉讼的受案范围。

本案中，某公司依据案涉会议纪要，诉请法院判决确认青浦区税务局不履行案涉会议纪要确定的法定职责的行政行为违法，并责令青浦区税务局履行法定职责。案涉会议纪要属于信访处置性质，在内容表述上使用的也是"原则同意"等原则性、方向性的表述，并未直接设定明确的给付义务或具体职责，对某公司的权利义务并不产生实际影响，故该会议纪要并不具有可诉性。且有关行政机关对于某公司的办证事项本应依法定程序和权限处理，并不因会议纪要等文件形式而予以突破法律、法规的规定。因此，某某公司的起诉不属于人民法院行政诉讼的受案范围，不符合行政诉讼的起诉条件。遂依据《中华人民共和国行政诉讼法》第四十九条第（四）项及《最高人民法院关于适用〈中华人民共和国行政诉讼法〉的解释》第一条第二款第（十）项、第六十九条第一款第（一）项、第三款、第一百零一条第一款第（二）项之规定，裁定驳回某公司的起诉。某某公司不服，以原审裁定认定事实不清，适用法律错误等为由上诉至本院，请求二审法院撤销原裁定，指令原审法院继续审理。

本院认为，公民、法人或其他组织提起行政诉讼，应当属于行政诉讼的受案范围。《中华人民共和国行政诉讼法》第四十九条规定，提起诉讼应当符合下列条件：（一）原告是符合本法第二十五条规定的公民、法人或者其他组织；（二）有明确的被告；（三）有具体的诉讼请求和事实根据；（四）属于人民法院受案范围和受诉人民法院管辖。《最高人民法院关于适用〈中华人民共和国行政诉讼法〉的解释》第一条第二款第（十）项规定，对公民、法人或者其他组织权利义务不产生实际影响的行为，不属于人民法院行政诉讼的受案范围。

本案中，案涉会议纪要在性质上属于信访处置行为，该纪要在内容表述上使用"原则同意"等字眼，并未直接设定相关机关的具体职责，对某某公司的权利义务并不产生实际影响，故该会议纪要并不具有可诉性，依法不属于行政诉讼的受案范围。综上，上诉人某某公司提起本案诉讼不符合法定起诉条件，已经立案的，应当裁定驳回起诉。原审裁定正确，本院应予维持。

30. 分公司，咋是企税独立纳税人

【原告】山东某建筑科技有限公司三分公司（以下简称"某三分公司"）

【被告】国家税务总局烟台市税务局第一稽查局（以下简称"第一稽查局"）

【案审法院】山东省烟台市蓬莱区人民法院

【案 情】

2021年10月27日至2023年3月23日对你单位2013年1月1日至2021年9月30日，第一稽查局对某三分公司进行检查，发现问题如下，经营方式：某三分公司与山东某建筑科技有限公司每年均签订《经营合同》，合同约定："乙方（某三分公司）自主经营，自负盈亏，自行承担民事责任""乙方在本合同签订之前和本合同签订之后经营中的各类债权债务均由乙方自行承担，和甲方（山东某建筑科技有限公司）无关"。……项目四：2015年你单位承揽福祥兴唐葡萄酒有限公司酒庄项目开工，2016年停工（未完工）。2016年4月你单位前往地税大厅缴纳相关营

业税税费（计税依据 300 万元），未计企业所得税收入，应补税费计算……应补税费计算……（五）企业所得税……2016 年应纳税调增 3,000,000 元，根据税务机关核定应税所得率 8%，应纳税所得额为 240,000 元，应补缴企业所得税 60,000 元。

根据《中华人民共和国税收征收管理法》第八十六条规定："违反税收法律、行政法规应当给予行政处罚的行为，在 5 年内未被发现的，不再给予行政处罚"，鉴于该案件于 2021 年 10 月 26 日开始立案检查，对 2013 年至 2016 年 3 月的营业税 740,624.63 元及企业所得税 426,259.93 元、2016 年 6 月增值税 87,378.64 元、印花税 8,306.30 元不再予以处罚。根据《中华人民共和国税收征收管理法》第六十三条第一款规定，决定对你单位少缴的 2016 年企业所得税税款 60,000.00 元并处 0.5 倍的罚款。以上应缴款项共计 30,000.00 元。

一、某三分公司诉称

（一）被告行政行为程序违法。（1）被告分别于 2022 年 12 月 6 日和 2023 年 4 月 1 日向原告送达了烟台税稽一罚〔2022〕71 号和〔2023〕11 号《税务行政处罚事项告知书》；次日，原告向被告邮寄了《陈述、申辩意见书》，而被告未给予任何回复，剥夺了原告要求听证的权利，违反了《中华人民共和国行政处罚法》第六十三条关于听证的法律规定。同时，两份告知书和《税务行政处罚决定书》的内容均不一致，而且〔2023〕11 号告知书与《税务行政处罚决定书》的实际签收时间为同一天。（2）被告已经查清案涉所有工程的《建设工程施工合同》均是由某公司与建设单位签订的，工程款也是某公司与建设单位进行的结算，建筑发票也是某公司开具的这些基本事实。却在《处罚决定书》违法事实部分，故意歪曲事实，表述为"你单位承揽项目、签订合同"，而且对"开具发票"的主体只字不提。

（二）被告定性错误、处罚依据错误。（1）被告未严格遵循《中华人民共和国税收征收管理法》第六十三条的有关规定，在没有证据证明原告的涉税行为具备主观故意、客观手段和行为后果的构成要件，符合《中华人民共和国税收征收管理法》第六十三条第一款关于偷税行为认定标准的前提下，定性原告的涉税行为属于偷税，适用法律错误。主观故意是定性偷税的必备条件，国税办函〔2007〕513号、税总函〔2013〕196号均规定：税务机关没有证据证明纳税人具有偷税主观故意的，不应定性为偷税，不按偷税处理。因此，被告仅凭处罚决定书第2页最后一行"未计企业所得税"的事实来认定偷税，达不到"清楚而有说服力"及"确定无疑"的最低证明标准，更达不到《中华人民共和国行政处罚法》要求的"事实清楚、证据充分"的证明标准。（2）国家税务总局《关于明确未申报税款追缴期限的请示》批复如下，"税收征管法第五十二条规定：对偷税、抗税、骗税的，税务机关可以无限期追征其未缴或者少缴的税款、滞纳金或者所骗取的税款。税收征管法第六十四条第二款规定的纳税人不进行纳税申报造成不缴或少缴应纳税款的情形不属于偷税、抗税、骗税，其追征期按照税收征管法第五十二条规定的精神，一般为3年，特殊情况可以延长至5年"。《中华人民共和国税收征收管理法》第八十六条也规定，"违反税收法律、法规应当给予行政处罚的行为，在五年内未被发现的，不再给予行政处罚"。因此，即使原告为法定纳税义务人，被告的追征也远远超出法律规定的追征期限。

（三）被告超越职权。《中华人民共和国税收征收管理法实施细则》第九条规定："税收征管法第十四条所称按照国务院规定设立的并向社会公告的税务机构，是指以下税务局的稽查局。稽查局专司偷税、逃避追缴欠税、骗税、抗税案件的查处。国家税务局应当明确划分税务局和稽查局的职责，避免职责交叉。"本案被告作出的《税务行政处罚决定书》，从内容上看是针对原告"未计企业所得税"的少缴行为，该涉税行为依法不属于税务稽查局的法定职责，因此，被告属于超越职权。

（四）被告认定原告为所得税法定纳税人错误并违反《中华人民共和国行政处罚法》第三十条规定。本案的案件来源是某公司法定代表人的举报。

举报的原因是某公司接受了税务稽查司处罚后，企图再次逃避某公司的纳税义务。第一，被告查明的事实能够证明案涉全部工程均由某公司与建设单位签订《建设工程施工合同》，原告从某公司转承包工程后，以某公司的名义对外经营并由某公司承担相关法律责任，原告按照《经营合同》的约定向某公司缴纳管理费，由某公司向建设单位以承包人的身份开具发票。根据《中华人民共和国营业税暂行条例》第十一条规定："单位以承包方式经营的，承包人以发包人名义对外经营并由发包人承担法律责任的，以发包人为纳税人"；因此，某公司依法属于法定纳税义务人。即使对《经营合同》约定自行承担的"债权债务"宽泛化地认定包括税款，该约定也只对某公司与三分公司有效，并不能约束作为国家机关的税务局，在出现少缴税款时，税务局只能向根据税法确定的纳税义务人追征，该纳税义务人不能以税款负担条款的约定为由进行抗辩。第二，某公司长期以来属于汇总纳税企业，包括预缴税款和汇算清缴应退税款，所有的分公司均是以某公司的名义申报纳税、缴纳税款，所得税实行的是将 20 余个分公司的利润、亏损汇算后统一由某公司向税务局申报。原告作为分公司，对所得税只能在接到某公司提供的汇总纳税企业分支机构所得税分摊表时，才能按照分配表中确定的数额向某公司缴纳。2016 年地税国税合并混乱之时，蓬莱北沟地税局对应该向哪个税务局申报企业所得税的政策不清楚，所以原告按照地税局的要求先缴纳地税收取的除所得税以外的其他税种，因此，"未计企业所得税"的原因只能归责于税务机关和某公司，不能归责于原告，对原告的处罚没有依据。

（五）被告违反《中华人民共和国行政处罚法》第三十三条的规定及国务院常务会议确定的税务领域"首违不罚"制度。原告从事建筑业务，对税法并不精通，因此雇用了专职报税人员，亦从未被税务处罚过。即使本次应该受罚，被告亦应该遵循《行政处罚法》规定的首违不罚规定，契合国务院常务会议和全国税务工资会议提出的推广"首违不罚"清单制度。综上所述，案涉《行政处罚决定书》缺乏法定依据、不遵守法定程序、事实不清、事实认定错误，依法应予撤销。

提交的证据：1.2016年4月20日蓬莱地税局出具的税收完税证明原件，证明原告对案涉300万元的工程款收入已经按照地税局的规定缴纳，并由地税局出具了完税证明，足以证明原告不存在少缴税款。

2.蓬莱税务局工作人员王丛杰（2016年负责原告税收）与原告公司财会曲传涛的通话录音光盘一份及原始载体，证明原告是按照税务局的要求缴纳的相关税费，不存在欠税的可能性，同时证明当年原告缴纳所得税的方式为查账征收，并非被告主张的核定征收。

3.税务行政处罚决定书；

4.某三分公司营业执照。

二、国家税务总局烟台市税务局第一稽查局辩称

（一）原告为适格纳税主体。工商登记显示，某三分公司（纳税人识别号：91370684751757901T）于2003年4月14日注册登记，原名蓬莱市某建筑有限公司三分公司，2013年8月变更企业名称，税务登记类型为私营有限责任公司，负责人：曲德田。主要经营范围：为公司承揽业务。该公司是某公司的分支机构，财务会计制度健全，正常申报纳税，核算方式为独立核算自负盈亏。原告主张该企业是以某公司名义对外经营并由某公司承担相关法律责任，由某公司向建设单位以承包人的身份开具发票，所以某分公司不属于法定纳税义务人。根据检查取证得知，某三分公司与某公司每年均签订《经营合同》，合同约定有"乙方（某三分公司）自主经营，自负盈亏，自行承担民事责任""乙方在本合同签订之前和本合同签订之后经营中的各类债权债务均由乙方自行承担，和甲方（某公司）无关""依据甲方资质，从事资质范围内的建筑业务""乙方上交甲方的管理费……"等相关条款。检查过程中调取企业的建筑工程合同显示，承包人为"某公司"或"蓬莱市某建筑有限公司三分公司"，加盖有"蓬莱市某建筑有限公司合同专用章"或"山东某建筑科技有限公司合同专用章。"根据《经营合同》约定，"乙方签订工程施工合同时，必须由甲方法定代表人签字，统一使用总公司合同印章"。但通过取证工程涉及的发票发现，均由某三分公司开具给工程发包方。结合取证资料，被告认为某三分公司经营模式属挂靠经营，根据《中华人民共和国营业税暂行条例实施细则》（财政部国家税务总局〔2008〕年第52号令）第十一条规定："单位以承包、承租、挂靠方式经营的，承包人、承租人、挂靠人（以下统称承包人）发生应税行为，承包人以发包人、出租人、被挂靠人（以下统称发包人）名义对外经营并由发包人承担相关法律责任的，以发包人为纳税人；否则以承包人为纳税人"，某三分公司签订施工合同上虽加盖山东某建筑科技有限公司合同专用章，但实际施工方、款项收取方及发票开具方均为某三分公司，纳税义务人确定为某三分公司并无不当。

（二）某三分公司应独立申报并缴纳税款。原告主张某公司为企业所得税汇总纳税企业，所有分公司均以某公司名义进行申报纳税，某三分公司应在接到某公司提供的汇总纳税企业分支机构所得税分摊表时才能缴税。但根据税务征管信息显示，某三分公司虽有登记为某公司的分支机构，但核算方式选择为"独立核算自负盈亏"，合同也约定"乙方（某三分公司）自主经营，自负盈亏，自行承担民事责任"。根据《国家税务总局关于印发〈跨地区经营汇总纳税企业所得税征收管理办法〉的公告》（国家税务总局公告2012年第57号）第三十一条规定："汇总纳税企业不得核定征收企业所得税"，但某公司及某三分公司2013年至2016年企业所得税征收方式均为"按收入总额核定应税所得率"。某公司、某三分公司未做过企业所得税汇总纳税企业信息备案，申报企业所得税时也未提交汇总分支机构所得税分配表，参照《国家税务总局关于印发〈跨地区经营汇总纳税企业所得税征收管理办法〉的公告》（国家税务总局公告2012年第57号）第二十四条第一款规定："以总机构名义进行生产经营的非法人分支机构，无法提供汇总纳税企业分支机构所得税分配表，也无法提供本办法第二十三条规定相关证据证明其二级及以下分支机构身份的，应视同独立纳税人计算并就地缴纳企业所得税，不执行本办法的相关规定"及《中华人民共和国企业所得税法》第一条第一款规定："在中华人民共和国境内，企业和其他取得收入的组织（以下统称企业）为企业所得税的纳税人，依照本法的规定缴纳企业所得税"，某三分公司应属企业所得税纳税义务人。根据《中华人民共和国企业所得税法》第五十三条第一款规定："企业所得税按纳税年度计算。纳税年度自公历1月1日起至12月31日止"及第五十四条第三款规定："企业应当自年度终了之日起五个月内，向税务机关报送年度企业所得税纳税申报表，并汇算清缴，结清应缴应退税款"，2016年企业所得税年度汇算清缴期为2017年1月1日至5月31日，且该企业于2017年5月25日已自行申报，企业所称"2016年正值地税国税合并混乱之时，蓬莱北沟地税局对应该向哪个税务局申报企业所得税的政策不清楚"与本次税务检查处罚决定并无关系。

（三）某三分公司偷税违法事实清楚。原告主张该公司行为不存在主观故意性，但根据原告描述"2016年正值地税国税合并混乱之时，蓬莱北沟地税局对应该向哪个税务局申报企业所得税的政策不清楚，所以原告按照地税局的要求先缴纳地税收取的除所得税以外的其他税种"及企业2017年5月25日已自行申报汇算清缴企业所得税，说明企业明知道取得的收入应缴纳企业所得税，但在次年企业所得税汇算清缴期内申报时，未如实申报缴纳。在检查过程中该企业法定代表人在《税务稽查工作底稿（二）》中也确认"福祥兴唐公司酒庄项目，少计应税收入300万元，未申报缴纳企业所得税"情况属实，故被告认定其存在主观故意性，应适用《中华人民共和国税收征收管理法》第六十三条第一款规定。根据《国家税务总局办公厅关于税收征管法有关条款规定的复函》（国税办函〔2007〕647号）规定："征管法六十四条第二款仅适用六十三条规定以外的未办理税务登记的纳税人在发生纳税义务以后不进行纳税申报，从而造成不缴或少缴税款结果的情形"，该公司属于已正常办理税务登记的企业，上述行为不适用征管法第六十四条第二款。

（四）被告作出案涉行政处罚行为未超出职权范围。原告主张被告对该公司的涉税行为不具有检查职权。根据《中华人民共和国税收征收管理法实施细则》（国务院令第 362 号）第九条第一款规定："税收征管法第十四条所称按照国务院规定设立的并向社会公告的税务机构，是指省以下税务局的稽查局。稽查局专司偷税、逃避追缴欠税、骗税、抗税案件的查处"、《国家税务总局关于稽查局职责问题的通知》（国税函〔2003〕140 号）规定："稽查局的现行职责是指：稽查业务管理、税务检查和税收违法案件查处；凡需要对纳税人、扣缴义务人进行账证检查或者调查取证，并对其税收违法行为进行税务行政处理（处罚）的执法活动，仍由各级稽查局负责"及《税务稽查案件办理程序规定》（国家税务总局令第 52 号）第四条规定："税务稽查由稽查局依法实施。稽查局主要职责是依法对纳税人、扣缴义务人和其他涉税当事人履行纳税义务、扣缴义务情况及涉税事项进行检查处理，以及围绕检查处理开展的其他相关工作。稽查局具体职责由国家税务总局依照税收征管法、税收征管法实施细则和国家有关规定确定"，被告对原告的税收违法行为定性为偷税并处以罚款，具有检查权限，不存在超越职权问题。

（五）案涉行政处罚决定程序合法。被告于 2022 年 12 月 6 日出具《税务行政处罚事项告知书》（烟台税稽一罚告〔2022〕71 号）并于当日送达，由该企业法定代表人曲德田签收，后向被告提供《陈述、申辩意见书》及向检查人员通过微信对部分涉税事项提出异议，并称"请求贵局接受我公司的陈述申辩意见，变更拟处罚事项告知书的内容，否则我公司依法申请听证"。被告在收到该公司的《陈述、申辩意见书》及微信内容后，经研究决定对部分涉税事项予以变更，将原《税务行政处罚事项告知书》（烟台税稽一罚告〔2022〕71 号）予以收回撤销并于 2023 年 3 月 27 日重新出具《税务行政处罚事项告知书》（烟台税稽一罚告〔2023〕11 号），于 2023 年 3 月 30 日重新送达由该企业法定代表人曲德田签收，原告于 2023 年 4 月 2 日向被告提供《申辩意见书》一份，被告经研究后维持处罚事项决定，并于 2023 年 4 月 10 日依照程序规定出具《税务行政处罚决定书》（烟台税稽一罚〔2023〕

13号),于2023年4月11日送达由该企业法定代表人曲德田签收。《税务行政处罚事项告知书》明确载明"若拟对你单位罚款10,000元(含10,000元)以上,或符合《中华人民共和国行政处罚法》第六十三条规定的其他情形的,你单位有要求听证的权利。可自收到本告知书之日起五个工作日内向被告书面提出听证申请;逾期不提出,视为放弃听证权利",该企业在规定时间内并未向被告书面提出听证申请,在《申辩意见书》中也未提出听证申请。综上,被告在行政执法过程中均按照规定程序履行了文书送达、告知流程,依法保障了企业的相关权利。

(六)某三分公司不适用"首违不罚"制度。原告主张本次处罚应适用税务"首违不罚"清单制度。根据《国家税务总局关于发布〈税务行政处罚"首违不罚"事项清单〉的公告》(国家税务总局公告2021年第6号):"对于首次发生清单中所列事项且危害后果轻微,在税务机关发现前主动改正或者在税务机关责令限期改正的期限内改正的,不予行政处罚"及《国家税务总局关于发布〈第二批税务行政处罚"首违不罚"事项清单〉的公告》(国家税务总局公告2021年第33号)第一条第一款规定:"对当事人首次发生清单中所列事项且危害后果轻微,在税务机关发现前主动改正或者在税务机关责令限期改正的期限内改正的,不予行政处罚",该单位本次处罚涉及行为,并不在"首违不罚"事项清单内,不适用"首违不罚"制度。综上,被告作出的案涉行政处罚决定事实清楚,程序合法。

【法院审理】

一、关于原告某三分公司是否为案涉企业所得税纳税主体问题。根据《中华人民共和国企业所得税法》第一条第一款规定:"在中华人民共和国境内,企业和其他取得收入的组织(以下统称"企业")为企业所得税的纳税人,依照本法的规定缴纳企业所得税。"第二条第一款、第二款规定:"企业分为居民企业和非居民企业。本法所称居民企业,是指依法在中国境内成立,或者依照外国(地区)法律成立但实际管理机构在中国境内的企业。"第三条第一款规定:"居民企业应当就其来源于中国境内、境外的所得缴纳企业所得税。"第五十条第二款规定:"居民企业在中国境内设立不具有法人资格的营业机构的,应当汇总计算并缴纳企业所得税。"根据上述法律规定,参照《国家税务总局关于印发〈跨地区经营汇总纳税企业所得税征收管理办法〉的公告》(国家税务总局公告2012年第57号)第二十四条规定,以总机构名义进行生产经营的非法人分支机构,无法提供汇总纳税企业分支机构所得税分配表,也无法提供本办法第二十三条规定相关证据证明其二级及以下分支机构身份的,应视同独立纳税人计算并就地缴纳企业所得税,不执行本办法的相关规定。本案中,原告与某公司在经营合同中约定"某公司与三分公司自主经营、自负盈亏、自行承担民事责任",原告在税务征管系统中的企业所得税核定信息显示"核算方式:独立核算自负盈亏",且原告2013年至2016年均以某三分公司的名义进行纳税申报,某公司及某三分公司2013年至2016年企业所得税征收方式均为"按收入总额核定应税所得率",结合被告提交的原告与某公司2012年至2021年签订的经营合同,原告企业所得税、营业税、增值税申报表,原告在税务征管系统中的《企业所得税核定信息查询》《企业所得税汇总纳税企业信息备案查询》截图等证据,应认定原告属于独立的企业所得税纳税主体。原告主张其从某公司转承包工程后,以某公司的名义对外经营并由某公司承担相关法律责任,某公司属于汇总纳税企业,原告按照某公司提供的汇总纳税企业分支机构所得税分摊表中确定的数额向某公司缴纳所得税,但某公司、某三分公司未做过企业所得税汇总纳税企业信息备案,申报企业所得税时也未提交汇总分支机构所得税分配表,故对原告上述主张不予支持。

二、关于原告某三分公司未及时缴纳税款的行为是否构成偷税问题。根据《中华人民共和国税收征收管理法》第六十三条第一款规定:"纳税人伪造、变造、隐匿、擅自销毁账簿、记账凭证,或者在账簿上多列支出或者不列、少列收入，或者经税务机关通知申报而拒不申报或者进行虚假的纳税申报，不缴或者少缴应纳税款的，是偷税。对纳税人偷税的，由税务机关追缴其不缴或者少缴的税款、滞纳金，并处不缴或者少缴的税款百分之五十以上五倍以下的罚款；构成犯罪的，依法追究刑事责任。"本案中，被告对原告2013年1月1日至2021年9月30日期间的纳税情况进行检查。经调查、查询、询问，被告认定原告于2016年存在未计入当期收入，未进行企业所得税纳税申报，少缴企业所得税税款60,000元的事实，上述事实被告第一稽查局提交的某三分公司记账凭证、收据、发票、科目明细账、某三分公司负责人曲德田的询问笔录等证据可以证实。被告依据上述事实，认定原告未计当期企业所得税收入300万元，2016年少缴企业所得税税款60,000元的行为，属于税收征收管理法第六十三条第一款规定的情形，构成偷税，据此对原告处以应缴税款0.5倍的罚款符合上述法律规定。关于原告称其不具有偷税的主观故意，不应当按照偷税进行处罚的主张。本院认为，《国家税务局关于税务检查期间补正申报补缴税款是否影响偷税行为定性有关问题的批复》（税总函〔2013〕196号）中载明："税务机关认定纳税人补缴或者少缴税款的行为是否构成偷税，应当严格遵循税收征收管理法第六十三条的有关规定。纳税人未在法定的期限内缴纳税款，且其行为符合税收征收管理法第六十三条规定的构成要件的，即构成偷税，逾期后补缴税款不影响行为的定性。纳税人在稽查局进行税务检查前主动补正申报补缴税款，并且税务机关没有证据证明纳税人具有偷税主观故意的，不按偷税处理。"根据该批复的意见，纳税人所实施的行为符合税收征收管理法第六十三条所规定的构成要件，即构成偷税，原告亦不具有该批复中所载明可以不按偷税处理的条件，故原告上述主张不能成立。原告主张其已将企业所得税收入300万元收入列入收入账目，2016年4月20日税务机关向某三分公司出具了税收完税证明，可以证明其已向蓬莱地税局缴纳了300万元工程款收入的所得税款，如果被告认为原告2016年4月20日应当缴纳所得税而未缴纳，其原因是2016年正值地税国税合并，蓬莱北沟地税局对应向哪个税务局申报企业所得税的政策不清楚，税务局未告知其应缴纳企业所得税，不应归责于原告。对此本院认为，首先，依法纳税是企业的法定义务，企业应依法履行按时、如实申报的义务和按时缴纳税款的义务，《中华人民共和国企业所得税法》第五十四条规定，企业应当自月份或者季度终了之日起十五日内，向税务机关报送预缴企业所得税纳税申报表，预缴税款。企业应当自年度终了之日起五个月内，向税务机关报送年度企业所得税纳税申报表，并汇算清缴，结清应缴应退税款。原告于2017年5月25日已自行申报汇算清缴企业所得税，说明企业明知取得的收入应缴纳企业所得税，原告以税收机关未告知其应缴纳企业所得税为由来规避其应履行的依法纳税义务，于法无据，其提交的蓬莱税务局工作人员王丛杰与原告公司财会曲传涛的通话录音不能达到其证明目的。其次，完税证明是税务机关出具的用来证明企业已缴纳税费情况的凭证，2016年4月20日蓬莱地税局出具的税收完税证明中记载的税种并未包含企业所得税，不能证明其已经缴纳了企业所得税。最后，其主张已将300万元收入列入收入账目，与原告负责人曲德田在询问笔录中的陈述相矛盾，原告亦未提交其他证据予以证明，故对原告的上述主张，本院不予支持。

三、关于对被告作出案涉行政处罚是否超过处罚时效问题。根据《中华人民共和国税收征收管理法》第八十六条规定，违反税收法律、行政法规应当给予行政处罚的行为，在五年内未被发现的，不再给予行政处罚。《中华人民共和国企业所得税法》第五十三条第一款规定，企业所得税按纳税年度计算。纳税年度自公历1月1日起至12月31日止。第五十四条第三款规定，企业应当自年度终了之日起五个月内，向税务机关报送年度企业所得税纳税申报表，并汇算清缴，结清应缴应退税款。根据上述法律规定，2016年企业所得税年度汇算清缴期为2017年1月1日至5月31日，被告于2021年10月26日立案审查，未超过五年的处罚时效。对原告主张对被告作出行政处罚超过处罚时效的意见，本院不予支持。

四、关于被告第一稽查局作出行政处罚决定程序是否合法的问题。根据被告提交的证据,被告在作出被诉行政处罚决定过程中,履行了立案、通知、检查、询问、延长时限审批、重点案件集体审理、处罚事项告知、陈述申辩及听证权利告知、复核陈述申辩意见、制作税务处理决定书、税务行政处罚决定并送达等程序。在案件办理时限问题上,根据《税务稽查案件办理程序规定》(国家税务总局令第52号)第四十七条规定,稽查局应当自立案之日起90日内作出行政处理、处罚决定或者无税收违法行为结论。案情复杂需要延期的,经税务局局长批准,可以延长不超过90日;特殊情况或者发生不可抗力需要继续延期的,应当经上一级税务局分管副局长批准,并确定合理的延长期限。但下列时间不计算在内:(一)中止检查的时间;(二)请示上级机关或者征求有权机关意见的时间;(三)提请重大税务案件审理的时间;(四)因其他方式无法送达,公告送达文书的时间;(五)组织听证的时间;(六)纳税人、扣缴义务人超期提供资料的时间;(七)移送司法机关后,税务机关需根据司法文书决定是否处罚的案件,从司法机关接受移送到司法文书生效的时间。本案中,被告于2021年10月26日立案,于2023年1月11日经审批延长检查时限至2023年4月10日,于2021年12月3日通知原告限其于2021年12月24日前按照要求提供相关材料,原告于2022年9月19日提交证据材料并在《证据材料复制确认书》上签字确认。被告于2023年1月12日向国家税务总局烟台市税务局稽查局请示关于确定纳税义务发生时间,国家税务总局烟台市税务局稽查局于2023年3月13日作出回复。被告于2023年4月10日作出案涉行政处罚决定,扣除提请重大税务案件审理的时间、请示上级机关或者征求有权机关意见的时间、原告超期提供资料的时间,被告办案期限未超过规定的案件办理时限。关于原告提出被告未保障其听证权利的主张,经审查,被告于2022年12月6日作出烟台税稽一罚告〔2022〕71号《税务行政处罚事项告知书》并于当日送达原告,原告于2022年12月9日向被告提交书面陈述、申辩意见书并通过微信向被告工作人员对部分涉税事项提出异议,在原告提交的陈述、申辩意见书末尾记载"请求贵局接受我公司的陈述申辩意见,变更拟处罚事项告知书的内容,否则我公司依法申请听证"。被告对原告的陈述申辩意见进行复核后,决定由检察人员补充调查。2023年3月27日被告重新作出烟台税稽一罚告〔2023〕11号《税务行政处罚事项告知书》并送达原告,上述《税务行政处罚事项告知书》明确告知原告享有听证权,原告于2023年4月3日向被告提交了申辩意见书但未申请听证。本院认为,被告已充分保障了原告的陈述申辩及听证权,对原告主张本院不予支持。

五、关于被告烟台税务第一稽查局作出的行政处罚决定量罚是否适当。根据《中华人民共和国税收征收管理法》第六十三条第一款规定:"纳税人伪造、变造、隐匿、擅自销毁账簿凭证,或者在账簿上多列支出或者不列、少列收入,或者经税务机关通知申报而拒不申报或者进行虚假的纳税申报,不缴或者少缴应纳税款的,是偷税。对纳税人偷税的,由税务机关追缴其不缴或者少缴的税款、滞纳金,并处不缴或者少缴的税款百分之五十以上五倍以下的罚款;构成犯罪的,依法追究刑事责任。"原告于2016年未计入当期收入,未进行企业所得税纳税申报,少缴企业所得税税款60,000元,根据上述法律规定,被告对原告的行为定性为偷税,被告据此作出对原告少缴的2016年企业所得税税款60,000元并处以0.5倍罚款,量罚适当。原告主张被告案涉处罚决定违反《行政处罚法》第三十三条的规定及国务院常务会议确定的税务领域"首违不罚"制度,本院认为,根据《中华人民共和国行政处罚法》第三十三条规定,参照《国家税务总局关于发布〈税务行政处罚"首违不罚"事项清单〉的公告》(国家税务总局公告2021年第6号)、《国家税务总局关于发布〈第二批税务行政处罚"首违不罚"事项清单〉的公告》(国家税务总局公告2021年第33号)的规定,原告的行为不符合上述法律规定的情形,对原告该项主张,本院不予支持。

综上,被告第一稽查局作出的烟台税稽一罚〔2023〕13号行政处罚决定程序合法、认定事实清楚、适用法律正确、量罚得当,原告要求撤销被诉处罚决定于法无据。

【案例名称】

31. 破产 税款滞纳金不超过税款的思考

【原告】国家税务总局南京市某区税务局（以下简称"某税务局"）
【被告】某公司
【案审法院】江苏省南京市中级人民法院

【案 情】

2015年12月14日，法院作出（2015）江宁商破字第17号民事裁定，裁定受理对某公司的破产清算申请。2022年7月25日，某公司管理人向某税务局出具《情况说明》1份，载明：某公司2009年度存在因账册未找到而难以查账征收的情况。后某税务局对某公司2009年企业所得税进行核定。2022年8月11日，某税务局向某公司申报债权，债权总额690,909.24元，其中税款343,479.61元，滞纳金347,429.63元；缴款期限为2010年5月31日至破产受理日共经过2023天，按日万分之五计算滞纳金为347,429.63元。2022年8月31日，某公司管理人作出《债权申报初审函》，

认为税金滞纳金不能超过税金本身，最终确认债权总额为 686,959.22 元（其中税款本金 343,479.61 元，滞纳金 343,479.61 元，滞纳金列入普通债权参与分配）。对于超出部分 3,950.02 元，管理人不予确认。

一、原告某税务局诉称

2015 年 12 月 14 日，某公司经法院裁定受理破产清算。特向管理人申报债权共计 690,909.24 元，其中税款 343,479.61 元，滞纳金 347,429.63 元。2022 年 9 月 1 日，收到管理人送达的《债权申报初审函》，载明：全额确认税款债权 343,479.61 元，确认滞纳金普通债权 343,479.61 元，对税收滞纳金超税款本金部分 3,950.02 元不予确认。对于确认税款滞纳金的数额不能以《中华人民共和国行政强制法》为依据，应依据《中华人民共和国税收征收管理法》作出认定。判决确认某税务局对某公司所欠税款对应的滞纳金 3,950.02 元享有破产债权。

二、被告某公司辩称

行政强制法是一部规范所有行政机关实施行政强制行为的法律，税务机关的行政强制行为应属于行政强制法调整范围。税收征管法与行政强制法既是特别法与一般法的关系，也是新法与旧法的关系。若仅从特别法优于一般法来理解行政强制法与税收征管法的关系，并以此为依据确认滞纳金只能适用税收征管法是不全面的。行政强制法第四十五条第二款规定加处罚款或者滞纳金不得超出金钱给付义务的数额，这是法律强制性规定，且对滞纳金上限加以限制更有利于国家及时征收税款。

【法院审理】

一、税务机关加收滞纳金系依法强制纳税人履行缴纳税款义务的行为。由税收征管法第三十二条规定可知，滞纳金系税务机关依法对纳税人的税款义务之外加收的金额，其目的在于促使纳税人履行其依法应当负担的缴纳税款义务。而行政强制法第二条第三款规定，行政强制执行，是指行政机关或者行政机关申请人民法院，对不履行行政决定的公民、法人或者其他组织，依法强制履行义务的行为。故加处滞纳金属于行政强制法设定的行政强制执行的方式之一，是行政机关对逾期不履行义务的相对人处以一定数额的、持续的金钱给付义务，以促使其履行义务的一种强制行为。

二、税务机关加收滞纳金的行为应当符合行政强制法的规定。作为规范行政机关设定和实施行政强制的一般性程序法，行政强制法通过明确规定行政强制行为及其具体的种类、实施条件和程序等，对行政强制予以统一规范。行政强制法第四十五条规定，行政机关依法作出金钱给付义务的行政决定，当事人逾期不履行的，行政机关可以依法加处罚款或者滞纳金。加处罚款或者滞纳金的数额不得超出金钱给付义务的数额。税收征管法及其实施细则规定了加收税款滞纳金的起止时间、计算标准，而针对滞纳金这一事项，行政强制法明确规定了行政机关在实施该行为时须遵守的上述限制性规定，应当依法适用。因此，税务机关加收滞纳金的行为，符合行政强制法第四十五条规定的适用条件，应当遵守滞纳金的数额不得超出金钱给付义务数额的规定。而且，税务机关在实施税收征收管理行为时应当适当，适用滞纳金的数额不得超出金钱给付义务数额的规定，促使义务人履行缴纳税款义务的同时，既可以避免对相对人造成过重的金钱义务负担，也有利于督促税务机关积极履行职责，及时采取其他强制执行措施，提高行政管理效率，符合税收征收管理的目的。

综上所述，税务机关对滞纳税款加收的滞纳金数额不得超过税款数额。结合企业破产法关于破产债权审查的规定，本案中，对于某税务局申报的债权中滞纳金超过税款部分的3,950.02元，管理人未予认定，符合法律规定。